中欧前沿观点丛书

芮萌 —— 著

财富管理

从认识基金开始

UNLOCKING WEALTH

THE POWER OF FUNDS

上海交通大学 出版社
SHANGHAI JIAO TONG UNIVERSITY PRESS

内容提要

本书为中欧前沿观点丛书之一。全书分为 2 个部分，共 12 章。第一部分侧重于"如何选"，对我国现有公募基金的投资方法进行了分析和总结，包括货币基金、股票基金、指数基金、债券基金、另类基金等，并给出了基金选择方法和配置建议。第二部分则侧重于"如何投"，提出了四大类利用公募基金开展资产配置的方案，并就基金定投等一些具体投资方式提供了建议，致力于为投资者带来投资观念上的提升和实际操作上的助力。本书适合对于家庭财富管理、基金理财投资等有一定追求，但现阶段投资能力尚不够充分的投资者阅读，以提高其财商。

【特别说明：本书的观点不构成投资建议，基金有风险，投资须谨慎】

图书在版编目(CIP)数据

财富管理：从认识基金开始/ 芮萌著.-- 上海：
上海交通大学出版社，2024.10(2024.12 重印) -- (中欧前沿观点丛书).
ISBN 978-7-313-31612-7

Ⅰ.F830.91

中国国家版本馆 CIP 数据核字第 2024FD1259 号

财富管理：从认识基金开始

CAIFU GUANLI: CONG RENSHI JIJIN KAISHI

著　　者：芮　萌

出版发行：上海交通大学出版社　　　　　　地　　址：上海市番禺路 951 号

邮政编码：200030　　　　　　　　　　　　电　　话：021‑64071208

印　　制：苏州市越洋印刷有限公司　　　　经　　销：全国新华书店

开　　本：880 mm×1230 mm　1/32　　　　印　　张：11.75

字　　数：232 千字

版　　次：2024 年 10 月第 1 版　　　　　　印　　次：2024 年 12 月第 2 次印刷

书　　号：ISBN 978‑7‑313‑31612‑7

定　　价：98.00 元

中欧前沿观点丛书（第三辑）
编委会

院长的话

中欧国际工商学院（以下简称"中欧"）是中国唯一一所由中国政府和欧盟联合创建的商学院，成立于 1994 年。背负着建成一所"不出国也能留学的商学院"的时代期许，中欧一直伴随着中国经济稳步迈向世界舞台中央的历史进程。30 年风雨兼程，中欧矢志不渝地追求学术和教学卓越。30 年来，我们从西方经典管理知识的引进者，逐渐成长为全球化时代中国管理知识的创造者和传播者，走出了一条独具特色的成功之路。中欧秉承"认真、创新、追求卓越"的校训，致力于培养兼具中国深度和全球广度、积极承担社会责任的商业领袖，被中国和欧盟的领导者分别誉为"众多优秀管理人士的摇篮"和"欧中成功合作的典范"，书写了中国管理教育的传奇。

中欧成立至今刚满 30 年，已成为一所亚洲领先、全球知名的商学院。尤其近几年来，中欧屡创佳绩：在英国《金融时报》全球百强榜单中，EMBA 连续 4 年位居第 2 位，MBA 连续 7 年位居亚洲第 1 位；卓越服务 EMBA 课程荣获 EFMD 课程认证体系认证，DBA 课程正式面世……在这些高质量课程的引导下，中欧同时承担了诸多社会责任，助力中国经济与管理学科发展：举办 IBLAC 会前论坛

"全球商业领袖对话中国企业家"和"欧洲论坛"，持续搭建全球沟通对话的桥梁；发布首份《碳信息披露报告》，庄严做出 2050 年实现全范围碳中和的承诺，积极助力"双碳"目标的实现和全球绿色发展。

在这些成就背后，离不开中欧所拥有的世界一流的教授队伍和教学体系：120 位名师教授启迪智慧、博学善教，其中既有学术造诣深厚、上榜爱思唯尔"高被引学者"榜单的杰出学者，又有实战经验丰富的企业家和银行家，以及高瞻远瞩、见微知著的国际知名政治家。除了学术成就之外，中欧对高质量教学的追求也从未松懈：学院独创"实境教学法"，引导商业精英更好地将理论融入实践，做到经世致用、知行合一；开辟了中国与世界、ESG、AI 与企业管理和卓越服务四大跨学科研究领域，并拥有多个研究中心和智库，被视为解读全球环境下中国商业问题的权威；受上海市政府委托，中欧领衔创建了"中国工商管理国际案例库（ChinaCases. Org）"，已收录高质量中国主题案例 3 000 篇，被国内外知名商学院广泛采用。

从 2019 年起，中欧教授中的骨干力量倾力推出"中欧前沿观点丛书"，希望以简明易懂的形式让高端学术"飞入寻常百姓家"，至今已出版到第三辑。"三十而励，卓越无界"，我们希望这套丛书能够给予广大读者知识的启迪、实践的参照，以及观察经济社会的客观、专业的视角；也希望随着"中欧前沿观点丛书"的不断丰富，它能成为中欧知识宝库中一道亮丽的风景线，持续发挥深远的影响！

　　在中欧成立 30 周年之际，感谢为中欧作出巨大贡献的教授们，让我们继续携手共进，并肩前行，在中欧这片热土上成就更多企业与商业领袖，助力推进中国乃至世界经济的发展！

汪泓教授

中欧国际工商学院院长

杜道明（Dominique Turpin）教授

中欧国际工商学院院长（欧方）

2024 年 6 月 1 日

总　序

今年正值中欧国际工商学院成立 30 周年，汇集中欧教授学术与思想成果的"中欧前沿观点丛书"（第三辑）也如期与读者见面了。

对于中欧来说，"中欧前沿观点丛书"具有里程碑式的意义，它标志着中欧已从西方经典管理知识的引进者，逐渐转变为全球化时代中国管理知识的创造者和传播者。教授们以深厚的学术造诣，结合丰富的教学经验，深入浅出地剖析复杂的商业现象，提炼精辟的管理洞见，为读者提供既富理论高度又具实践指导意义的精彩内容。丛书前两辑面世后，因其对中国经济社会和管理问题客观、专业的观察视角和深度解读而受到了读者的广泛关注和欢迎。

中欧 120 多位教授来自全球 10 多个国家和地区，国际师资占比 2/3，他们博闻善教、扎根中国，将世界最前沿的管理思想与中国管理实践相融合。在英国《金融时报》的权威排名中，中欧师资队伍的国际化程度稳居全球前列。中欧的教授学术背景多元，研究领域广泛，学术实力强劲，在爱思唯尔中国高被引学者榜单中，中欧已连续 3 年在"工商管理"学科上榜人数排名第一。在学院的学术研究与实境研究双轮驱动的鼓励下，教授们用深厚的学术修养和与时俱进的实践经验不断结合国际前沿理论与中国情境，为全球管理知识宝库和中国管理实际贡献智慧。例如，学院打造"4＋2＋X"跨学科研究高地，挖掘跨学科研究优势；学院领衔建设的"中国工商管理国际案例库"（ChinaCases.Org）迄今已收录3 000篇以中国主题为主的教学案例，为全球商学院教学与管理实践助力。同时，中欧教授提交各类政策与建言，涵盖宏观经济、现金流管理、企业风险、领导力、新零售等众多领域，引发广泛关注，为中国乃至全球企业管理者提供决策支持。

中欧教授承担了大量的教学与研究工作，但遗憾的是，他们几乎无暇著书立说、推销自己，因此，绝大多数中欧教授都"养在深闺人未识"。这套"中欧前沿观点丛书"就意在弥补这个缺憾，让这些"隐士教授"走到更多人的面前，让不曾上过这些教授课程的读者领略一下他们的学识和风范，同时也让上过这些教授课程的学生与校友们重温一下曾经品尝过的思想佳肴；更重要的是，让中欧教授们的智慧与知识突破学术与课堂的限制，传播给更多关注中国经济成长、寻求商业智慧启示的读者朋友们。

今年正值中欧30周年校庆，又有近10本著作添入丛书书单。这些著作涵盖了战略、营销、人力资源、领导力、金融财务、服务管理等几乎所有管理领域的学科主题，并且每本书的内容都足够丰富和扎实，既能满足读者对相应主题的知识和信息需求，又深入浅出、通俗易懂。这些书虽由教授撰写，却都贴合当下，对现实有指导和实践意义，而非象牙塔中的空谈阔论；既总结了教授们的学术思考，又体现了他们的社会责任。聚沙成塔，汇流成河，我们也希望今后有更多的教授能够通过"中欧前沿观点丛书"这个平台分享思考成果，聚焦前沿话题，贡献前沿思想；也希望这套丛书继续成为中欧知识宝库中一道亮丽的风景线，为中国乃至世界的经济与商业进步奉献更多的中欧智慧！

以这套丛书，献礼中欧 30 周年！

主编

陈世敏

中欧国际工商学院会计学教授，

朱晓明会计学教席教授，副教务长及案例中心主任

李秀娟

中欧国际工商学院管理学教授，

米其林领导力和人力资源教席教授，副教务长（研究事务）

2024 年 6 月 5 日

前　言

　　写作本书的最初起因，源自中欧国际工商学院在 2020 年邀请我制作的一系列基金投资科普视频——《萌 Sir 聊基金》。当时正值基金业的一次牛市过程，基金一下子成为热门的投资品种，我的视频也在腾讯视频、哔哩哔哩等网站获得了不错的评价。现在 3 年时间过去了，一方面，从 2021 年开始基金业绩不再延续前 2 年的辉煌；另一方面，海外市场受到美元加息冲击、俄乌冲突等外部地缘政治紧张、贸易保护主义与逆全球化思潮盛行的影响，基金投资似乎渐渐淡出了人们的视野。

　　与此同时，货币超发、流动性过剩、实际负利率、资产泡沫等词汇不断在媒体和投资者之间流传，一定程度上折射出当下中国经济和资产运行大环境随着中国人口老龄化现象的加剧和发展的不均衡给广大投资者带来的财富焦虑。根据西南财经大学和广发银行于 2019 年联合发布的《2018 中国城市家庭财富健康报告》，我国城市家庭财富管理整体处于一种"亚健康"的状态，平均得分仅有 66.1 分，远低于美国家庭的平均得分，而且有近四成的家庭得分低于及格线。造成这种现象最主要的原因在于国内家庭的绝大多数投资都集中在了房地产领域，缺乏全面的资产配置理念来指导家庭的财富管理。

就目前中国资本市场来看，公募基金依旧为最适合的资产配置投资品种。根据中国证券投资基金业协会发布的 2023 年四季度资产管理业务统计数据，公募基金总规模突破了 27.5 万亿元，创下历史新高；而截至 2022 年底，我国基民数也已超过 7 亿。然而，关于一些基民亏损的报道不时见诸各类媒体，主要包括追涨杀跌和频繁买卖等。追涨杀跌、频繁交易这些投资行为，本质上都是因为大多数人是非理性或者有限理性的。区别于传统经济学中的"理性人"假设，目前在学术上有一个专门的领域对此进行研究，也就是行为金融学。

因此，我决定在 2023 年末重启本书的创作，试图从公募基金着手来帮助投资者全面地构建一个适合自己的资产配置方案，也试图引导投资者避免踏入一些投资误区。鉴于此，本书首先提纲挈领地介绍了资产配置的意义和公募基金的总体特征。接着，本书分为 2 个部分展开。第一部分侧重于"如何选"，分别对各类基金的特性、在资产配置中的大致配置建议以及具体的选择方法做了深入的探讨，包括货币基金、股票基金、指数基金、债券基金、另类基金等。第二部分的重点在于"如何投"，提出了四大类资产配置的方案，即以 FOF（fund of funds，基金中的基金）、智能投顾为代表的委托管理方案，以及以被动型基金和主动型基金分别构建投资组合的主动管理方案（见图 0-1）。我希望这些内容能够给广大基金投资者带来投资理念上的提升，也希望能给投资者在实际操作中提供一些裨益和助力。

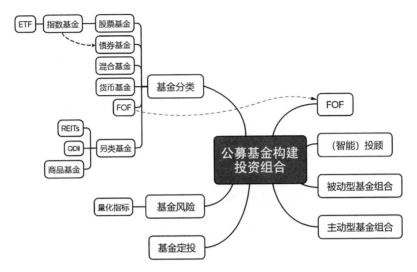

图 0-1　利用公募基金构建投资组合思维导图

可能有一些投资者读过我的另一本书《财富管理：从改变认知开始》——我主要是从财富观的角度来帮助投资者提高对财富管理的认知。而《财富管理：从认识基金开始》更主要的是给予投资者具体的实操建议，通俗点说也就是"更接地气"。为了达到这一目的，我在本书中引入了3位虚拟的投资者，本书更像是为这三类典型的投资者打造一份具体的投资计划。

我用表格（见表0-1）的形式将这3位投资者大致的财富和风险特征进行了梳理，我相信大多数投资者都能够从这3位虚拟投资者身上看到自己的影子，进而帮助大家更好地开展财富管理。

表 0-1　3 位投资者财富和风险特征概述

投资者	年　龄	风险偏好	流　动　性
Michael	25	积极	"月光"
Amy	35	均衡	房贷
Tony	45	保守	房贷、子女教育

最后，我要感谢一同参与研究、撰写本书的中欧财富管理中心的 2 位同事——龚铭和刘心洁，感谢他们的辛勤努力与付出。此外，还要感谢大家的认可，在众多选择中选定了这本书，希望读完这本书的每一位读者在实际的公募基金投资过程中都能练就一身过硬的投资"本领"。

芮萌

2024 年 3 月 1 日

目 录

第 1 章

初识资产配置与公募基金

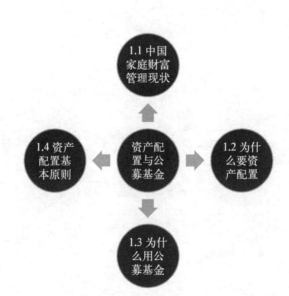

本章首先带大家回顾一下中国家庭财富管理"亚健康"的状态，并顺势提出财富管理行业的 2 个问题：为什么要资产配置和用什么来做资产配置。这 2 个问题作为本书的引子将带领大家迈入资产配置的大门。

1.1　中国家庭财富管理现状

大量的研究显示，我国城市家庭财富管理整体处于一种"亚健康"的状态。根据西南财经大学和广发银行在 2019 年联合发布的《2018 中国城市家庭财富健康报告》，中国城市家庭财富管理平均得分仅为 66.1 分，而且有近四成的家庭得分低于及格线，非常健康的只有 6.7%①。造成这种现象的原因主要有两点。

首先是投资重心问题。从图 1-1 中我们可以清楚地看到，中美家庭的投资侧重点有较大不同，中国家庭基本上把将近 80% 的资产投资在了房地产类资产上，房地产的性质大家都清楚，占用的资金量大、投资时间长、流动性也较差；而拥有金融资产的家庭比例则较少，仅有 11.8%。相比全球其他主要国家，中国家庭在金融资产的比例上较其他国家中最低的法国还要低将近 30 个百分点（见图 1-2），这一比例极不健康。直观

---

① 西南财经大学，广发银行. 2018 中国城市家庭财富健康报告［R/OL］.（2019-01-17）［2024-07-30］. https://chfs.swufe.edu.cn/_local/1/4B/0D/1205E9EED7140E549FCC440CE5B_46F704E2_BDD654.pdf.

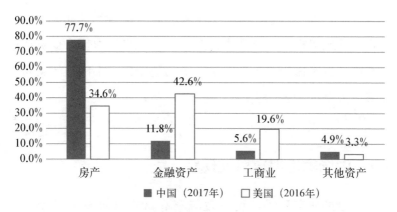

图 1-1 中美家庭总资产组合对比

资料来源：《2018 中国城市家庭财富健康报告》。

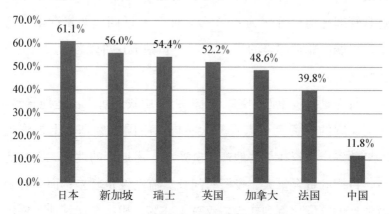

图 1-2 2017 年全球主要国家庭金融资产占比

资料来源：《2018 中国城市家庭财富健康报告》。

来看，中国家庭的资产配置就像一个一边重一边轻的哑铃，稍有不慎就会"砸"伤人。

其次是投资品类缺乏多样性。对比美国家庭的投资品

类，中国家庭投资品类明显更单一，仅投资 1 种资产的家
庭占比高达 67.7％；随着投资品类的增加，中国家庭总体呈
现出明显的递减趋势，投资 5 种及以上资产的家庭仅占比
0.5％。相比之下，美国家庭投资多样性则随着资产类别的增
加基本保持稳定，美国投资 5 种及以上资产的家庭占比高达
20.0％。

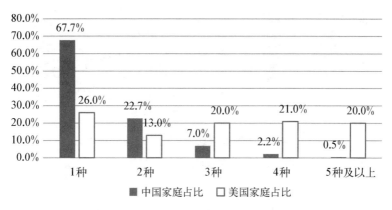

图 1-3　中美家庭投资多样性对比情况

资料来源：《2018 中国城市家庭财富健康报告》。

　　那么美国家庭的多元化投资和中国家庭的偏单一性投资
呈现出的结果又如何呢？以家庭资产组合收益标准差和分布
为风险度量标准，经过对比我们可以直观地看到，美国家庭
金融资产组合两极分化特征并不明显，较多家庭承担的金融
风险处于适中的区域；而我国家庭则存在明显的两极分化特
征，一端是极度的风险厌恶，一端又是极度的风险偏好。可以

想象，当极端事件发生时，风险偏好高企的一头，单一投资在房地产并且牺牲了流动性的投资习惯将会对家庭资产整体健康度造成较大威胁。

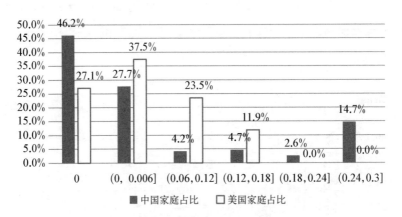

图 1－4　中美家庭金融资产组合风险分布对比

资料来源：《2018 中国城市家庭财富健康报告》。

　　风险极度厌恶的那一头就合理吗？事实当然不是这样，这些投资者没有考虑到通货膨胀的影响。"手里有粮，心中不慌"的老话让那些只有拥抱现金才会感到安心的投资者，在通货膨胀的长期作用下，手中的货币购买力持续下降。在长期投资者看来，这反而是资产所面临的最主要风险。以每年 2％的通货膨胀率为例，5 年后原始购买力将损失 10％，10 年后购买力将损失 18％（见表 1－1）。如果把大比例资产投资于无风险产品，随着未来市场利率的持续走低，投资收益将很难跑赢通胀，本金价值会逐渐受到侵蚀。

表 1-1　通货膨胀作用下货币购买力的变化

年通货膨胀率/%	1 年后	5 年后	10 年后	20 年后
1	0.99	0.95	0.90	0.82
2	0.98	0.90	0.82	0.67
3	0.97	0.86	0.74	0.54
4	0.96	0.82	0.66	0.44
5	0.95	0.77	0.60	0.36
6	0.94	0.73	0.54	0.29
7	0.93	0.70	0.48	0.23
8	0.92	0.66	0.43	0.19
9	0.91	0.62	0.39	0.15
10	0.90	0.59	0.35	0.12
12	0.88	0.53	0.28	0.08
15	0.85	0.44	0.20	0.04

　　在过去的 20 年里，在中国投资房产给投资者带来的回报率令其他所有资产都黯然失色。未来，随着人口老龄化程度的加剧以及以房产持有成本的上升，投资者必须平衡其他类别资产的投资比例，这就需要提到资产配置了。

1.2 为什么要进行资产配置

资产配置作为一种投资策略，它的目标并不是追求绝对收益，而是为家庭寻找风险与回报的最佳平衡点。即在风险一定的情况下，增加总的回报；或者在总的回报一定的情况下，降低风险。配置多类资产可以增强投资的稳定性，防范单一市场风险，降低投资组合的波动性。

通常认为资本市场为广大投资者提供了 3 种可以获得投资收益的工具，分别是择时交易、证券选择和资产配置。如果投资者对这 3 种工具的性质和特点都有足够清晰的认识，那么投资者将会在投资过程中少走一些弯路。

择时交易指的是选择股票买入和卖出的时机，并试图从中获利。在股票走势的波浪线上，投资者内心都希望自己可以做到最完美的择时，获得最高的收益，也就是在一个相对最低点的时候买入，然后在相对最高点时候卖出。理想是美好的，但现实是骨感的。几乎没有投资者可以做到完美择时。择时就像预测明天的天气，你永远不知道哪一朵云彩里有雨。上海证券交易所在 2019 年曾经做过一项统计，罗列了各类账户的收益情况，从表 1-2 中可以很明显地看到，不论是散户还是机构投资者，在择时收益上都是负的，也就是说投资者总体上都不具有择时能力。

表 1-2 A 股散户与机构收益对比

账 户	总收益/元	择时收益/元	选股收益/元	交易成本/元
散户 10 万元以下	-2 457	-774	-1 532	151
散户 10 万元～50 万元	-6 601	-3 018	-2 443	1 140
散户 50 万元～300 万元	-30 443	-15 558	-10 171	4 714
散户 300 万元～1 000 万元	-164 503	-80 767	-65 269	18 466
散户 1 000 万元以上	-89 890	-411 584	402 271	80 577
机构投资者	13 447 655	-4 176 872	18 074 792	450 265
公司法人投资者	23 440 904	-14 766 355	38 244 620	37 361

注：数据为 2016 年 1 月至 2019 年 6 月单个账户的年化水平。
资料来源：上海证券交易所。

我们再来看看国外知名投资人对择时的看法。

2017 年，巴菲特（Warren Buffett）在推出《巴菲特致股东的信》这本书后接受美国消费者新闻与商业频道（CNBC）专访时，当被记者问到"什么样的消息你觉得有用？比如，很多人会说'我入场太晚了，道指已到 2 万点，我错过了机会，现在只能等回调'。你对这类人有什么建议？"，巴菲特回答道："他们不知道入场时机，我也不知道，如果这是一场伴随余生的游戏，你最好早些入场，那些为了等待自以为是的正确时点而徘徊不前的人，是非常错误的，我从未见过任何人能连续把握入场时机。实际上，投资股票最好的方法是随着时间推移持续买进，你可以建立多元化投资，将风险分散到你所拥有的众多公司。"当然，熟悉巴菲特投资风格的人都知道巴菲特之所以不看重择时，在很大程度上是因为他本人对美国国运持积极向上的态度。

我们再来看另一位，华尔街著名对冲基金创始人瑞·达利欧（Ray Dalio）对择时交易也是持否定的态度。他在《原则》和《债务危机》两本书中都一致认为，任何一个人长期基于单一投资风格或者单一投资资产都是很危险的，因为你的投资收益率将极度依赖你所预测的未来。事实上，没有人能成功预测未来。

除此之外，美国知名投资人彼得·林奇（Peter Lynch）也在《彼得·林奇的成功投资》一书中用了一整章阐述了不要去预测股市的发展，感兴趣的读者可以去读一下。因此，无论是从数据上还是投资名人的态度上，我们发现，希望通过择时达到超额收益其实是不太奏效的，胜算的概率是很渺茫的。如果你只是个知识和经验都很有限的普通投资者，那么我建议还是不要过多把资金放在择时上。

既然择时不靠谱，那么证券选择是否可靠呢？证券选择指的是投资者或投资管理人，比如基金经理，利用手中掌握的信息和数据主动、理性地去挑选主观认为未来可以产生超过市场收益的资产并形成投资组合。

相对地，有主动投资就有被动投资。被动投资指的是投资者或投资管理人不必像主动投资一样积极主动花费大量时间和精力去研究一个公司的经营状况，所处行业未来发展潜力或股价波动，只需要参照市场指数投资构成指数的成分股就可以了，因此被动投资有时也被称为指数型投资。一般而言，在指数表现不尽如人意的年份，投资者往往会偏好主动投资以追求更高的收益；而在指数表现较好的年份，主动投资就要给被动投资让路了。

巴菲特之所以强烈推荐指数型投资，那是因为美股大盘指数近 10 年始终保持着长牛的趋势。从数据上来看，美国标准普尔公司曾经在 2022 年发布过一份标普指数研究报告，统计了 2016—2021 年美国被动投资与主动投资的收益对比，美国指数基金收益跑赢了大部分基金经理的主动型投资收益；美股大盘股有 76.23％的公募基金经理和 85.81％的机构账户跑输标普 500 指数；中盘股有 65.81％ 的公募基金经理和 64.71％ 的机构账户跑输标普中型 400 指数；小盘股有 80％的公募基金经理和机构账户跑输标普小型 600 指数。

回到中国市场，就在最近的 2023 年，我国主动型股票基金年度收益的中位数为－12.55％，而被动指数型股票基金的年度收益中位数则为－9.12％，可以看到，专业的基金经理都无法稳定战胜市场，更不用说普通投资者了。

现代投资组合之父、诺贝尔经济学奖得主马科维茨（Harry M. Markowitz）通过分析近 30 年来美国投资者的投资行为和大量的投资数据后得出结论：在所有参与投资的人中，有约 90% 的人没有获得财富上的成功，而投资成功的仅占比 10%，其成功的秘密就在于资产配置。布林森（Brinson）、胡德（Hood）和比鲍尔（Beebower）3 位学者在 1986 年发表的《资产组合表现的决定性因素》（*Determinants of Portfolio Performance*）学术文章中通过数据论证了资产配置是整个资产组合回报收益的主要决定因素[①]。2016 年，学者斯科特（Brian J. Scott）等人在另一篇学术文章中利用数据论述证实了上述结论，而且还总结出了资产配置、择时交易和证券选择之间的关系[②]。

　　全球知名基金管理公司先锋领航（Vanguard）曾经做过一项统计，如图 1-5 所示，证券选择和市场择时对投资结果的影响其实并不大，三者加起来才不过 8.5%，其中择时交易占比为 1.80%，证券选择占比为 4.60%，其他因素占比为 2.10%。而对资产组合收益影响最大的是资产配置，占比为 91.50%。因此，从数据来看，证券选择和市场择时可以为投资者带来的收益十分有限，资产配置才是各位投资者应该关注的重点。

　　那究竟什么是资产配置？

　　资产配置是一种长期、多元化的投资。说得更直白些，就是将鸡蛋放到不同的篮子里。这种做法的根本目的与其说是提

---

　　① BRINSON G P，HOOD R，BEEBOWER G L. Determinants of portfolio performance [J]. Financial Analysts Journal，1986 (42)：133-138.

　　② SCOTT B J，BALSAMO J，MCSHANE K N. The global case for strategic asset allocation and an examination of home bias [R/OL]. (2017-02-01) [2024-07-30]. https：//www.fa-mag.com/userfiles/white_papers/wp_5.pdf.

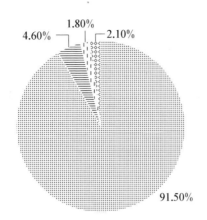

4.60% 1.80% 2.10%

91.50%

▦ 资产配置　▤ 证券选择　🔅 择时　🔅 其他原因

**图 1 - 5　资产配置、证券选择与择时对
资产组合变动的影响**

资料来源：先锋领航。

高投资收益率，不如说是改善风险收益比，减少投资的不确定
性。图 1 - 6 为 2002—2016 年美国各类指数走势变化图，相比
单独持有其中一个指数标的的投资，若你同时拥有以这 4 种
指数为投资标的的投资，我们可以看到这 4 种指数除了在某
些特别的年份具有同向变化外，大多数年份有涨也有跌。以
2007—2009 年这段时间为例，如果你仅拥有以标普 500 指数、
MSCI 新兴市场指数和彭博大宗商品指数其中任意一个为标的
的投资，在金融危机时期你的教训必将是惨痛的，最低可逼近
−60％。这时，假如我们再加入一个收益比较平稳的彭博债券
指数，并赋予所有指数相等的权重，这时我们可以看到，在金
融危机期间，除单独持有彭博债券指数产生的收益外，总体平

均收益（比较细的那条实线）其实是要高于单独持有其他 3 种
指数的收益，尽管收益率依然为负，但相比原来接近－60％的
收益率，资产组合的风险已经减少了一大半。在其他年份，我
们可以看到这种投资组合的收益基本处于股票和债券收益的中
间位置。

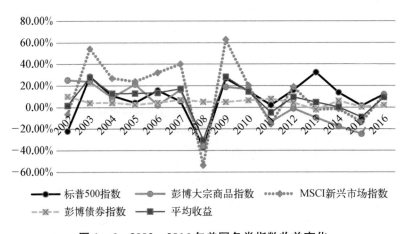

图 1 - 6 2002—2016 年美国各类指数收益变化

资料来源：先锋领航。

当然，实际投资中虽然投资权重会有所不同，但让投资者
在特定的风险水平上获得更高的收益或在特定收益水平上承担
更低风险的结论是一致的。即便没有投资经验的人也知道天上
不会随便掉馅饼，更不会有免费的午餐，但出人意料的是，
马科维茨却认为这种多元化的资产配置是经济领域中罕见的
"免费午餐"，通过多元化的资产配置，投资者可以在降低风
险的同时保持收益不变，或在风险不变的情况下提高收益。

此外，值得注意的是，持有少于 3 种类别的资产算不上多元化资产配置。美国耶鲁大学基金掌门人大卫·斯文森（David Swensen）认为尽管股票和债券差异表现出的多元化效应足够优秀，但如果这 2 种资产的比例占据了你总资产的 90%，那这种资产配置就称不上多元化。在大卫·斯文森看来，5% ～ 30% 是每类资产应该占有的比例，且建议股票类资产的占比应当稍高一些①。

1.3　为什么选择公募基金进行资产配置

既然多元化的资产配置是一份"免费的午餐"，那么投资者们该如何来获取呢？这里来给大家介绍一个简单的操作方法，就是利用公募基金来构建投资者自己的资产配置体系。

中国资本市场从零开始发展成为全球第二大证券市场只用了近 30 年。目前，中国的股票、债券市场规模均居全球第二位，而且其发展的广度和深度还在持续提升。随着市场开放程度和有效性的增强，多层次的资本市场为投资者提供了丰富的产品线，除了传统权益类、固定收益类资产以及现金之外，其他金融投资产品如商品期货、股指期货、国债期货、股指/ETF 期权、可转债、REITs（real estate investment trust，REITs，不动产投资信托基金）等相继推出；而 QDII（qualified domestic

---

①　大卫·斯文森.不落俗套的成功：最好的个人投资方法［M］.武倩，译.北京：中国青年出版社，2009.

institutional investor，合格境内机构投资者）、互联互通等方式
又将投资方向不仅仅局限在国内，让投资者的资产配置体系延
展到全球市场。这都为普通家庭进行合理的资产配置创造了基
本条件。随着资本市场广度与深度的提升，这些投资品种有些
有较高的准入门槛，有些对投资者的能力有较高的要求，使得
投资者在资产配置时寻求专业帮助的需求也在提升。因此，由
专业人士代为打理的财富管理产品成为投资者的主要投资方
向，这其中公募基金由于门槛低、范围广等原因成为最适合大
部分投资者的资产配置选择。

罗伊·纽伯格（Roy R. Neuberger）是美国投资界公认的
"共同基金之父"。尽管他没有读过大学，也未曾接受过顶尖的
商学院教育，但凭借着对学习的热情和对共同基金的好奇心，
这位拥有 68 年投资经验、曾跨越 20 世纪 27 次牛市和 26 次熊
市（唯一一位经历过美国 1929 年与 1987 年 2 次股市崩溃），
但从未赔过一次钱的投资大师在谈及共同基金时指出，共同基
金是一种非常棒的投资方式，它可以把很多人的资金合并在一
个基金中，使得个人投资者可以直接持有大公司的多种有价证
券。纽伯格已经给共同基金，也就是公募基金如此高的评价，
下面我们再来看一组数据。

根据中国基金业协会公布的统计数据，2023 年我国公募
基金存续数量达到了 11 487 只，较 2018 年的 5 626 只增加了
104％；公募基金产品规模也达到了 27.5 万亿元，较 2018 年的
约 13 万亿元上涨了 112％，全部实现翻倍有余（见图 1-7）。

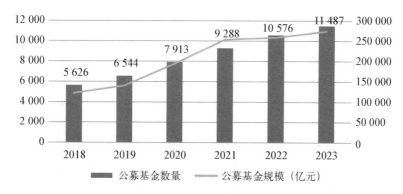

图 1－7 2018—2023 年中国公募基金数量

资料来源：中国基金业协会。

在参与公募基金的投资者数量方面，根据中国证券登记结算有限责任公司的数据，截至 2019 年 12 月底，我国公募基金场外投资者总账户数约为 6.08 亿，其中专业机构投资者的账户数为 11.2 万，一般机构投资者的账户数为 93.0 万，自然人投资者的账户数约为 6.07 亿（占比为 99.8%）。从场内交易的情况来看，截至 2019 年 12 月底，我国公募基金场内投资者总数约为 1 980 万，其中专业机构投资者为 2.64 万，一般机构投资者数量为 4.8 万，自然人投资者为 1 973 万（占比为 99.6%）。此外，根据可统计数据，从 2013—2022 年的开户人数来看，总体数量上呈现大幅上涨的趋势，2022 年公募基金持有人总户数达到 39.74 亿户，较 2013 年增长超 30 倍，年均增长率超过 50%。

公募基金到底拥有什么样的魅力能够吸引投资者纷纷来参与呢？这里既有其内在属性优势，也有外部替代性投资原因，

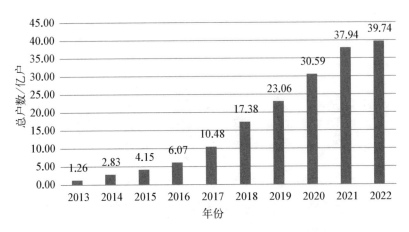

图 1‐8   2013—2022 年公募基金持有人总户数变化情况

资料来源：万得资讯。

总结起来有如下 6 个方面。

1.3.1   投资门槛较低

一般而言，我国公募基金的投资起点为 1 000 元，像一些货币类型的公募基金 1 元就能起投，这样一来就大大拓宽了公募基金投资的客户群体。相比之下，私募基金的投资门槛就要高得多。我国《私募投资基金监督管理办法》第 28 条规定：投资于单只私募基金的金额不得低于 100 万元，且必须符合下列标准：① 如果是企业投资者，则净资产不得低于 1 000 万元；② 如果是个人投资者，则金融资产（包括银行存款、股票、债券、基金份额、资产管理计划、银行理财产品、信托计划、保险产品、期货权益等）不得低于 300 万元，或者最近 3 年内个人年均收入不得低于 50 万元。公募基金较低的投资门槛也是我国绝大部分个人投资者热衷公募基金投资工具的重要原因。

1.3.2　投资专业程度较高

投资是一项十足的技术活，而非简单地往墙上的小洞里撒豆子拼概率。个人投资者除了要具备专业的金融知识外，还要具备敏锐的观察力、研究能力以及数据分析能力。及时有效的时间管理也很重要，待你一个人把团队所有人需要做的活都做完了，行情也就错过了。另外，个人投资者的心理也是其专业性的一部分。中国股市中大部分散户都抱有侥幸心理，他们希望"一夜暴富"，因此其投资行为具有盲目性、短期性。当股市暴跌的时候，散户选择随大流"割肉"离场；而当股市大涨的时候，他们争先恐后地买入。

如果对美国资本市场有一些研究的话可以发现，其实中国今天的股市和股民在某些方面与曾经的美国股市和股民有一定的相似性。美股曾一度被散户认为是暴富之地。根据美联储的数据，1920—1945 年美股的"赚钱效应"吸引了约 93％的家庭投资者参与其中。2008 年金融危机前大繁荣的中国股市与之很像。而 1945 年后的几十年中，20 世纪七八十年代全球石油危机，美国经济发生滞胀，1987 年的黑色星期一、2000 年互联网泡沫、2008 年的金融危机，经历过一次次的熊市教训后，美国散户投资者彻底醒悟了，他们认为自己的专业能力不如专业人士，将闲置资金交给专业的机构投资者打理更为稳妥，这也推动了美国公募基金行业的突飞猛进。从数据上看，经过 70 多年的变化，美国股市散户的比例已经从 20 世纪 40

年代的 93％ 下降到了今天的约 11％。因此，对中国的散户投资者来说，除非自己有与机构投资者同等或更高的专业水准，否则还是建议将资金交给专业的人去打理。

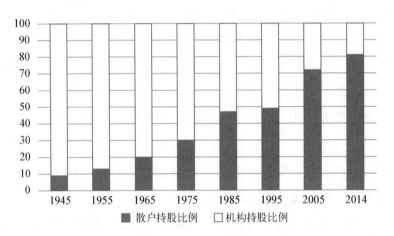

图 1-9 美国机构/散户持股比例对比

资料来源：美联储。

1.3.3 投资收益相对较高

以股票基金为例，2014—2023 年的近 10 年时间里，收益率中位数的年平均值达到 11.64％，远高于股票收益率中位数的 5.19％。具体各个年份的收益率中位数如图 1-10 所示。

作为对比，我们也将 2014—2023 年股票收益率的中位数在图 1-10 中进行了展示，可以看出，在过去 10 年里有 8 个年份基金的收益率可以超过股票，也就是说胜率高达 80％。

1.3.4 风险相对分散

巴菲特的老师本杰明·格雷厄姆（Benjamin Graham）在

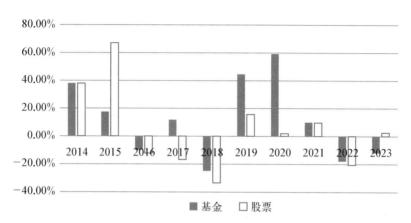

图 1－10　2014—2023 股票基金与股票收益率中位数对比

资料来源：万得资讯。

《证券分析》一书里曾说过："如果说我在华尔街 60 多年的经验中发现过什么的话，那就是没有人能成功地预测股市变化。"既然连经验丰富的"华尔街教父"级基金经理人都这样认为，那么缺乏经验的普通投资者就更应该意识到，想准确预测股市走向是几乎不可能的，如果再加上其他细分的金融市场，那么想要做联合预测更是难上加难。我们所能做的就是尽可能地降低潜在风险的概率水平，这就需要我们分散投资。分散投资思想的诞生是人们总结金融危机的结果。如果投资者当时可以把"鸡蛋"（资金）分散放到不同的"篮子"（其他类别资产），而不是全部都放在一个"篮子"里，在其他条件不变的情况下，当冲击发生时，资金损失的程度也可能会有所收敛。公募基金的做法和分篮子放"鸡蛋"的思路是相似的，即把募集到的资金分散投资到不同行业的股票、不同类型的债券、不同地域市场的金融标的，在降低资产相关性中提高获得收益的概率水平。

1.3.5　参与渠道较为便捷

个人投资者参与公募基金的投资可以通过各种渠道，包括传统的银行和券商的柜台，基金公司自己的网站、手机 App 等直销渠道，也可以通过支付宝、微信等互联网/手机第三方基金销售平台。尤其是第三方代销机构，它们把投资引向了银行理财体系无暇顾及的长尾客户，这类客户通常更年轻化，收入水平与学历水平相对偏低，投资规模偏小。以支付宝（蚂蚁基金）的投资者为例，金融资产总规模小于 5 万元的个人投资者占比达到 44.6%。因此，第三方代销机构代销规模占比从 2016 年底的 2.24% 提升到了 2022 年的 22.34%（见表 1-3）。

表 1-3　不同渠道公募基金销售保有规模占比

年度	商业银行/%	证券公司/%	独立基金销售机构/%	其他/%	直销/%
2015	25.22	10.01	2.14	0.73	61.90
2016	23.43	8.23	2.24	0.48	65.52
2017	24.41	6.05	3.84	0.32	65.38
2018	24.14	6.41	7.76	0.42	61.26
2019	23.59	7.59	11.03	0.49	57.29
2020	27.68	9.31	14.54	0.44	48.03
2021	28.07	9.67	19.14	0.56	42.56
2022	26.17	10.07	22.34	0.57	40.85

资料来源：中国基金业协会。

1.3.6　资产产品覆盖面广

而就资产配置来说，公募基金最大的优势在于其资产产品的覆盖面较广，投资者可以仅仅开立一个基金投资账户就可以投资股票、债券、商品，甚至是房地产等不同类型的产品；投资者通过公募基金不仅可以投资国内市场，也可以投资境外市场；公募基金还提供了货币基金这一现金替代来供投资者进行流动性管理。这些具体的投资品种我们将会在后续的章节中深入探讨。

正是上述这些优势让公募基金成为个人投资者进行资产配置的不二之选。

1.4　家庭资产配置的基本原则和策略

有些投资者可能会认为投资不同类型的金融产品就算作资产配置了。然而，事实并非如此简单。家庭资产配置也有一些基本原则需要投资者去遵循。我这边简单列举了一些基本的资产配置策略为投资者后续的学习先做个铺垫。

1.4.1　家庭资产配置适用的原则

从大类资产上讲，家庭资产通常的可选配置包括权益类、固定收益类、现金类和另类资产（见图 1-11）。从资产子类别来看，权益类资产又可以分为境内上市和境外上市股票以及未上市股权；固定收益类可以分为高等级固定收益、高回报固定收益、混合融资债以及境外固定收益；另类资产

则包括商品、房地产和对冲基金；现金类资产则包括存款和
货币基金等。

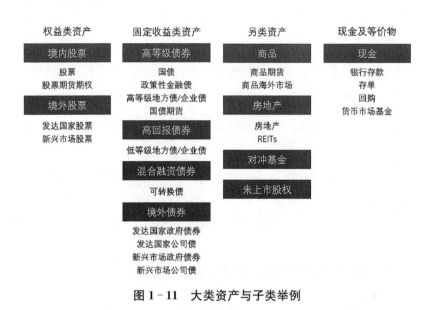

图 1-11　大类资产与子类举例

各类资产之间的相关性、受影响的因素、风险—收益属性
都不尽相同，这给我们的资产配置带来了很大的空间。那么资
产配置需要遵循什么原则呢？

1）投资目标要匹配

由于在人生不同的生命周期，投资偏好不同，风险容忍度也
不同，因而投资目标不同，必然要构建不同风险收益的投资组合。

1954 年，美国经济学家莫迪利安尼（Franco Modigliani）、
布伦贝格（Richard Brumberg）与安东（Alberto Ando）共同
提出了"生命周期假说"。该理论论述了在不同的生命阶段，

人们的消费和储蓄特征存在着差异，比如年轻时期与老年时期支出可能大于收入，而中年阶段收入可能大于支出，金融资产投资不仅需要考虑当期消费储蓄情况，还需考虑各期甚至整个生命周期的消费储蓄情况。从图 1-12 可以看出，中国居民资产结构的变迁过程，人们的资产结构是与整体社会的经济发展水平以及人们的生命周期相适应的。

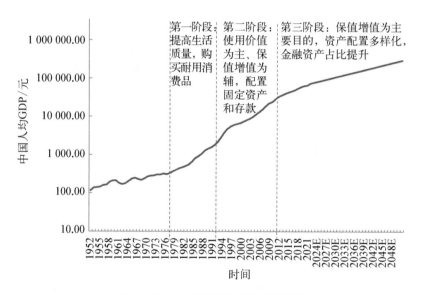

图 1-12　中国居民资产结构变迁图

资料来源：中金公司研究部。

2）风险要分散

我们通常说"不要把鸡蛋放在同一个篮子里"，指的就是不能把希望都寄托在一类资产或者一类基金上，要把风险分散开来。对于构建投资组合而言，最关键的 2 个风险要素就是相关性和波动率（或称标准差）。相关性衡量的是资产之间的联动现象，是不是同涨同跌。相关性高的投资对分散风险来说作用就不大了。波动率衡量的是组合的整体波动，也就是偏离预期收益的损失概率和严重程度。

根据马科维茨的研究，配置低相关性的资产可以提升组合的多元化，在降低风险的同时保持收益不变，或者在风险一定的情况下提高收益。但这里要注意，纳入的资产也要衡量其增值前景，如果单单只为了分散风险而忽视长期投资的逻辑，这也不符合资产配置的原则。因此，对于一篮子资产而言，投资者首先要考虑每项资产的长期前景优势和预期平均回报，其次是每项资产回报的波动率，最后是衡量每项资产与投资组合中所有其他资产的相关性。

1.4.2　常见的资产配置策略

1）传统的等权重 1/N 策略和股债 60/40 策略

1/N 法也被称为简单多样化法，即把投资资金平均分配于 N 类资产中，这种方法易于理解且操作简单。相关学术研究[①]也表明，在各种资产配置的优化模型中，1/N 投资组合的长期收益表现更优异，并且在夏普比率、确定性等价回报以及换手率方面比其他模型更有优势。

股债 60/40 策略兴起于 20 世纪 30 年代的美国，即在投资

---

① DEMIGUEL V, GARLAPPI L, UPPAL R. Optimal versus naive diversification: how inefficient is the 1/N portfolio strategy? [J] The Review of Financial Studies, 2009, 22 (5): 1915 – 1953.

组合中，60％的资产配置股票，40％的资产配置债券。在其他类别可配置资产缺乏的年代，60/40策略的收益表现非常不错，至今仍然有很多投资者采用此策略（见图1-13）。例如全球规模最大的主权基金——挪威主权财富基金，其股票在投资基准中的占比从1998年的40％，调整至2007年的60％，2017年又进一步上调至70％；相应地，债券的占比从60％逐步下调到30％。未来，随着低利率时代的到来，简单粗放的股债60/40策略的回报表现将持续下滑，高比例的债券资产将很难维持同等收益，需要把更多资产分散到权益类以及另类资产才可以达到，这无形中也增加了组合的波动性。

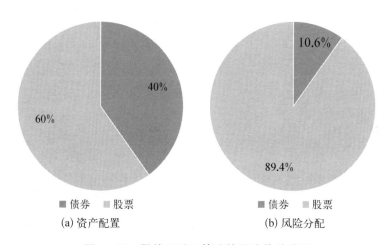

图1-13 股债60/40策略的风险收益分配

资料来源：桥水基金。

2）风险平价策略

风险平价策略起源于1996年美国著名对冲基金桥水基金

（Bridgewater Associates）推出的全天候基金（all weather fund）。凭借在2000—2002年美国股市大调整和2008年金融危机中的优异表现，此策略逐渐得到机构投资者的青睐。区别于股债60/40策略中风险分配的不均衡，即组合中90％的风险贡献均来源于股票，风险平价组合把重点放在配置风险，而不是配置资产，即对风险高的资产配置相对低的权重，对风险低的资产配置相对高的权重，可以看到如果要保持股票和债券风险对等，那么股票的配置比例应为26.5％，而债券的配置比例为73.5％（见图1-14）。

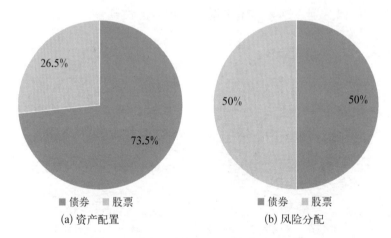

图1-14 风险平价策略的风险收益分配

资料来源：桥水基金。

　　桥水创始人达利欧说过："成功的投资关键是要打造良好的投资组合，投资的圣杯就是能够找到15个良好的、互不相关的回报流。"桥水的全天候基金并不需要对未来做出预测，其核心在于对各个资产类别平均分配风险；而在不同的增长和通胀环境中，总会有表现出色的资产，基金的投资组合永远不会暴露在同一风险因子下。

因此，达利欧给普通投资者提供了一个极简配置方案。对风险的严格控制使得该策略在长期内适用于各类经济环境，能够实现在承担最小市场风险的条件下获得市场的平均回报（见图 1 - 15）。

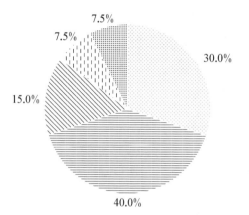

图 1 - 15　全天候组合的极简配置方案

资料来源：桥水基金。

总体而言，传统的资产配置模型有优势但也存在缺陷，其优势在于各类资产配置比例清晰，模型简单且易于执行，但往往忽略了资产之间的相关性影响。以风险平价模型为例，其高比例的债券资产可以有效降低组合的波动率，但由于利率因素是影响债券的主要因素，因此该组合也没有很有效地分散风险。

1.4.3 通过基金规划家庭的资产配置

每一位投资者都应该构建自身或家庭的资产负债表，为家庭财富选定匹配投资目标和风险偏好的投资策略。但在做资产配置前，投资者一定要想清楚自己要什么，不能既要、又要、还要。构建长期稳健的资产组合，获得8%～10%的年化收益应该是大部分人比较现实的追求。

对于普通投资者来说，通过持有基金来投资相对应的大类资产，进而实现家庭的资产配置，不论是成本方面，还是有效性和可得性方面都极具优势。图1-16呈现的是投资者目前可以投资的主要产品类型，可以看到除了衍生品类外，其他类别的资产都有同类基金可以替代。

权益类	固定收益类	现金类	另类资产	衍生品类
•股票 •股票基金	•债券 •债券基金	•存款 •银行理财 •货币基金	•房地产 •黄金 •REITs •QDII基金 •商品基金	•期货 •期权

图 1-16　可投资产品一览

1)"核心＋卫星"配置

"核心＋卫星"配置将投资资产分成两部分：一部分是对整个投资组合的安全和收益起到保驾护航的决定性作用，称为"核心"的相对稳健类资产，专注长期投资，一般占整体投资一半以上的比重，例如大盘基金、平衡型基金、指数基金等；另一部分是卫星资产，作为核心组合的外围资产，由具有成长潜力、更积极主动、可以带来超额收益的资产构成，如小盘基金、行业基金、QDII、REITs 等，整体比例一般占总资产的30%～40%。

不管是核心组合还是卫星组合，基金的数量不是最重要的，关键是分散风险，因此要注重基金之间的差异化程度，一般选择 3～4 只基金分别构建核心和卫星组合。这样的家庭资产配置策略进可攻、退可守，不管是结构性行情还是牛熊市场的切换，都可以在风险和回报方面取得较好的平衡。

表 1-4　核心/卫星基金占比

群　体	核心基金占比/%	卫星基金占比/%
年轻人群	50	50
中年人群	70	30
老年人群	90	10

2）金字塔结构

除了"核心＋卫星"的策略之外，普通家庭还可以采用金字塔结构的配置方式，根据自己的收入、年龄、风险偏好调整"金字塔"的宽窄。比如想规避风险，年龄大的投资者可以定制"稳健的金字塔"，底部的低风险资产多配置一些，高风险的产品少配置一些；偏好风险的年轻投资者可采取激进的"倒

金字塔"，多配置股票基金、参与基金定投等，具体可以参照
"4-3-2-1"的金字塔原理来构建基金组合，先构筑金字塔的
塔基，投入40%的货币基金，其次构筑塔腰，由占比30%的
债券和基金组成，然后把20%的资金投向混合型基金，形成
塔身，最后是塔尖，用10%的股票基金来构建（见图1-17）。

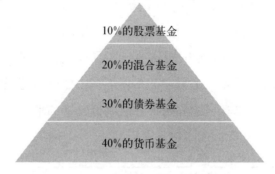

图1-17 "4-3-2-1"金字塔结构

结合资产配置常用的原则和策略，我们这里分别针对前言
中介绍的3位不同风险偏好的虚拟投资者Michael、Amy和
Tony给出了如表1-5所示的配置方案初步建议。

表1-5 不同类型的家庭资产配置建议方案

家 庭 类 型	股 票	债 券	现 金	另类资产
Tony（保守型）	20%	30%	50%	0
Amy（均衡型）	40%	30%	25%	5%
Michael（积极型）	60%	20%	10%	10%

投资 Tips:

1. 多元化资产配置是投资领域的"免费午餐",而公募基金是投资者构建资产配置体系的最佳工具。

2. 常见的资产配置方案包括股债 60/40、风险平价、"核心＋卫星"、金字塔结构等。

第 2 章

认识公募基金

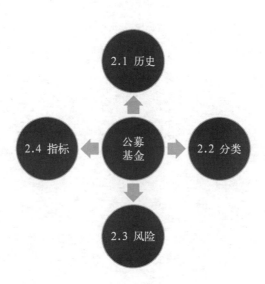

本章将带领大家从整体上来认识一下公募基金，包括公募基金的历史和分类等。此外，本章对于公募基金的风险进行了具体的分析，并且介绍了一些经典的风险指标。

2.1　公募基金简史

本节我将带领大家一起了解公募基金的前世与今生。既然想揭开公募基金的面纱，我们不妨从公募基金的起源开始谈起，因为其最初的创建逻辑、设立初衷会直接或间接地影响着我们在新时代对"钱袋子"的理解。

公募基金的英文全称是 mutual fund，直译过来是互惠基金，也可称为共同基金。我国金融行业则将其称为公募基金。根据耶鲁大学鲁文霍斯特（K.Geert Rouwenhorst）教授对公募基金史的研究[①]，现代公募基金最原始的样子或许要追溯到西方世界早年殖民统治和有组织的大规模股票交易时期。

18 世纪以前，海上贸易的繁荣使得欧洲地区率先诞生了许多极具创新意义的多元投资方式，其中将金融与实体资产进行集中整合这一模式最受欢迎，因为它让投资者们彼此形成了共同利益链条。终身年金（life annuities）是这种模式下最主要的产物之一，也就是唐提式保险（Tontine，已被我国认定是非法产品）。在 17—18 世纪成为大众参与金融的一个重要方

①　ROUWENHORST K. The origins of mutual funds［R］. Yale School of Management Research Paper Series，2004.

式之前，终身年金在中世纪的法国和北欧地区是非常常见的，它的运行模式是这样的：想要参加这种保险的个人必须首先向所在群组交一笔"份子钱"，同时还要提交一份等值的抵押物以防跑路，然后这笔集资将会用于投资公司的股票或所在殖民地的公司债券以获取收益，收益将在组员中共享。值得一提的是，成员在生命终止前所拥有的份额是无法自由转让的。当成员去世时，该成员拥有的份额才会叠加到剩下成员的手里，当然这种模式最后的结果是，最后一个活着的人或过了一定时间仍然活着的人将继承所有组内成员的投资份额与财富。虽然它只是一种保险，但它的共享运营思维已经体现出了我们今天所见到的公募基金的某些特点。

1772—1773 年，欧洲地区多个信托由于投资标的过于单一（房地产）从而引爆了金融危机。1774 年，在欧洲逐渐走出金融危机的阴影后，荷兰一个信托经纪商范凯特维奇（Abraham van Ketwich）总结经验认为，投资重心过于集中、参与投资的阶层太单一和风险不够分散是造成此次危机的主要原因。于是他在尝试改造中设计了一个新型信托，起名为"Eendracht Maakt Magt"，这也是当时荷兰共和国的座右铭，即"团结就是力量"。与以往集中性的投资略微不同，该信托的诸多方面均体现了寻求分散风险的特点。例如在投资者多样性方面，它摒弃了以往主要由贵族出资参与的投资方式，允许一部分小微投资者参与其中，以实现资金来源的差异化；在投资标的方面，它将信托资金分散投资于奥地利、丹麦、德国、西班牙、瑞典、俄国和中美洲殖民地的公司债券，从而避免了投资的单一性。这种新型信托向所有投资者开放，可认购份额总数为 2 000 份，运行期限为 25 年，并承诺每年向投资者支付约 4% 的收益回报。与唐提式保险的最大不同在于，该信托中每位投资者持有的份额可自由交易，而且收益根据所持份额计算。根据学者博古伊斯（W. H. Berghuis）在 1967 年对这种新型信托运营模式的研究，他认为当时范凯特维奇所创立的这种信托可以被认为是人类历史上第一个公募基金。这便是可考据的现代公募基金的最早雏形。

随着欧洲殖民地在美洲等地的扩张，这种投资的思维也随即传播到了美国本土，并在模仿欧洲投资模式下于 1893 年诞生了美国史上第一个封闭式基金，即"波士顿个人财产信托"（Boston personal property trust），它以房地产为主要投资标的。1907 年，在费城成立的亚历山大基金（Alexander fund）被认为是迈向现代公募基金的重要里程碑。该基金每半年发行一次基金份额，而且允许公共投资者根据需求自由赎回投资。到了 1924 年，亚当斯（Sherman Adams）、利罗伊德（Charles H. Learoyd）和卡尔（Ashton L. Carr）3 人通过创立的 MFS 投资管理公司在美国波士顿地区成立了"麻省投资者信托"（Massachusetts investors' trust）。这标志着现代公募基金的诞生。经过 4 年的探索，1928 年该基金决定向公共投资者开放资金募集，起初仅投资于 19 个蓝筹股、14 个铁路股、10 个公共事业股和 2 个保险公司股。在随后近一个世纪的推陈出新中，美国基金业根据实际情况又出台了多部法规对公募基金进行改造、约束和监管，也间接催生出了更加多元的基金种类和类别。与欧洲、美国基金发展史类似，中国的公募基金也是从封闭式基金开始的，从 1998 年仅有 2 只封闭式基金，到 2023 年末公募基金数量超过 1.1 万只，资产总规模直逼 30 万亿元大关。中国基金行业在短短的 20 多年时间里实现了巨大的跨越。

2.2　公募基金的分类

看过了公募基金大家族的前世今生，接下来我们一起认识一下公募基金大家族中每一类独具个性的成员。

据不完全统计，截至 2023 年底，市场上各种类型的公募基金数量已经达到了 11 487 只。如果不对其进行合理分类，这对想要购买基金的投资者、基金公司和政府监管机构来说，挑选基金都有不小的工作量。这就好比一家医院订购了一批药品，如果不能根据药品功效进行准确分类，则混乱的管理导致一定的后果是必然的。因此，将公募基金进行分类是必要的，只有进行分类，信息才会产生更高的价值。对于投资者来说，一个科学合理的分类将有助于加深对各类基金产品风险收益特征的认识。对于基金公司而言，分类则有利于横向和纵向精准分析市场数据，从而开发出更适宜的投资产品。对于监管机构来说，清晰的基金分类将有助于预防、控制和化解金融风险，维护金融市场的稳定与健康发展。

那么公募基金到底是如何分类的呢？投资者在投资基金时或许听到过很多错综复杂的分类，例如混合型、被动型、纯债型、成长型等，每一种类型又能细分出很多其他种类，看上去很让人感到"头大"。实际上，公募基金的分类是十分简单直白的。总的来说，公募基金的主要分类如图 2-1 所示。

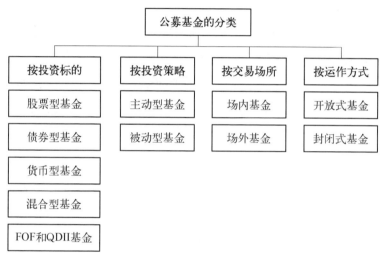

图 2-1　公募基金的分类

资料来源：根据公开信息整理。

2.2.1　按投资标的分类

首先来看按投资标的进行分类，这是公募基金分类中最主要的分类方法。一般来说，公募基金可以分为股票型基金、债券型基金、货币型基金和混合型基金等。我们以中国证监会2014 年 8 月 8 日正式实施的《公开募集证券投资基金运作管理办法》中的定义来具体解释一下这些基金。

1）股票（型）基金

股票（型）基金也叫权益基金，顾名思义是绝大部分投资于股票市场的基金，具体比例根据证监会的定义来说是80％以上的基金资产投资于股票。股票基金继承了股票的基本属性，因此这类基金具有高波动性、较高风险和较高收益的特性。

2）债券（型）基金

债券（型）基金也叫固定收益基金，是大部分投资在债券市场的基金，证监会要求是80％以上的基金资产投资于债券。债券基金由于所投资产为风险偏小（相较于股票）的国债、公司债，因此波动性较小，收益一般也偏低，但要高于货币基金。

3）货币基金

货币基金是仅投资于货币市场工具的基金。这种类型的基金仅投向短期（一般小于一年）到期的银行存款、短期国债、商业票据、大额存单等金融工具。由于投资者可以随时赎回，灵活程度高，本金损失风险较小，因此货币基金的收益一般较低。

4）混合（型）基金

不符合上述定义的，也就是全面投资于股票、债券、货币市场工具或其他基金，但比例达不到规定的，被称为混合（型）基金。

5）其他类

其他的基金类型还包括投资于其他经中国证监会依法核准

或注册的公开募集的基金份额的基金，为基金中的基金（FOF）；投资于境外资本市场的合格境内机构投资基金（QDII）；投资于房地产经营管理的不动产投资信托基金（real estate investment trust，REITs）；等等。

如果你看到的基金名称不属于这几大类的，那么它大概率就属于基金公司在法律范围内根据实际情况进行细分的二级或者三级分类。像我们平时听到的偏股型基金，就是基金公司根据投资股票的比例进行二级细分的一种，它可以同时投资股票、债券、货币工具等标的，只不过投资股票的比例要稍微高一些。一般基金合同中规定，投资股票的部分若大于等于 60%，则可称其为偏股型基金。如果按照证监会的一级分类，称偏股型基金为混合型基金也是合适的，这就要仔细阅读各个基金公司对分类是如何阐述的。

按投资标的分类是较为常见的公募基金分类，后续章节也会根据这些分类对基金进行更深入的探讨。

2.2.2 按投资策略分类

除了按照投资标的来分类之外，公募基金也可以按照投资策略分为主动型基金和被动型基金。

1）被动型基金

被动型基金又叫指数基金，指的是参照市场指数跟踪指数的成分股进行投资。例如，沪深 300 指数就是挑选了沪深两市 300 只股票来编制的指数，这种基金的收益与指数波动紧密相连，即被动地靠指数产生收益。

2）主动型基金

与被动型基金相对立的是主动型基金，这类基金并不完全靠指数产生收益，而是在保证市场收益的前提下力争超越市场业绩。这就需要基金经理对市场未来走势、行业发展潜力、投资风格等因素有一个综合的把握和判断，同时这也少不了基金公司和基金投研团队在中后台对基金经理的鼎力支持。

2.2.3　按交易场所分类

公募基金还可以按照交易场所分为场内基金和场外基金。我们日常见到的公募基金属于场外的居多。这里的"场"指的是上海证券交易所和深圳证券交易所。开通交易所账号后在这2个交易所内与其他投资人直接交易购买的基金就是场内基金。在交易所外，如基金公司、银行、券商、第三方平台等代销机构购买的基金就是场外基金。经常炒股的投资者知道一只股票在交易期间可以有很多个实时价格，这些价格连成的线就是价格走势线，投资者可以选择在合适的价格交易股票。与之相似，场内基金的净值也会随市场博弈实时波动，投资者可以根据自身的判断选择是否交易。而在场外购买的基金则不同，它在交易日下午 3:00 结束交易后会根据相应规则只计算出一个基金净值。

至于该买场内基金还是场外基金，我们认为可以考虑以下3 个方面。首先是时间充裕度，如果你在交易日上午 9:30 开市到下午 3:00 闭市期间没有时间看盘，那还是不要选择场内交易。其次是投资门槛，场内基金和交易股票一样都是 1 手

（100 份）起买，如果一个公募基金的实时净值很高，例如截至 2021 年 4 月 21 日，根据万得数据，单位净值最高的为 122.575 元，则想要在那个时点购买 1 手至少要支付 12 257.5 元，而一些场外基金基本上 100 元就能起买。最后在交易费用方面，场内交易费用一般与各个券商的交易佣金有关，基本上在万分之三左右；而场外基金的交易费用则在 1%～1.5%。

2.2.4　按运作方式分类

公募基金也可以按照运作方式分为开放式基金和封闭式基金。开放式基金指基金规模不固定的基金，投资者可以根据市场情况或个人需求随时申赎基金。以余额宝为例，投资者可以根据需要随时存入或取出资金。封闭式基金不仅有固定的基金规模，而且在资金募集完成后基金就会进入封闭期，其间是无法进行申赎的。如果投资者对资金的流动性要求比较高，那么开放式基金比较合适，其他方面则大同小异。

以上是市面上比较常见的公募基金主要分类，若没有谈及的其他分类请投资者仔细阅读基金公司的金融产品说明。

2.3　公募基金的风险

天有不测风云，人有旦夕祸福。置身投资当中，风险无处不在，谁都不是绝对安全的。金融大鳄乔治·索罗斯（George Soros）也曾说过："投资本身没有风险，失控的投资才有风险。"那么在投资公募基金中投资者、基金经理人或基金公司到底会面临哪些风险呢？

通常认为对于金融机构的经理人或是金融监管机构的管理者来说，风险意味着它是一种与特定事件相关联的、可感知的不确定性。例如，包括基金经理人在内的投资者通常对寻找相对较低估值的资产和更高的盈利感兴趣，相比之下，没有多少人能充分注意达成这些目标所需要付出的代价，而这些内部或外部信息差下产生的风险正是造成收益出乎意料下滑的核心原因，总结起来主要有以下六类风险。

2.3.1　流动性风险

香港证监会前主席沈联涛在总结自己早年的投资失败时坦然承认，没有一个投资者能够完全消除随机因素的干扰，这些因素我们现在不清楚并且将来也有可能不清楚，正是因为这样，投资者需要保持一定的流动性，从而在将来遇到适合自己的投资时机时能灵活选择[①]。对于基金经理人来说，流动性风险指的是当投资者发起赎回申请时基金经理人未能及时匹配基金的变现能力和投资者的赎回需求平衡的矛盾。相比封闭式基金来说，开放式基金的赎回申请更频繁，因此这类基金对基金公司和基金经理把握一定的资产流动性提出了更高的要求。对于一般基金投资者来说，这种风险主要来自将过高比例的自有资金（包括机动性资金）投到基金中，导致投资者在面对极端情况时，如净值大额下跌、暂停赎回或遇人身意外时，做出被

---

① 沈联涛.保持流动性[J].财经，2007（23）：95.

迫低价赎回的决策。股市鲜有常胜将军，就连被称为"股神"的巴菲特在 2020 年也经历了流动性的教训。2020 年，巴菲特旗下的伯克希尔·哈撒韦公司披露的财报显示其股票投资亏损了约 545.17 亿美元，给公司造成了不良影响，主要原因是前五大重仓股表现不及预期，且占其投资组合的比重过大（超过 70%），这 5 只重仓股分别是苹果公司、美国银行、美国运通、可口可乐以及富国银行。巴菲特在公司的年度大会上也承认了自己的投资失误，并认为保持充足的流动性至关重要。

2.3.2　市场风险

市场风险也称系统性风险（systematic risk），这种风险是金融市场本身固有的，既难以预测也无法通过资产配置多元化完全规避，只能利用对冲或者其他合适的大类资产配置策略将风险最小化。我们还是用一筐鸡蛋来形象地描述。我们常说鸡蛋不要全放在一个筐里以防鸡飞蛋打，当然这是聚焦在局部不平稳的情况下说的。我们现在将这几筐鸡蛋所处的环境放大，如果这几筐鸡蛋是放在一艘船上呢？在大浪翻涌的时候，当然你是无法提前精确预测的，届时无论你怎么放置鸡蛋，面临的损失都是确定性的，这时就只能退而求其次，降低损失的总量。仔细回想 2008 年的全球金融危机，在我们还沉浸在沪深股市再创新高的喜悦中时，美国首先引爆了金融危机并席卷全球，这在当时我们投资者是根本无法得知的，只能听之任之。在实际操作上，如果你想了解一只股票、基金或者投资组合的市场风险如何，你可以参考股票或基金公司定期披露的报告了解其风险情况。如果 Beta 小于 0，则它与市场的走向形成的是逆向关系；若 Beta 等于 0，则它与市场的走势形成的是不相关的随机关系；若 Beta 大于 0，则说明这只基金与市场走势形成的是正向关系。Beta 越大，市场变化一个单位，所投资产的变动也相应越大。

2.3.3　非系统性风险

与系统风险相对应的则是非系统性风险（unsystematic risk），也可称为个体风险或可分散式风险，如行业风险、经营风险、公司风险、合规风险等。从名字上我们就可以直观地看出，这种风险顾名思义可以通过一些策略进行缓和规避。举个易理解的例子，假如一位投资者仅仅拥有一只重仓航空旅游交通的基金，在 2020 年全球暴发新冠疫情的影响下，整个航空业连带着相应的基金一定会面临着较大的下行压力，如果投资者想要缓冲这种风险，那么投资者可以通过再持有一只和航空旅游交通业相关性较弱的基金，例如医药研发类基金或教育类基金，来分散航空旅游交通对投资基金收益产生的负面影响。

2.3.4　利率风险

利率风险指的是利率向上或向下的波动对一个金融机构边际利润的影响。那么利率对股票市场和债券市场究竟有什么样的影响呢？有效市场假说的提出者、芝加哥大学教授、2013 年诺贝尔经济学奖得主尤金·法玛（Eugene F. Fama）曾利用大量数据对利率与股市之间的关系做出结论性阐述：长期来看，高利率（或利率升高）会降低资本的流通性，增加企业的借贷成本，从而对未来盈利能力产生负面影响，并且会导致流入股市的资金量减少，最终影响股票价格[①]。同样地，对于债市来说，根据公式，债券价格与利率的关系也成反比，当利率上涨，即企业融资成本增加时，债券的价格通常是下降的；反之，则是上升的。因此，对于那些风险容忍度偏高的纯股票型基金投资者或风险容忍度偏低的纯债型基金投资者来说，要格外留意利率风险。

2.3.5 机构运营风险

机构运营风险是指由于电脑系统的停滞、金融机构雇员的失职或操作失误、市场名誉受损、自然灾害等因素对金融机构的正常运转及营收产生不确定性的影响。根据中国证监会2012 年修订的《证券投资基金运作管理办法》第 44 条规定："开放式基金的基金合同生效后，基金份额持有人数量不满两百人或者基金资产净值低于五千万元的，基金管理人应当及时报告中国证监会"；"连续二十个工作日出现前述情形的，基金管理人应当向中国证监会说明原因和报送解决方案。"绝大多数公募基金也据此规定了基金清算条件，如 2021 年初的《××债券型证券投资基金基金份额持有人数量连续低于 200 人的提示性公告》中就曾披露：根据《基金合同》的规定，《基金合同》生效后，连续 60 个工作日出现基金份额持有人数量不满 200人或者基金资产净值低于 5 000 万元情形的，基金管理人应当

---

① FAMA E. Stock returns, real activity, inflation and money [J]. The American Economic Review, 1981, 71 (4): 545 - 565.

终止基金合同，并按照基金合同的约定程序进行清算，不需要召开基金份额持有人大会进行表决。因此，保险起见，投资者在选择公募基金时不仅要参考基金管理规模，而且还要阅读专业机构发布的基金公司行业排名数据和报告，从而为自己选购基金产品多增添一份保障。

2.3.6   政策风险

政策风险的可预测性是比较低的，而且具有较高的强制性和非可逆性。例如 2018 年中国人民银行、中国银行保险监督管理委员会、中国证券监督管理委员会、国家外汇管理局联合发布的《关于规范金融机构资产管理业务的指导意见》就向投资者传递了"卖者尽责、买者自负"的理念，打破了以往理财产品的保本传统，对公募基金的业务、产品属性、投资范围、产品分级等方面产生了深远的影响。例如单只公募资产管理产品投资单只证券或者单只证券投资基金的市值不得超过该资产管理产品净资产的 10%，即 FOF 类型的基金投资单只公募基金的比例由 20% 降到了 10%；公募基金须经审批才能投资未上市股权，封闭式基金在此类投资上的创新或被终结等①。

以上这六大风险是投资者在投资基金时会经常面临的风险，为了最小化风险，建议个人投资者在申购基金之前要仔细阅读基金合同中的各项条款，不要过度追求高历史业绩，历史业绩只能代表过去而非未来，在充分了解了所投资基金的风险

---

① 金融界.资管新时代：资管新规对资管机构的影响及应对策略［EB/OL］.（2018－05－31）［2024－04－20］.https://baijiahao.baidu.com/s?id=1601912683662692506.

收益属性后再决定是否购买该基金。

2.4 公募基金风险量化指标

上一节我们从概念入手带大家了解了投资公募基金可能会面临的一些主要风险,这一节我们再来简单看一下公募基金的风险衡量指标。为了增强实操性,减少非必要的复杂计算,这里我们就提取出干货与大家分享在分析一只基金时如何去寻找它的风险程度信息。如果你在这一节没有完全理解,没有关系,后面几章我们还会继续深入讨论如何具体使用这些指标。

首先,去哪里找风险衡量指标信息?在当下金融科技愈加发达的今天,个人投资者可以通过基金公司官网,以及银行、券商、第三方网站来获取相应的公募基金信息。第三方的基金销售网站集成了几乎所有的公募基金必要信息,如基金基本资料、净值回报、财务报表、投资组合、规模份额等,个人投资者检索起来也比较方便,也可以通过各大基金公司定期发布的公告,如公募基金季度或年度报告来获取相应的信息。

找到信息所处位置后,这么多风险衡量指标信息我们到底应该看哪些主流指标来确定基金的风险呢?

2.4.1 标准差(波动率)

统计学中的标准差之所以可以作为衡量风险的指标,是因为它可以帮助投资者较为精准地计算出偏离预期收益的损失概率和严重程度。公募基金标准差的值越高,就意味着这只基金的整体风险越高。

　　我们统计了 2014—2023 年底，按照证监会一级分类下的中国各类公募基金年收益的标准差分布，我们可以清楚地从图 2-2 中看到纯股票型的基金标准差最大，平均值为 28.44％，之后依次是混合型基金、QDII 基金、债券基金，货币基金的收益标准差最小，约为 0.83％，基本符合各类基金的风险收益特征。单从风险的角度来看，如果投资者的风险容忍度较小，则可以选择货币基金或债券基金；反之，则可以从股票型基金或混合型基金中进行选择。

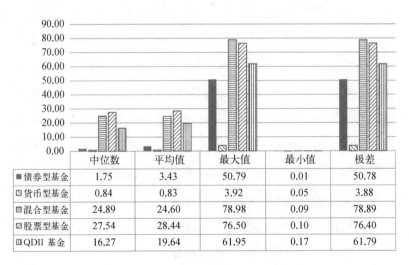

	中位数	平均值	最大值	最小值	极差
■债券型基金	1.75	3.43	50.79	0.01	50.78
▯货币型基金	0.84	0.83	3.92	0.05	3.88
▤混合型基金	24.89	24.60	78.98	0.09	78.89
▧股票型基金	27.54	28.44	76.50	0.10	76.40
▨QDII 基金	16.27	19.64	61.95	0.17	61.79

图 2-2　2014—2023 年中国各类公募基金年收益标准差分布（％）

资料来源：万得资讯。

2.4.2　夏普比率

夏普比率（Sharpe ratio）在金融投资领域的"出镜率"是

比较高的，大多数基金经理都会用它来衡量风险与收益之间的关系。那么什么是夏普比率呢？夏普比率是由美国经济学家、诺贝尔经济学奖获得者威廉·夏普（William Sharpe）于 1990 年提出的，衡量的是基金每承担一单位风险（标准差）时所产生的风险补偿或者说相对于无风险利率的超额收益。在风险保持一定的情况下，夏普比率数值越高，就意味着单位风险下可获得的超额回报越高；反之，则意味着在承担了单位风险下所获得的超额回报越低。一般来说，夏普比率越高越好，但是投资者在参考这一指标的同时也应该考虑风险值的大小。

这点非常类似于我们日常生活中所说的"性价比"的概念。我们在这里举个例子，2 只股票基金 A 和 B，A 基金的历史年化收益率为 15%，夏普比率为 0.5，B 基金的历史年化收益率为 10%，夏普比率为 1，应该选择哪只基金进行投资呢？粗看之下 A 基金年化收益更高，似乎更值得投资。然而，选择 A 基金的投资者们往往忽视了其承担的风险也更大。我们可以反向计算一下 2 只基金对应的风险，假设无风险利率为 5%，根据夏普比率的计算公式，A 基金的波动率为 20%，而 B 基金的波动率为 5%，A 基金的收益率仅高出 5%，但风险要高出 15%。很显然，A 基金相比于 B 基金所承担的额外风险并没有为其带来更高的超额收益，因此反而是投资 B 基金更为合理。

我们统计了 2014 年初至 2023 年底中国各类公募基金年化夏普比率分布（见图 2-3），为对比明显，我们用股票基金和货币基金的中位数来对比，因为中位数比平均数更平稳，受两头极值的影响较小。总体来说，股票基金的收益率是要高于货币基金的；但是从过去 10 年的夏普比率中位数数据来看，股票基金的数据却低于货币基金，一方面是因为股票基金的风险数值较高，从而拉低了其夏普比率；另一方面是因为货币基金风险数值较低，从而拉高了其夏普比率。因此，投资者在对比不同基金的夏普比率时，建议与同类型的基金进行比较。

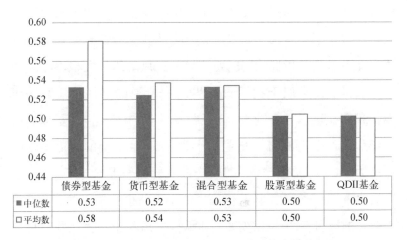

	债券型基金	货币型基金	混合型基金	股票型基金	QDII基金
■中位数	0.53	0.52	0.53	0.50	0.50
□平均数	0.58	0.54	0.53	0.50	0.50

图 2－3　2014—2023 年中国各类公募基金年化夏普比率分布

资料来源：万得资讯。

2.4.3　信息比率

在一些第三方财富平台上我们经常可以看到信息比率数据，这个比率与夏普比率略微不同。夏普比率参照的是无风险利率，而信息比率参照的是与某个基准标的的超额收益，例如沪深 300 指数作为基准标的、中证 500 指数作为基准标的等。信息比率的构成与夏普比率类似，分子是投资组合与基准标的的差值，分母则是投资组合与基准标的收益之差的标准差。举一个简单的例子，假设有 2 只基金都对标的是中证 500 指数，A 基金的信息比率为 2，B 基金的信息比率为 3，投资者选哪一个基金比较好？其实不能单凭数字就断定比率越大的越好，比率越小的越差，因为分母的风险定量还需要进一步计算评估。一般来说，在风险（分母标准差）一定的情况下，投资组合收益率相对较高的更佳。

2.4.4 最大回撤

在选择基金时，我们经常可以看到近一年最大回撤（max drawdown）百分之多少的数字，这个数字意味着什么呢？最大回撤是衡量一个基金管理人在面对极端市场情况（例如经济危机）时控制风险能力的重要指标。而对于投资者来说，这个指标则衡量了一只基金在一段时间内有可能发生的最大亏损程度。这个数值等于一段时间内任一历史时点向后推局部基金净值最高点到最低点的差值比率。当然，最大回撤也不一定意味着亏损，也有可能是收益的缩水，取决于你买入基金时的净值高低。

参照我们前面说的定义，这里给大家举一个例子。假如一个投资者在时点 2 处以 120 元买入了一只基金并持有到时点 7，随着时间的推移，基金净值也在上下波动并在时点 4 处达到最高，为 130 元，在时点 5 处下跌到最低点，为 80 元，尽管在时点 3 处净值下跌到 97 元，但是它仍然高于 80 元，因此时点 3 并不是最低点。从时点 2 处向后推，显然从时点 4 到时点 5

这一段是最大的回撤〔（80－130）/130＝－38.5％〕。如果投资者在时点 4 处"不幸"申购了基金并在时点 5 处选择赎回了基金，那么从整个时间段来看他的收益则为－38.5％。当然，如果投资者在时点 1 处买入了基金，尽管发生了最大回撤，但是收益率也依然为正。在实际同类对比过程中，我们会看到各种程度的回撤值，在收益相同的情况下，一般回撤的程度越大，说明这只基金在极端情况下抗风险的能力就越弱。另外，投资者在挑选基金时也应将基金的回撤率与同期大盘回撤率进行对比，如果一只基金的回撤程度要远低于大盘，则说明这只基金在市场极端情况下抗风险的能力较强，其投资策略也有一定的优势。

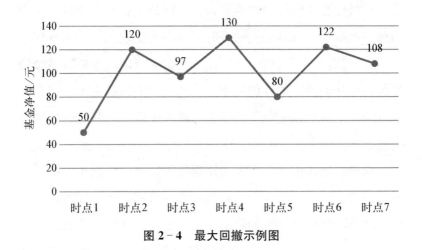

图 2－4　最大回撤示例图

2.4.5　卡玛比率

卡玛比率（Calmar ratio）的分子是年化收益率，分母是最大回撤。这个比率通常被用于对比评估几只基金风险的收益表现。它最初是由美国加州基金经理人特里·杨（Terry W. Young）创立的。杨本人认为卡玛比率要比夏普比率更具时效性，也更易理解。但它也忽略了市场总体波动性，这使得它有时在统计上会缺失一定的显著性。在收益一定的情况下，风险（最大回撤）越大，比率越小；反之，比率越大。此外，在风险一定的情况下，基金的年化收益越高，比率越大；反之，比率越小（若考虑符号问题则相反）。假设 A 和 B 基金的最大回撤都为 −20%，其中 A 基金的年化收益率为 2%，B 基金的年化收益率为 4%，则基金 A 的卡玛比率为 −0.1，基金 B 的卡玛比率为 −0.2。在风险（最大回撤）一定的情况下，收益率越高的更好，故 B 基金更佳。

　　除以上相对主流的风险衡量指标外，索提诺比率（Sortino ratio）[1]，詹森指数（Jensen's alpha）[2]、特雷诺比率（Treynor ratio）[3]、斯特林比率（Sterling ratio）[4] 均能很好地刻画一只基金风险与收益之间的关系，对这些比率感兴趣的读者可以查阅相关资料，我们也会在后文深入讨论各类基金时再次提到这些常用的指标。

---

　　[1]　索提诺比率与夏普比率相似，但索提诺比率运用下偏标准差而不是总标准差。
　　[2]　詹森指数是投资组合超过 CAPM（capital asset pricing model，资本资产定价模式）理论预期收益率的超额回报率。
　　[3]　特雷诺比率是每单位系统性风险获得的风险溢价。
　　[4]　斯特林比率是比较连续 3 年的平均回报率（ROR）与同一时期的最大平均回撤加上 10% 的关系。

投资 Tips:

1. 公募基金按投资标的可以分为：股票型基金、债券型基金、货币基金和基金中基金（FOF）等。

2. 公募基金的主要风险衡量指标包括：标准差（波动率）、夏普比率、信息比率、最大回撤和卡玛比率等。

第 3 章

货币基金

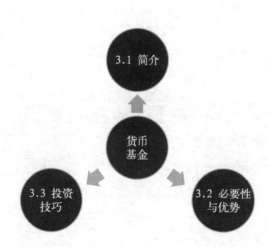

本章将带领大家了解公募基金中一个重要的分类——货币基金。作为现金的替代，货币基金是应对流动性的必要品类，投资者有必要根据自身实际情况相应配置，因此投资者有必要对货币基金进行全面的了解。

3.1 认识货币基金

在公募基金核心内涵的继承和形式创新方面，美国在过去很长一段时间里一直保持着非常高的水准。根据可考据的信息，货币基金的原型就诞生于美国。它的出现其实是顺应了时代的发展和金融市场的需求。20 世纪 40—70 年代，美国经济在科技创新、贸易出口、劳务输出等方面的带动下实现了高质量增长。待时代红利、技术红利和出口红利不再强劲，20 世纪 70—80 年代的美国经济在缺少经济增长新动力的情况下产生了滞胀，物价飞涨、失业率高企、货币购买力低下、道指暴跌。在这种危机下，美国政府为了重振经济选择了扩张性低利率政策，因此整个银行业也很难从储户处吸收存款，但银行业专门为富人设计了可以抵消通胀的定期大额存单和商业票据，当然门槛也较高。为打破这种恶性循环，1969 年，布鲁斯·本特（Bruce Bent）和亨利·布朗（Herry Brown）二人决定设计一种投资者有能力购买且不损失流动性的金融产品。1971年，美国第一个货币市场基金——储备基金（reserve fund）成立，它将富人才能购买的大额金融工具分解成多个可购买的单位提供给普通投资者，利息日付，投资方向主要为短期金融产品，只不过一开始投资者需要支付 1 000 美元的开户费。该基金一经发行就受到了投资者的广泛关注，不到一年的时间其规模就达到了 5 亿美元。

与美国货币基金产生的时代背景相似，中国货币基金也是在牛短熊长的市场条件下诞生的。2001—2003 年，中国股市震荡下跌，以股票基金和债券基金为代表的产品收益率着实让投资者感到担忧，再加上基金行业竞争加剧，经营成本不断攀升，为留住投资者并提振投资信心，开发出一款收益率高于一年期存款收益率的低风险产品成为当时基金经理人的共同呼声。于是，2003 年 12 月 30 日中国第一只货币基金（华安现金富利基金）成立。诞生至今的 20 多年里，货币基金获得了长足的发展，截至 2023 年底，货币基金的存续数量达到 371 只，规模达到了 11.28 万亿元，成为当前开放式基金中占比最大的基金类型，占比达到 47.4%。

货币基金在中国的巨大发展有一个名字是绕不开的，那就是余额宝。2013 年，支付宝在经过 10 年的发展，积累了数量庞大的、在日常消费场景中广泛使用支付宝的用户。支付宝公司与天弘基金管理有限公司合作在 2013 年顺势推出了余额宝服务，对接货币市场基金产品，天弘基金提供货币基金管理及销售服务，第一次实现了让用户在支付宝里的闲置资金获得收益。同时，余额宝设计了新的快速赎回功能，使消费者可使用余额宝进行消费，或在当日赎回资金。余额宝的诞生，将公募基金的投资门槛降低至 1 元，使用户能以更加普惠的方式进行现金管理。此后，各类以"××宝"命名的"宝宝型"货币基金大量出现。余额宝的管理规模也在此后迅速攀升，仅仅 5 年时间（截至 2018 年上半年），天弘基金余额宝管理规模就达到峰值 1.69 万亿元（见图 3-1），余额宝的用户数也不断增加，在 2018 年突破了 5 亿户（见图 3-2）。2018 年，为了进一步提升余额宝的用户体验，减轻单只基金规模过快增长的压力，使整体风险更加可控，运行更加稳健，余额宝面向基金行业开放，由单只基金产品转变为货币基金开放平台，截至 2023 年底，已接入 34 只货币基金。同时，天弘余额宝货币基金管理规模主动压降，截至 2023 年底，已降至 7 023 亿元，不及最高点的一半。

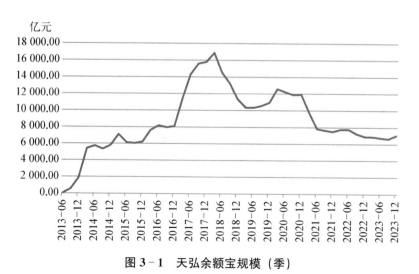

图 3-1　天弘余额宝规模（季）

资料来源：万得资讯。

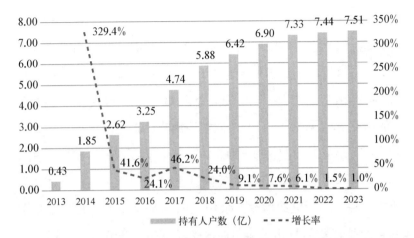

图 3‑2　余额宝（仅以天弘基金余额宝进行统计）用户数（年）

资料来源：万得资讯。

大部分人可能用过或者知道余额宝，但不一定了解余额宝背后的货币基金究竟是什么。货币基金是一种可以将资金投资于短期（一般小于一年）货币市场的工具，如短期银行大额存单、短期国债、商业票据和短期有价证券的开放式基金，这些金融工具通常由政府、金融机构以及市场信誉度较高的大企业发行，因此具有安全性高、收益相对稳定和流动性强的特点。我们所熟知的余额宝、招招盈、理财通以及那些基金名称中带有"货币""现金"二字的基金一般都是货币基金。

货币基金之所以被大家认为可以等同于现金，是因为投资者不仅可以随时用自有闲置资金申购，也可以在急用钱时赎回，一般都可以做到当天赎回当天到账。在费用方面，货币基金的手续费种类与其他类型基金相似，包含管理费、托管费和销售服务费等，但货币基金的费用更低，各种费用加起来约在 $0.4\%\sim0.7\%$ 之间。因为货币基金投资标的基本上是期限很短的资产，所以违约的风险也是相对较低，基于风险与收益一般呈正相关的关系，因此货币基金的收益率相比其他类型的基金来说也是更低的。

现如今随着银行存款利率的进一步走低，越来越多的人选择用货币基金替代银行存款。以招商银行 2023 年最新存款利率为例（见图 3-3），我们可以看到其整存整取 3 年和 5 年的年利率是最高的，不过最高也仅有 2.50%，略高于我国近 10 年平均通胀率约 2.23% 的水平，而其他大部分存款方式提供的年利率基本都低于 2%。虽然 3 年期和 5 年期存款能够跑赢通货膨胀率，但它们的锁定时间太长，万一投资者需要流动资金

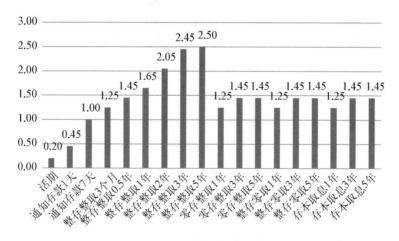

图 3-3 2023 年招商银行存款年利率（%）

资料来源：招商银行官网。

时往往难以取出。如果个人投资者以短期银行存款作为现金管理方式的话，那么其资产将会面临购买力缩水的风险。

对比之下，我们再来看看截至 2023 年底，所有货币基金自成立以来的年化收益情况。在选取的 811 只货币基金样本中，年化收益率在 2.5％～3.5％之间是最多的，占比约为 67.94％。也就是说投资者闭着眼睛买一只货币基金，也有 68.06％的概率获得与银行存款利率持平或高于银行存款利率的回报。这也是近些年来越来越多的个人投资者抛弃银行存款的原因。

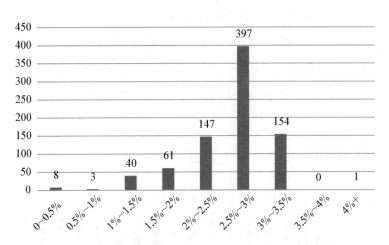

图 3-4　货币基金（证监会一级分类）年化收益情况

资料来源：万得资讯。

3.2　货币基金配置的必要性与优势

看到这里，有的读者不禁要问，看起来货币基金的收益确实比银行存款要高一些，但是相比其他类型的基金，这么低的收益率好像也没有什么吸引力，对资产保值增值的贡献率也不高，那么我们为什么还要配置货币基金呢？因为货币基金的高流动、安全属性比它的收益更具有吸引力。

老话常说吃不穷穿不穷，计划不到就受穷。过日子是门学问，如果不精打细算，再殷实的家境最终也难免面临财务风险。管理财富也是一样的道理。如果一个家庭习惯性地选择见招拆招，而不是将资产按照期限长短、风险大小以及所处生命周期进行合理规划，那么在遇到意外时，就很容易慌乱。因此，我们建议家庭在进行资产配置时要格外注意流动性因素。

中美家庭在流动性方面形成了鲜明的反差。上海财经大学高等研究院发布的《中国家庭债务状况》指出，中国家庭债务与可支配收入之比已高达 107.4%，超过了美国家庭的水平，接近美国金融危机前的峰值，家庭现金流动性堪忧，如果不加以调整，流动性的丧失不仅会抑制家庭在极端情况下抗风险的能力，对整个生产消费再生产链条也会产生明显的消费挤出效应，迫使企业被动加杠杆，最终也会影响家庭财务健康，产生一系列恶果。对比之下，美联储于 2020 年 8 月发布的《美国消费者金融调查报告》显示，美国金融消费者虽热衷基金投资，但同时也更注重资产的流动性，其中就包括货币基金。

每个家庭都会面临一些非常重要并且需要立刻支出的开销，例如维持生计的消费、出行费用、房贷车贷还款、保险购买、医药费用支付等。因为这类支出产生的频率相对较高，支付间隔相对稳定，所以每个家庭都需要预留一定的流动性资金。银行存款或货币基金就是一个很好的金融工具，虽然利率不太高，但可以在出现开支意外增加或者收入停止的情况下保证家庭的正常生活不受影响。在流动性数量方面，建议家庭储存 3~6 个月的生活费为宜。

疫情带来的不确定性也改变了很多人的风险意识和投资偏好，人们更加倾向于选择确定性收益。货币基金最突出的优势就是安全性高、灵活性强，还可以获得高于银行活期存款的利率，是资金避险的好方式之一。

货币基金把募集的资金主要投资于剩余期限在一年以内，也就是短期的国债、金融债、央行票据、债券回购、同业存款等低风险的证券品种，这同时也保证了它的高安全性。

货币基金是一种闲散资金的理财方式，可能会有投资者更偏向于投资银行理财产品，我们来做个简单的比较。比较前我们先要明确一个概念，银行的理财产品也是有不同风险等级的，并不能统统混为一谈。这点相信大家在购买理财产品前都要参加银行的风险评估就可以略知一二了。因此，我们在将理财产品与货币基金做比较时，关注的应该是银行理财中风险等级最低的现金管理类产品。而银行目前主推的理财产品绝大多数都是投资于债券等固定收益产品，因此，更合适的公募基金比较对象其实是债券基金。

那货币基金和银行的现金管理类理财产品相比有什么优势呢？

首先自然是门槛低。货币基金的投资门槛远低于其他投资方式。面向普通投资者的货币基金的起投金额一般为 100 元，而不少"宝宝型"货币基金的起投金额只需 1 元，而银行理财方面通常还是以"千元"为单位。不仅如此，银行通常针对不同的客户群体有不同的理财产品销售。举例来说，一个普通的银行客户可能只能买到年化利率为 2%的产品，而 VIP 级、私行级用户则能投资年化利率为 2.2%甚至更高的现金管理产品，不过这些产品通常的门槛是要求一次投资 50 万元或者 100 万元。

其次是渠道广。银行理财，顾名思义是专为银行客户提供的。虽然目前银行大多将理财交由子公司运营，不再限于只为本银行客户服务，但绝大多数银行还是以销售自己银行理财子公司的产品为主，投资者想买某个银行的理财产品还是只能去那个银行开户。货币基金则不同，银行、券商、第三方平台都能方便购买，所有地方买到的产品也都是统一由基金公司打理的。更为方便的是，我们平时购物、发红包等用到的零钱也能通过支付宝、微信这类 App 进行投资。

此外，货币基金还有可以在场内交易的，也就是投资股票的交易所账户也能购买货币基金，这样就不用担心账户中闲置资金的收益问题了。

3.3　货币基金的投资技巧

货币基金的投资方法主要有以下 5 种，投资者可以根据自身实际情况参考选择。

3.3.1 择旧论

从全市场货币基金的数据来看，在其他因素基本保持不变的情况下，一只基金成立的时间越久，从侧面反映出该基金的综合管理能力更强，因为它至少穿越了多次的牛熊周期，积累了更多市场经验，同时这也证明了基金经理的管理能力。相比而言，在风口下新发行的货币基金或许短期收益和未来潜力更高，但其抗风险能力、运营能力、基金管理人的能力等方面都有待时间去验证，不确定性较高，而时间检验成本是很高的。

我们根据万得资讯的数据整理出了证监会一级分类下的货币基金（共计811只）自成立以来的平均收益数据，从图3-5

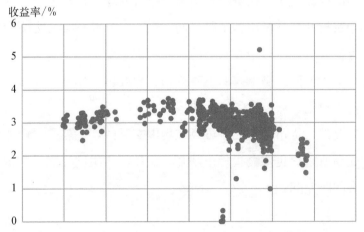

注：横坐标为截至2023年6月底证监会一级分类下全部货币基金（共811只），为方便阅读，故未显示全部名称。

图 3-5　全市场货币基金自成立日以来年均收益情况（证监会一级分类）

资料来源：万得资讯。

来看，总体上年均收益率随着货币基金成立时长的缩短呈现出一种下滑的趋势，而且成立时间越晚的货币基金围绕均值线的波动也越大。因此，相比较而言，成立时间较长的货币基金稳定性相对更好。

3.3.2　收益论

从投资者的心理来看，热衷货币基金的投资者无外乎是看中了它随申随赎、收益性稳定和较低的风险特性。既然都是短期投资，在投资时间一定的情况下，选择一只拥有更高收益的货币基金则更具时间价值。这里主要有 2 个收益指标需要大家留意：一个是 7 日年化收益率，另一个则是万份收益率。7 日年化收益率是将货币基金过去 7 天的平均收益水平进行年化后（假定一直都能维持这 7 天收益情况的话）得出的数据。例如，一只货币基金某日标榜 7 日年化收益率是 3%，这表示从这一天往回推 7 天的平均收益情况，如果这个收益水平不变，那么一年的收益率是就是 3%。当然，实际 7 日年化收益率是会变的，投资者要根据发布的信息做到心中有数。万份收益则是用 1 万元投资货币基金，除去相关管理费用后当天所获得的收益，相比 7 日年化收益，基金行业普遍认为万份收益要更贴合实际一些。

3.3.3　规模论

货币基金的规模也是一个重要的因素。不同于其他类型基金可能是规模越小越好，"船小好调头"，货币基金规模小，则相对业绩容易偏弱。这与资金的使用成本有关，就好像我们去借钱，借个十块八块的往往不会收你利息，但你要是借个几十几百万的话恐怕事前谈个利息在所难免。货币基金也是一样，只有规模达到一定程度后才有话语权，越容易取得相对好的收益，而那些规模达不到的就只能退而求其次了。这与我们之前介绍银行理财不同级别客户其实是类似的道理，你投资得越多，往往能够给你的收益也会越好。

3.3.4　择机论

前面我们说过货币基金的投资标的是短期收益产品，当基金公司从我们广大投资者手里募集到钱后，这笔钱会被基金公司分散投资于各类短期金融工具，而金融工具就涉及钱的供与求，供给方就是基金公司，需求方则是公司、国家、银行等机构，它们需要资源来开展各类项目。在其他因素不变的情况下，供求在一定时间内是保持相对平衡的，但不是绝对平衡。当供或求一方缩减或增加时，投资者的收益也会相应波动。那么什么时候资金的需求会增加呢？大多数时候会出现在月末、季度末、半年末或年末，因为这时短期产品到期后，需求方一般会要求继续注资，从而带动价格（收益）均衡点的上涨。那么什么时候货币基金的收益又会减少呢？当市场上不太需要资金的时候，或资金供应过多的时候，收益率就会出现下滑。一般当央行放宽准备金率、刺激消费的时候，货币基金的收益就会出现下滑性波动。

3.3.5　注意买卖时间

与其他类型的公募基金不同，货币基金在周末和节假日都是有收益的（未经基金公司份额确认的除外），只不过收益是合并到节后第一个交易日进行更新。如果不考虑国家利率政策的变动，只关注投资时间点的话，应该如何投资呢？在购买货币基金时大家应该牢记 15:00 这个时间点，并把它当作每日交易的分割点，相当于过了 15:00 就是"新"的一天。

以余额宝货币基金为例，如果你是在周一下午 3:00 到周二下午 3:00 之间转入了资金，根据 T+1 规则，会在周三确认份额并计算日收益，于周四发放收益。如果是周四下午 3:00 至周五下午 3:00 之间转入资金，则是下周一确认份额并计算收益，下周二发放收益，以此类推（见表 3 - 1）。当然，如果赶在法定长假前最后一刻转入资金，就会在长假后的第一天进行份额确认，节后第二天发放收益。因此，在投资者购买货币基金之前一定要算清楚份额确认的时间和收益发放的日期，以免影响自有资金的收益率。

表 3 - 1 余额宝转入时间及收益发放时间表

转 入 时 间	确认份额	收益发放
周一 15:00（含）—周二 15:00	周三	周四
周二 15:00（含）—周三 15:00	周四	周五
周三 15:00（含）—周四 15:00	周五	周六
周四 15:00（含）—周五 15:00	下周一	下周二
周五 15:00（含）—下周一 15:00	下周二	下周三

资料来源：蚂蚁金服。

投资 Tips：

1. 资产配置中要预留一部分现金类资产保证流动性，货币基金安全性高、灵活性强，是一种良好的现金替代产品。

2. 货币基金的投资选择可以关注：择旧论、收益论、规模论、择机论等，同时还要注意买卖的时间。

第 4 章

股票基金

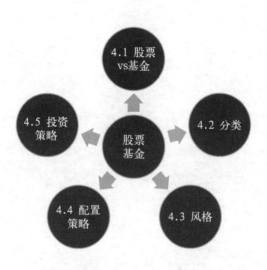

股票基金是大部分人首先想到的公募基金品类，也是相当重要的一类公募基金。作为期望收益相对高的一类基金品种，它广受对于投资收益有一定要求的投资者的关注，但由于预期风险也相对较高，因而容易引起投资者的误解，因此本章将带大家深入了解股票基金。

4.1　炒股还是养基

股票基金是大部分人对公募基金的第一印象。因为在中国投资股票的散户群体非常庞大，他们眼中的股票基金自然就约等于整个公募基金。那什么是股票基金呢？确实如大部分人所认为的那样，股票基金是将大部分资产投资于股票市场的基金。这里的大部分是多少呢？证监会给的定义是 80%，也就是说八成以上的基金资产需要投资于股票市场的基金。因为投资股票的比例较高，所以股票基金可能为投资者提供可观的投资增值。相对应地，股票基金所面临的预期风险也是最高的。因为股票基金的投资对象多为资质好、流动性强的股票，所以变现非常容易。

还是有不少的投资者不太信任股票基金，坚定地认为只有自己买股票才更赚钱。其实，炒股是一个门槛很低但是技术含量极高的活儿。在美国等海外市场，散户占比基本在 10% 左右，其余都是机构投资者；而我国恰恰相反，股票投资的主力是散户。散户要通过炒股赚钱实际是很难的。散户自己炒股很难赚钱主要有如下 3 个原因：

4.1.1 喜欢听故事和小道消息

股票价格的上涨其实主要是来自这家公司的盈利情况，简单说就是，这家公司要能赚钱，不赚钱的公司股价上涨是无法持续的。很多散户投资者其实是不做分析的，喜欢听小道消息或所谓的内幕消息来炒股，甚至有一些投资者还偏好股票代码中带"8"的公司，其实这些和公司的业绩基本没有什么必然的联系。

4.1.2 持股集中，风险很高

大部分的投资者因为资金量不大，据统计 80% 左右的散户资金量少于 10 万元，所以很多投资者一般只持有 1～2 只股票，而万一碰到市场波动，集中持仓很容易出现大幅亏损，比如你也买到了"乐视网"，或者碰到"长生生物"疫苗造假这类"黑天鹅"事件，股票被迫退市，亏损基本接近 100%。因此，集中持仓的风险很高。

4.1.3 追涨杀跌

典型散户的心态往往是买涨不买跌，股票越涨越买，多高的估值都敢追涨，常常就买在了山顶；反而一旦碰到下跌，散户们割肉也很果敢，最终造成了"高吸低抛"，与低买高卖的赚钱原理背道而驰。

究竟是买股票基金还是直接买股票更赚钱呢？还是直接让数据来说话吧。

我们比较了 2014—2023 年间所有股票基金年度涨跌幅的

中位数，以及所有个股年度涨跌幅的中位数，如表 4‑1 所示。
在表 4‑1 中我们可以很清楚地看到，股票仅在 2015 年和 2023
年跑赢基金，其他 8 年都是股票基金跑赢股票，基金的胜率高
达 80%。虽然在 2023 年基金没有跑赢股票，但在经历了上一
轮 2015 年股票的大起大落之后，基金连续跑赢了 7 个年度。
在 2016—2018 年和 2022 年股票收益大面积亏损的几个年份
中，基金收益均跑赢股票收益，显示出了基金较好的抗跌性。
而在 2019 年和 2020 年，基金收益大幅度跑赢股票收益，远远
地拉开了两者收益间的差距。

**表 4‑1　2014—2023 年股票与股票型
基金年度涨跌幅统计表**

年度	基金涨跌幅中位数/%	股票涨跌幅中位数/%
2014	37.97	37.87
2015	17.54	67.06
2016	−10.05	−12.35
2017	11.86	−16.84
2018	−24.84	−33.43
2019	44.50	15.81
2020	59.14	2.01
2021	10.07	9.80
2022	−17.91	−20.58

年度	基金涨跌幅中位数/％	股票涨跌幅中位数/％
2023	−11.88	2.52
平均	11.64	5.19

资料来源：万得资讯。

看完收益，我们再来对比一下基金和股票的风险。我们计算了上述 10 个年度的收益标准差，基金收益的标准差是28.45％，明显小于 31.57％的股票收益标准差。这也一定程度上说明了基金的收益更为稳定，或者说不确定性更小。

看了上述统计，相信结论已经不言自明。即股票基金更适合普通投资者作为权益类资产来配置。

4.2　股票基金的分类

我们再来看一下股票基金的分类。我们知道证监会给的定义是将 80％以上的基金资产投资于股票的基金即股票基金，这通常也被看作是狭义的股票基金。狭义的股票基金可以根据是否以追踪某一股票指数为投资目标，进一步区分为普通股票型基金和被动指数型基金。被动指数型基金又可以根据是以完全复制方法进行指数投资，还是通过优化策略或增强策略强化指数投资收益，分为普通指数型基金和增强指数型基金。这部分内容我们会在后续的章节中单独进行介绍，这里就先不展开了。

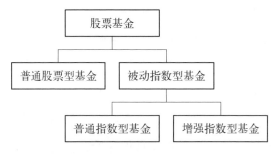

图 4 - 1　股票基金分类

　　还有一类股票基金，它虽然在证监会的定义中属于混合型基金，但我们通常也把它算作股票基金，即投资股票的资产比例超过 60％ 的混合型基金，这样的基金通常被称作偏股混合型基金。这类基金的股票仓位通常不低于 60％，剩下的仓位基金经理可以根据自己对市场的判断，灵活投资于债券和货币市场等。投资者买入一只偏股混合型基金，相当于在一定程度上实现了以股票配置为主的多元化资产配置。我们一般把狭义的股票基金和偏股混合型基金统称为广义的股票基金。

　　本章的讨论重点都将放在主动投资型的基金上，被动指数型基金我们将留到下一章讨论。

4.3　股票基金的风格划分

　　投资者一定经常在财经类媒体看到大盘蓝筹股、小盘成长股这些对于股票性质的分类，那么对于股票基金是否有相似的分类呢？答案当然是肯定的。我们来一起看看如何刻画一只基金的投资风格吧。

为什么要确定基金的风格呢？我们都知道在股票市场上，一般来说，小盘成长股的收益和风险均要高于大盘蓝筹股。那么作为股票基金，一只大部分投资于小盘成长股的基金和一只大部分投资于大盘蓝筹股的基金在收益和风险上就会有较大的差异。无论是激进的投资者还是保守的投资者，都应该在市场上选择匹配自己风险偏好的投资品种，因此了解一只基金的投资风格就显得尤为重要了。

一定有投资者会说，投资风格光看基金的名字就知道了，真是这样吗？我们来看一个著名的中小盘基金。根据某第三方基金销售平台的数据（见图4-2），这个基金在历史上的投资风格全部是大盘风格，可见根据名字来识别基金的投资风格是多么不靠谱。

报告期	基金投资风格
2021年1季度	大盘价值
2020年4季度	大盘价值
2020年3季度	大盘价值
2020年2季度	大盘成长
2020年1季度	大盘平衡
2019年4季度	大盘价值
2019年3季度	大盘价值
2019年2季度	大盘成长

图4-2　基金投资风格的示例

资料来源：天天基金网。

市场上对于基金投资风格的刻画方法，主要是基于基金持仓的方式，也就是根据基金公司在季度报告或年度报告中公布的股票持仓数据，对每个股票分别计算其风格类别，再根据基金的持仓比例将所有股票的风格汇总统计出基金整体的风格。这其中最著名的方法叫做晨星风格箱，是由著名的基金研究机构——晨星公司于 1992 年创立的，目的是帮助投资人定量判断股票基金的投资风格，通过计算基金持股的价值—成长得分和所持股票规模得分，最终定义基金的投资风格。其中，规模风格分为大盘、中盘和小盘，价值—成长风格分为价值型、平衡型和成长型，最终形成一个如图 4 - 2 左侧部分所示的"九宫格"。

在规模刻画方面，晨星风格箱的方法是将所有股票按总市值进行降序排列，累计总市值 70％点对应的股票市值为大中盘门限值，90％点对应的股票市值为中小盘门限值。投资者可以自己试着按市值从大到小顺序对股票进行排列，可以看到 70％的门限值对应的股票数在 500～600 之间，也就是说，市值排名大约在前 500 名的属于大盘股；从指数上来说，沪深 300 指数的全部成分股和中证 500 指数中市值较大的一部分成分股（约为前 200 名）属于大盘股。用同样的方法可以计算出中小盘的门限值对应的股票数一般在 1 800 多只，也就是说，市值排名大约在 500～1 800 名之间的属于中盘股，市值排名在 1 800 名之后的才属于小盘股；从指数上来说，则是中证 500 指数中市值相对较小的一部分成分股（约为后 300 名）以及中

证 1000 指数的全部成分股属于中盘股，未被这些指数收入的
股票属于小盘股。也就是说，沪深 300、中证 500、中证 1000
的成分股都是大中盘股票。这与大部分投资者会认为中证
1000 指数代表小盘股的想法有一定出入，需要投资者们注意
一下。刻画晨星规模风格的最后一步是依据基金季报公布的股
票持仓的市值权重计算出该基金的规模风格。

我们统计了近 10 年来的基金在市值风格上的数量分布情
况。从图 4‑3 中可以清楚地看到，大盘型基金在数量上处于
绝对的优势地位，除了在 2015 年牛市期间中盘型与大盘型
的基金数量相差无几以外，其他年份大盘型基金的数量均遥
遥领先。回顾一下 2015 年的股票市场，大盘型基金的代表指
数沪深 300 仅仅上涨了 5.58％，而代表中盘型基金的中证
1000 则是大涨了 76.1％，基金经理们自然会为了增加收益而

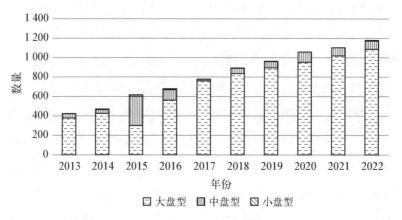

图 4‑3   市值风格统计图

资料来源：万得资讯。

加大中小盘股票的投资权重。图 4 - 3 中我们基本看不到小盘型基金的身影，我们估计原因在于，从开放式基金的流动性考量，小盘股在流动性上相较于大盘股处于劣势，有可能挂在市场上半天也卖不出去，或者被迫大幅打折。而开放式基金由于会面临赎回压力必须具备较强的流动性，因而不得不偏向于大盘风格。

　　在价值—成长特性的刻画方面，晨星风格箱的方法是首先分别计算基金中各只股票的价值得分和成长得分，其中成长得分反映上市公司的成长性，包括每股收益增长率、每股净资产增长率、每股主营业务收入增长率和每股经营活动现金流净额增长率 4 个因素；价值得分反映的则是上市公司的估值情况，包括市盈率、市净率、市销率、市现率和股息率 5 个因素。将股票的成长得分与价值得分相减就得到了这只股票的价值成长综合得分，然后根据得分各取 1/3 确定股票的风格（价值型/平衡型/成长型）。最后同样由基金的股票权重计算出基金的价值—成长风格（价值型/平衡型/成长型）。

　　我们同样统计了近 10 年来的基金在价值—成长风格上的数量分布情况。从图 4 - 4 中可以看到，2020 年之前的大部分年份，股票基金都以平衡型基金为主，此后则是以成长型基金为主。究其原因，2020 年左右出现了一次比较明显的结构性牛市，以大盘成长型为主要风格的"基金抱团股"疯狂上涨，从而推动越来越多的基金加入"抱团"行列，导致后续几年成长型基金占据绝对优势。

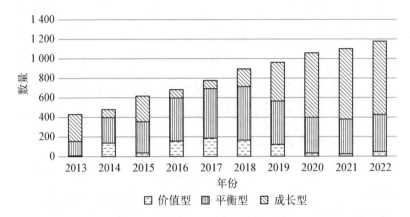

图 4-4 价值—成长风格统计图

资料来源：万得资讯。

　　从以上 2 种统计结果中我们也可以明显地看到，基金的投资风格不是一成不变的，这是由基金持仓的股票也在时时发生着变化所导致的。基金风格的变化往往是基金经理们追逐收益向市场风格妥协的表现，正如我们前面分析的基金整体风格的几次典型变化。从微观上来看，单只基金的风格也在不断变化，这一点我们从图 4-2 中也能看到，这只基金仅在 2020 年就发生了大盘平衡型、大盘成长型和大盘价值型 3 种风格的切换。这种切换也被叫作基金风格漂移。一只基金如果风格漂移过于频繁，或者发生诸如由小盘成长一下子切换到大盘价值这样剧烈的漂移，往往说明基金经理没有形成自身稳定的投资风格，对市场的判断处于跟随阶段，投资者在选择此类股票基金时需要更加谨慎。

4.4 股票基金的配置策略

介绍完股票基金不同的风格，我们来看看如何结合基金的风格特性进行股票基金的资产配置。这里我们分别以 Michael、Amy 和 Tony 这 3 种不同风险偏好的投资者为例来说明。首先，我们一起来回顾一下这 3 位投资者的资产配置情况。保守的 Tony 计划将资金的 20％投入股票基金，均衡的 Amy 计划投入 40％的资金到股票基金，而积极的 Michael 则计划投入 60％的资金到股票基金。

从规模风格上来说，目前基金的主流投资规模集中在大盘上，大盘型基金的主要优势在于相对于中小盘收益较为稳健，风险较小，流动性较好。从这些方面来说，正好是与绝大多数投资者对于基金投资的预期相匹配的，建议除了 Michael 以外的投资者都在规模上全部投资于大盘型基金。对于 Michael，绝大部分的股票基金投资也应配置在大盘型基金上，建议仅拿出一小部分（如 10％）放在中盘型基金上以获取更高的收益。当然，Michael 需要理解这部分的投资所蕴含的风险也会相应提高。

再从价值—成长风格上来说，价值—平衡—成长 3 个划分，其实正好与保守—稳健—激进这 3 种风险偏好相对应。很明显地，Tony 的股票基金投资风格应以价值型为主，Amy 应以平衡型为主，Michael 则应以成长型为主。具体比例上，建议与各自风险相匹配的风格类型占比不低于 50％；与规模类型相结合，即 Tony 宜将 50％投资于大盘价值型，Amy 宜将 50％投资于大盘平衡型，Michael 则分别投资 50％的大盘成长型和 10％的中盘成长型。

在股票市场上，出现整体上涨的牛市或者整体下跌的熊市毕竟是少数，大部分行情还是有涨有跌的结构性行情。而在结构性行情中，不同风格的股票的涨跌是不一致的，建议投资者不要将股票基金都投资在同一种风格的股票基金中，通过增加一些其他投资风格的股票基金从而形成更为合理的投资组合。建议 Tony 和 Michael 都将其余的仓位投资于大盘平衡型基金上；而均衡风格的 Amy 则分别投资于大盘价值型和大盘成长型，大致的仓位比例可以是 20％和 30％。

图 4-5　不同风险偏好投资者的股票基金配置

大家可以看到，最终的建议配置中，大盘平衡型基金都占据了相当的比重，为什么我们要这样建议呢？我们统计了不同价值—成长风格的大盘型基金近 3 年的收益率中位数，以及近

3 年最大回撤的中位数表现。大盘平衡型基金的收益率介于大盘价值型和大盘成长型之间，最大回撤幅度同样介于大盘价值型和大盘成长型之间，收益率与最大回撤之比略高于大盘价值和大盘成长。因此，综合风险和收益来看，大盘平衡型基金是不错的投资选择，适合绝大多数投资者。

表 4 - 2　各投资风格类型基金业绩表（截至 2022 年底）

风　格	近 3 年年化收益率中位数/%	近 3 年最大回撤中位数/%	近 3 年收益率/最大回撤/%
大盘价值	11.68	27.48	0.43
大盘平衡	14.26	32.77	0.44
大盘成长	15.31	39.19	0.39

资料来源：万得资讯。

　　最后，我们再来看看数量，究竟持有多少只股票基金比较好呢？这里我们介绍一个"有效前沿"的概念。理性的投资者对于相同的风险水平，一定会选择提供最大收益率的组合；而对于相同的预期收益率，则一定会选择风险最小的组合。而能同时满足这两个条件的投资组合就是有效前沿。通过持有不同的股票基金以及调整不同的权重，我们同样可以构造出一条股票基金组合的有效前沿曲线。然而，并非所有的股票基金都会出现在曲线上的组合中，绝大多数基金只会出现在被曲线所围起来的部分。也就是说，持有数量较多的同类型基金并不能在同样风险等级下提高收益，因此，我们建议股票基金的总数保持在3～5只为宜。

4.5 股票基金的评价与选择

在确定了股票基金的配置比例和数量之后，投资者接下去的工作就应该集中在优选基金上了。

优选基金最重要的参考因素就是基金的收益率。我们有一个简单的"5432"法则，5即该基金最近5年的收益率在同类基金中的排名在前1/5；4即该基金最近3年的收益率在同类基金中的排名在前1/4；3即该基金最近2年的收益率在同类基金中的排名在前1/3；2即该基金最近1年的收益率在同类基金中的排名在前1/2。这个法则对基金的长期业绩要求比较严格，但是对短期业绩要求相对较松。这主要是因为股票基金与大盘的同步性强，短期波动较大，业绩有偶然和运气的成分。但拉长时间看，表现优秀的基金能够通过择股能力和管理策略来平滑这些波动，最后跑赢指数。

不过在选择基金时仅仅盯着基金的收益率看是不够的。这里要提醒投资者注意，在看基金收益率的同时，要关注基金的风险，千万不要忽视了基金所面临的风险是不是与收益相匹配。

常用的风险指标包括波动率和最大回撤。这个我们已经在第2章做了详细的介绍，这里就不再展开了。我们需要记住的是2个结论。第一，波动率越高，风险就越大；波动率越低，风险也就越小。第二，最大回撤越小，风险就越小；最大回撤越大，风险也就越大。

仅仅从收益或风险角度评价一只基金还是有些片面，无法体现两者辩证统一的关系。因此，很多经济学家开始思考如何对收益进行风险调整，并以此来评价一只基金的表现，由此诞生了一系列的评价指标。以下这几个指标就是这些经风险调整后收益中最为经典和常用的一些指标，其中不少我们也在第 2 章做了介绍，我们这里简单复习一下。

夏普比率又被称为夏普指数，衡量的是基金每承担一单位风险（波动率）时所产生的风险补偿，或者说相对于无风险利率的超额收益。具体参见本书第 2 章的介绍。

特雷诺比率（Treynor ratio）又称为特雷诺指数，是由美国经济学家杰克·特雷诺（Jack Treynor）提出的用于测算投资组合业绩的指标。特雷诺比率的理论基础是现代投资学最重要的理论之一——CAPM（capital asset pricing model，资本资产定价模式），它衡量的是基金每承担一单位系统性风险（Beta）产生的风险补偿。特雷诺比率与夏普比率在公式上唯一的区别就是在分母上，特雷诺比率使用的是衡量系统性风险的 Beta。特雷诺比率的值越大，说明在承担相同的系统性风险的情况下，所获得的超额收益越高。

詹森指数（Jensen's alpha）是由美国经济学家迈克尔·詹森（Michael Jensen）于 1968 年提出的。它依据的理论基础同样是 CAPM 模型，衡量基金获得的超额收益。与夏普比率和特雷诺比率不同的是，前 2 个比率的比较基准均为无风险收益率，需要与同期其他基金的业绩进行比较才有意义，而詹森指数通过比较评估期基金取得的实际收益和由 CAPM 推算出的预期收益大小，比较的是基金超越市场的能力。当詹森指数大于零时，表明基金的实际收益超过了与其承担的系统风险相对应的收益，即基金战胜了市场；而当詹森指数小于零时，说明基金的实际表现不如市场。

夏普比率、特雷诺比率和詹森指数并称为基金风险和收益综合评价的三大经典指标。此外，比较常用的指标还有信息比率和卡玛比率，这 2 个指标在本书第 2 章也有相应的介绍，有需要的可以复习一下。

有了这些衡量基金的指标，我们选择基金的过程就可以事半功倍了。首先投资者要清楚自己更在意的是哪一类风险，是波动率代表的总风险、Beta 代表的系统性风险，还是净值上的最大回撤？投资者可以找到对应指标，并根据特定的指标筛选合适的基金。

估计有人要说这些指标是对过去历史表现进行的统计，并不能说明未来这只基金的表现究竟如何。我们为此特地对最近 5 年所有的股票基金进行了统计，我们将基金每年年末的夏普比率按高低等分成了 10 组，并且观察下一年末各只基金会处于什么样的分组之中，最后对 5 年间各个分组的转移率进行了平均得到了表 4-3 的结果（横轴代表前一年处于的分位值，纵轴代表后一年处于的分位值）。从表 4-3 可以看出，当年的夏普比率处于前 10％的基金下一年有 20.5％概率继续留在前 10％

表 4 - 3 夏普比率年转移率表

	前10%	10%~20%	20%~30%	30%~40%	40%~50%	50%~60%	60%~70%	70%~80%	80%~90%	后10%
前10%	20.5%	15.5%	12.8%	9.7%	13.0%	9.7%	5.2%	4.2%	3.8%	6.5%
10%~20%	17.1%	10.7%	12.5%	10.7%	10.3%	9.0%	10.3%	8.0%	6.9%	4.5%
20%~30%	13.3%	13.8%	11.4%	12.4%	12.0%	8.0%	10.0%	6.6%	7.2%	4.8%
30%~40%	8.9%	14.1%	11.4%	13.8%	8.6%	10.7%	11.0%	8.0%	7.2%	6.2%
40%~50%	9.9%	10.0%	9.3%	11.4%	12.0%	9.3%	8.3%	10.0%	10.3%	9.9%
50%~60%	6.8%	7.6%	14.9%	9.0%	8.9%	12.8%	11.4%	10.0%	11.7%	6.5%
60%~70%	6.1%	9.0%	8.7%	9.3%	6.5%	11.1%	12.4%	12.8%	10.3%	13.7%
70%~80%	5.8%	7.9%	6.2%	6.2%	12.7%	11.4%	10.7%	13.1%	13.1%	12.3%
80%~90%	5.8%	6.2%	5.5%	7.9%	8.6%	12.1%	11.4%	14.9%	11.4%	16.1%
后10%	5.8%	5.2%	7.3%	9.7%	7.5%	5.9%	9.3%	12.5%	17.9%	19.5%

资料来源：璞元科技。

的分组中，有接近 70% 的累积概率处于前一半，落到后 20% 的只有大约 10%，说明我们根据历史上的夏普比率优选股票，大概率能选到中游之前的股票基金，而选到排名靠后的基金概率不大，虽然不能确定一定能选到最好的基金，但从概率上来说是完全可以接受的。

我们同样统计了其他指标，得到的结论与夏普比率上的统计类似，说明就这些指标来说，表现优异的股票基金至少大概率能留在前一半。因此，通过上述指标来进行基金的筛选是一个值得被肯定的方法。

表 4-4　评价指标 Top 组后一年在前 50% 的概率表

指　　标	Top 组后一年在前 50% 的概率
夏普比率	69.7
特雷诺比率	66.9
信息比率	69.2
卡玛比率	64.6

资料来源：璞元科技。

选择股票基金，除了要看业绩，基金经理也很重要，毕竟基金经理才是帮你进行主动投资的那个人。如何选择好的基金经理呢？我们在这里首先提醒投资者去阅读一下基金的招募说明书，它就像在吃药前必须看药物说明书一样重要。从招募说明书中，投资者可以了解基金经理以及背后的投资研究团队的专业背景和从业经历、投资理念和投资策略、基金所面临的投资风险。通过这些内容，我们就能大致知道这个基金经理是不是一个投资者可以放心把钱交到他手上的人。此外，还有四点值得投资者注意。

一是长期业绩优秀。长期业绩最能证明基金经理的优秀程度，优秀的基金经理不仅能在牛市赚得到钱，还要在熊市守得住钱，只有经历过市场牛熊转换的基金经理才能从容应对市场上的各种情况。

二是管理过大资金。不同的投资策略所能容纳的资金量是不同的，有些小规模基金的业绩很好，但是规模一上来收益立马大幅下降。因此，只有管理过大资金且很优秀的基金经理才是真正的优秀。我们这里说的大资金一般情况下可以以 10 亿元为标准。

三是任职于优秀基金公司。基金投资是个系统工程，离不开投资研究团队的支持。一般来说，基金公司越优秀，旗下的投研团队相对也越优秀，能为基金经理提供的支持也就越好。

四是获得过金牛奖等行业肯定。每年评选的金牛奖相当于基金届的奥斯卡奖，能够获得这一殊荣的基金经理相当于获得了业内专家的一致认可，值得投资者信赖。

4.6 股票基金的投资策略

选出一只优秀的基金并不难，对广大投资者来说更难的是拿得住。据某第三方基金交易平台统计，投资者持有一只基金的平均期限是 42 天。有一些投资者可能知道投资股票基金需要"长期持有"，然而这里的"长期"对他们来说可能就是半年。我们的研究数据表明，在过去 5 年，如果持有一个偏股型基金半年，或者 125 个交易日，能够获利的概率只有 74%，或者说有 1/4 的机会要亏钱。

表 4-5　持有期盈利概率表

	半年盈利概率	1 年盈利概率	2 年盈利概率
中位数	74.39%	75.12%	80.22%
最高 10%	84.47%	90.60%	100.00%
最低 10%	59.77%	52.60%	39.95%
前 1/4	80.02%	82.17%	95.98%
后 1/4	66.49%	64.45%	53.05%
沪深 300	75.13%	75.81%	82.23%
上证 50	75.48%	78.94%	93.90%
创业板	51.75%	41.33%	39.43%

资料来源：万得资讯。

而对于能够持有一年的"耐心"投资者而言，情况并没有明显改善，除非你非常幸运地选到了排名前 10% 的基金，否则持有一年就卖出基金的行为，胜率仅仅比随机好一些。只有当投资者真正愿意持有超过 2 年时间，胜率才会明显站在投资者这一边，基金中位数胜率可以达到 80％ 以上，排名前 10％ 的基金甚至可以达到 100％。

如果我们把中位数胜率的目标设定为更多投资者可以接受的 90％，那么需要持有多久呢？答案是 657 个交易日，按每年 250 个交易日算，大概是 31.5 个月，即 2.5 年。

表 4 - 6　90 胜率所需时间表

	到达 90％ 胜率所需时间	最长创新高时间
中位数	657 天	477 天
最高 10％	239 天	256 天
最低 10％	993 天	1 001 天
前 1/4	386 天	361 天
后 1/4	833 天	653 天
沪深 300	604 天	588 天
上证 50	363 天	463 天
创业板	1 031 天	1 091 天

资料来源：万得资讯。

从表 4 - 6 中我们还能看到另一个参考数据——"最长创新高时间"，这个数据的意思是如果一进场就站到了"山顶"，投资者最长需要等多少个交易日才能回本。统计结果显示，平均是 477 天，风控做得特别好的基金（前 10%）只需要 1 年左右，相对稳健的基金（前 1/4）是 361 天，而不那么稳健的基金（后 1/4）则是 653 天，接近 2 年 8 个月。表 4 - 6 告诉我们什么是"稳健"，"稳健"不是不会跌，而是跌下去之后 1 年就能回来，而"不稳健"的基金可能需要多等 3 年。

　　大家一定都听过"守得云开见月明"这句诗，我们这里借这句诗再次奉劝所有基金投资者要有耐心，只有真正做到长期持有，才能获取市场的长期回报。

 投资 Tips:

1. 股票基金的投资风格主要包括规模（大、中、小盘）和价值—成长风格，不同风险偏好的投资者可选择不同的投资风格。

2. 股票基金一方面可以根据风险指标挑选，风险指标通常具有持续性的特征；另一方面也要考查基金经理。

第 5 章

指数基金

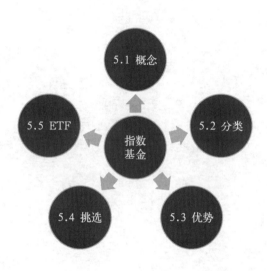

指数基金又称被动基金，投资的是特定指数。因此，有必要首先对指数有一定了解。被动基金和主动基金的区别也是很多投资者非常关注的，我在本章列举了一些被动基金的优势，更进一步列举了特别的一类指数基金——ETF 的优势，投资者可以根据自己的投资需要在不同基金中做出合适的选择。

5.1　什么是指数基金

相信很多投资者都听过巴菲特和对冲基金机构的一个赌约。2008 年，巴菲特和一个对冲基金经理打赌，看看 10 年后谁的收益更高。巴菲特选择的标普 500 指数在 10 年内获得了 7.1％的年化收益率，而华尔街著名的基金经理精选出的 5 只对冲基金仅仅获得了 2.2％的年化收益。既然指数基金是"股神"巴菲特如此推崇的投资方式，我们这就带领大家一起来了解一下。

指数基金是公募基金的一个类别，是以特定指数（如沪深 300 指数、标普 500 指数等）为标的指数，并以该指数的成分股为投资对象，以追踪标的指数表现的基金产品。购买指数基金就相当于你买了这些指数中的成分股票，可以获得这个股票组合的平均收益。如果你想参与股票市场，又希望避免个股选择的风险，那么指数基金是一个不错的选择。其实，如果坚持较长的投资期限，指数基金完全可以实现 10％以上的收益率，虽然我们经常听到中国股市不佳的评论，不过我们看沪深 300

指数从产生到现在，平均的年化收益率也超过了 10%。

说到为什么要进行指数投资，有一个理论不得不提，这就是有效市场假说理论。有效市场假说（efficient markets hypothesis, EMH）是由美国经济学家、2013 年诺贝尔经济学奖得主尤金·法玛（Eugene Fama）于 1970 年提出并深化的。法玛假设参与市场的投资者具有足够的理性，并且能够迅速对所有市场信息做出合理反应。基于这个假设，法玛定义了这样一种市场，在这个市场上，所有信息都会立刻被参与市场的投资者领悟，且及时、准确、充分地反映到市场价格之中，从而使得针对该信息所进行的交易并不存在超额回报，而只能赚取风险调整后的平均市场回报率。由于证券的市场价格能充分及时地反映全部有价值的信息，市场价格代表着证券的真实价值，包括证券现在和未来的价值，这样的市场就被称为"有效市场"。

法玛根据投资者可以获得的信息种类，进一步将有效市场分成了 3 个层次：弱式有效市场（weak-form EMH）、半强式有效市场（semi-strong-form EMH）和强式有效市场（strong-form EMH）。

1）弱式有效市场假说

该假说认为证券市场在具有弱式有效性的情况下，市场价格已经充分反映了所有历史的证券价格信息，包括股票的成交价、成交量、卖空金额、融资金额等。由此我们可以得到推论一：在弱式有效的市场中，针对股票价格的技术分析将失去作用，但通过基本面分析还能帮助投资者获得超额回报。

2）半强式有效市场假说

该假说认为证券市场在半强式有效的情况下，价格已经充分反映了所有已公开的有关公司运营前景的信息。这些信息既包括成交价、成交量等信息，也包括公司的盈利数据、盈利预测数据、公司治理情况及所有公开披露的财务信息等。我们可以得到推论二：在半强式有效的市场中，在市场中运用基本面分析也将失去作用，唯有通过内幕消息还能获得超额回报。

3）强式有效市场假说

该假说认为证券市场在强式有效的情况下，价格已经充分反映了所有关于公司运营前景的信息，这些信息包括所有已公开的和内部并未公开的信息。我们可以得到推论三：在强式有效的市场中，没有任何方法能帮助投资者获得超额回报，即使有内幕消息的投资者也一样。

针对各个国家证券市场是否满足有效市场假说，国外有大量研究者进行大量的检验及分析，绝大多数的研究结论认同大部分发达国家的证券市场已然具有弱式有效性，而美国、日本等少数国家的证券市场则基本实现了半强式有效性。这个结论同样印证了本章开头巴菲特和对冲基金经理的赌约，在半强式有效市场中，对冲基金能不能跑赢市场将更多地取决于运气。

也有不少国内研究者针对我国股市进行了各种各样的有效性检验，但目前还没有形成基本一致的看法，也就是说，我国股市是否具有弱式有效性还不太好下结论。不过多数人都认同证券市场有效性的发展规律是沿着无效向弱式有效、半强势有

效这条路径依次进化的。也就是说，我国证券市场即使现在还
不是有效市场，但未来的某个时候会变成弱式有效市场，进而
再变成半强式有效市场。

5.2　指数的分类

　　说到指数投资，那自然要先说说什么是指数。我们这里说
的指数主要是指证券指数，或者进一步特指股票指数。它是按
照某种规则挑选出一篮子股票，将其现有的价格水平与历史上
的某个特定时期的价格水平做对比，从而了解其变动趋势而编
制的一组统计数据。股票指数反映的是这一篮子股票的整体情
况和走势。我们举个简单的例子来帮助大家理解。某个学校按
各个科目对一个班级一学年的考试成绩进行汇总并求平均数，
以第一次考试的平均数作为一个基数，将其他历次的考试成绩
平均数与这个基数相比较，就能形成一个学习成绩的指数，通
过这个指数就能看到这个班级整体的学习情况是进步还是退
步。而不同的科目就形成了不同的指数，如"语文指数""数
学指数"等，这些科目指数的走势可以反映这个班级各科学习
成绩的走势。

　　这就是指数的作用，它代表的是一个整体的变化情况。同
样地，我们如果想知道股市里几千只股票的整体情况是涨还是
跌，就可以去看股票指数。

　　指数该如何分类呢？一般来说指数可以根据所包含的一篮

子股票的不同情况，分为综合指数和成分指数。而成分指数又可以进一步细分为规模指数、风格指数、行业指数和主题指数。

综合指数是总指数的综合形式，反映市场总体的变动情况。简单来说就是把市场上所有的股票按照即时价格加权平均得到的指数，常见的有上证综指、深证综指等，分别反映的是上海证券交易所和深圳证券交易所中所有股票的走势情况。

成分指数是通过科学客观的方法挑选出一部分具代表性的样本股票来建立一个反映整个证券市场的概貌和运行状况的指数。成分指数与综合指数最大的不同就在于，成分指数是一部分样本股票，而不是全部股票，按照即时价格加权平均得到的指数。例如，我们通常在财经媒体见到的代表深圳市场的指数就不是深证综指，而是深圳成分指数，简称深圳成指，它由深圳证券交易所中规模最大的 500 只股票构成，是市场上最重要的成分指数之一。市场上其他一些重要的成分指数有创业板指数、上证 50 指数、沪深 300 指数、中证 500 指数等。

类似于深圳成指、创业板指数这样的成分指数，由于是按股票的市值规模排名来进行一篮子股票筛选的，因而这一类型的成分指数被定义为规模指数。例如沪深 300 指数就是沪深两市规模最大的 300 只股票构成的指数；中证 500 指数是排除了沪深 300 指数的 300 只股票之后，取市值规模最大的 500 只股票，即市值规模排名 301～800 的股票构成的指数；而中证 1000 指数是排除了沪深 300 和中证 500 指数的共 800 只股票之后，取市值规模最大的 1 000 只股票，即市值规模排名 801～

1 800 的股票构成的指数。

　　风格指数是根据股票的某种特定风格或投资特征来进行分类而形成的指数，通常分为成长和价值两种风格。例如沪深 300 价值指数和沪深 300 成长指数，就分别代表了沪深 300 指数中更偏向价值风格的 100 只股票和更偏向成长风格的 100 只股票所构成的指数。随着股票数量的增加，成长和价值的二元划分已难以满足投资者的要求，于是又在此基础上出现了进一步的二级风格分类，通常与规模相结合是最常见的二级风格划分，包括大盘成长、大盘价值、中盘成长、中盘价值、小盘成长、小盘价值等。

　　行业指数主要是按照上市公司的主营业务收入进行分类，针对不同行业的可投资性将营业业务属于一个类别的划分成一类。行业划分主要参照的国际标准为标普公司与明晟公司（MSCI）联合推出的全球行业分类标准（global industry classification standard，GICS）。GICS 将行业分为 11 个经济部门或称一级行业（economic sector），24 个行业组或称二级行业（industry group），68 个行业或称三级行业（industry），以及 157 个子行业或称四级行业（sub-industry）。GICS 划分的一级行业包括能源、材料、工业、可选消费、日常消费、医疗保健、金融、信息技术、电信、公用事业和房地产等 11 个行业。其中，房地产行业是在 2016 年由"金融"下的二级行业独立成为一级行业的。而我国仍有部分行业划分沿用了 2016 年之前的版本，即不包含房地产的 10 个一级行业。除了国际标准，我国不少证券公司也先后推出了自己的行业分类和行业指数，相比较国际标准，这些指数往往更接地气，体现了我国行业或产业链的特色。目前使用比较广泛的有申万行业指数、中信（证券）行业指数等。

主题指数是反映某一特定的投资主题的指数，通过动态跟踪经济体的长期发展趋势以及促使发展趋势产生和持续的驱动因素，将能够受惠于这一发展趋势的相关产业和上市公司纳入投资范围。传统的主题指数包括环保指数、养老指数、国企改革指数、社会责任指数等；新型的主题指数往往紧扣时事，包括"一带一路"主题指数、新基建主题指数、碳中和主题指数等。

我们在指数投资中还会经常听到宽基指数和窄基指数的说法，它们又是怎么划分的呢？宽基指数，顾名思义是那些成分股的覆盖面较广，包含的行业较多，具有相当代表性的指数；而窄基指数就是那些成分股的覆盖面比较窄，仅仅体现特定的行业或者主题的指数。如果对应到我们前面所说的分类，投资者就很容易明白什么是宽基和窄基指数了。简单来说，综合指数、规模指数和风格指数是宽基指数，而行业指数和主题指数则是窄基指数。

为什么要区分宽基指数和窄基指数呢？因为相比较宽基指数而言，窄基指数受特定行业的影响会比较大。举个例子，比如当石油价格大幅下跌的时候，能源行业或者与此主题的相关的公司盈利就会大幅下滑，相应也会影响到行业或者主题指数，那么针对这些指数进行投资的投资者就会比较容易遭受损失；但如果投资者投资的是宽基指数的话，由于单一行业在宽基指数中的占比不高，影响也会相应小不少，投资者不容易受到特定行业或者主题的冲击。

我们知道指数都是通过加权计算得到的，因此，根据加权或者说确定成分股权重的不同方式可以分为价格加权指数、等权重指数、市值加权指数、策略加权指数。

价格加权指数是假设所购买的每只成分股份数是相同的，因此各成分股权重的计算方法是用成分股的价格除以指数中所有股票的价格之和，比如一只股票的价格为10元，指数中所有股票的价格之和为1 000元，那这只股票所占权重就为1%。由于成分股所占的权重是按照每股市场价格来确定的，价格最高的那只股票所占的权重也就最大，对指数的影响也是最大的。最著名的价格加权指数当属道琼斯指数。

等权重指数，顾名思义就是各成分股所占的权重都相同，也就是我们通常所说的算术平均值。等权重指数假设每只成分股购买相同的金额，指数中有多少成分股，每只股票所占权重就是这个数量的倒数。比如有100只成分股的指数，每只股票就都占1%。虽然等权重指数消除了价格加权指数易受高价股影响的缺点，但是由于小盘股的波动率一般要大于大盘股，因此该指数会更容易受到小盘股的影响。

为了消除等权重指数容易受到小盘股影响的问题，以市值大小来构建指数的市值加权指数应运而生。市值加权指数计算各成分股权重的方法是用每只股票的市值除以指数中所有股票的市值之和，股票市值越大，所占指数的权重也就越大。比如一只股票有 1 亿股，每股 20 元，它的市值就是 20 亿元，指数的总市值若为 1 000 亿元的话，该股票就占 2%。市值加权指数根据选取股票市值的方式又可以分为总市值加权和流通市值加权。目前绝大多数的指数均采用市值加权的方式。

　　策略加权指数又被称为聪明贝塔（Smart Beta）指数。聪明贝塔介于被动投资（贝塔）和主动投资（阿尔法）之间，投资思路的理论基础源自因子投资。说到因子投资，我们不得不再提一下尤金·法玛，他在 20 世纪 90 年代初期和另外一位经济学家肯尼斯·弗兰奇（Kenneth French）共同提出了一只股票回报的三因子模型（Fama-French three factor model）。根据这个模型，美国历史上的股票回报，在很大程度上可以用股票市场总体回报（贝塔）、小盘股超额回报、价值股超额回报这 3 个因子来解释。法玛和弗兰奇的研究揭示了可以从股票市场获得超额回报，或者说超越市场回报（贝塔）的源头。利用不同的因子就可以构建出不同的策略加权指数，使用较多的因子有红利、价值、低波动率、质量、基本面等。例如红利指数就是按照成分股的股息率来决定权重，哪只股票的股息率越高，这只股票的权重就越大。有的股票虽然市值规模可能比较小，但是如果股息率高的话，反而会在红利指数中的占比更高。值得一提的是，等权重指数也可以算作策略加权的一种形式，我们前面介绍了等权重指数容易受到小盘股的影响，也就相当于将更多的权重赋予了小盘股，利用的正是三因子模型中的小盘股超额回报这一因子。常见的策略指数除了各类等权重指数外，还包括上证红利指数、沪深 300 价值指数、中证 500 波动率指数、基本面 50 指数等。

指数还有一些其他的分类方式，比如根据指数收益率的计算方式可以分为两大类：价格收益率指数和全收益率指数。价格收益率指数，又被称为价格指数，在收益率的计算上只考虑成分股的价格变化，而不考虑分红派息等其他收入的影响。全收益率指数不仅反映成分股在价格上的变化，还考虑了股息、利息收入等所有的其他收入以及这些收入的再投资收益。目前市场上的大部分指数都是价格指数。

5.3　指数基金的优势

通过前面的介绍，读者们应该能够理解，指数就是基于某种选股规则挑选出一篮子股票，并按某种方式对每只股票加权计算得到的。既然有了选股规则和加权方式，投资者们就可以"依葫芦画瓢"，按照指数规则买入品种和比例完全一样的一篮子股票，这就是最简单的指数投资。不过大部分指数所包含的股票数量都比较多，有些股票购买一手的价钱也比较高，这样就会带来一个问题，通过复制指数来投资所需的金额会比较大，不是大多数个人投资者都可以操作的。这时候就可以请出基金公司来帮忙了，由基金公司来复制一套指数规则，并将其分拆为基本份额出售给普通投资者，这就是指数基金了。指数基金相当于把指数这个抽象的概念变成了可以实际交易的产品。

　　由于指数的规则是固定且透明的，因而指数基金的基金经理在挑选股票的时候必须按照指数的方式来挑选，没有多少主动权，所以指数基金也被叫作被动式基金。

　　指数基金既然是被动的，基金经理就不能为我们带来额外收益，为何巴菲特还会如此推崇指数基金呢？这是因为指数基金有很多独特的好处。

5.3.1　指数基金受到行业和个股的影响较小

　　由于指数通常所包含的股票数量较多，特别是宽基指数，往往包含了上百只股票。以沪深 300 指数为例，它由上海和深圳证券市场中市值大、流动性好的 300 只股票组成，基本涵盖了各行业的龙头，是覆盖面最广的指数之一。从个股权重来看，其中占比最高的贵州茅台权重也仅有 6% 左右，前十大权重股合计占比仅有 21% 左右。我们设想一下在极端情况下，即使茅台发生了跌停（下跌 10%），对沪深 300 指数基金的拖累也不过 0.6%；即使发生了前十大权重全部跌停的极端情况，对指数基金的拖累也不过 2.1%。

　　我们可以对比一下主动型股票基金的权重，大部分基金持仓最多的股票权重通常都会超过 10%，而前十大权重股合计通常会超过 60%。在同样的设想下，最大的权重股出现跌停的情况则会拖累基金超过 1%；一旦前十大权重股全部跌停，则拖累将会超过 6%。

　　通过这个对比，我们可以很清楚地看到由于持股分散，单只股票对基金收益的影响被降到了最低限度，指数基金几乎不会受到单只股票的影响。

表 5-1 沪深 300 指数前十大权重（截至 2023 年底）

简　　　称	权　　　重
贵州茅台	6.239
中国平安	2.496
宁德时代	2.480
招商银行	1.982
五 粮 液	1.567
美的集团	1.546
兴业银行	1.357
长江电力	1.315
紫金矿业	1.181
恒瑞医药	1.162
合　　　计	21.325

资料来源：万得资讯。

再来看行业权重，沪深 300 指数排名前三的持仓行业为金融、信息技术和工业，其中金融占比最高，为 21.6%，前三大行业合计占比不足 54%。

同样地，我们可以与主动型股票基金进行对比，不少主动型基金都会在消费、医疗、科技等少数行业下重注，最高占比的行业往往接近甚至超过 50%，前三大行业占比往往达到 80%～90%。由此可见，指数基金受到单一行业影响也会小于主动型基金。

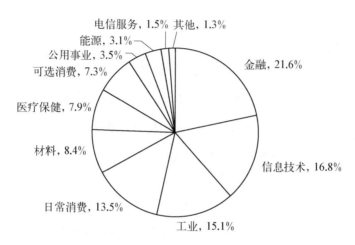

图 5-1 沪深 300 指数行业权重（截至 2023 年底）

资料来源：万得资讯。

5.3.2 指数基金可以长盛不衰

指数基金的另一个优势，是针对单只股票和主动型股票基金来说，指数基金可以长盛不衰。

如美国的道琼斯指数诞生于 100 多年前的 1896 年。经过 100 多年的运行，道琼斯指数由最初的 100 点涨到了现在的 3 万多点，涨了 300 多倍。然而，构成道琼斯指数的 30 只成分股并非还是最初的那些，最初的成分股先后衰落，到如今存活的就只剩通用电气一家了。没有一家公司可以永远优秀，但是指数可以通过新老交替，将落后的老公司淘汰，换成符合时代潮流的新公司，从而实现长盛不衰。

同样地，普通的主动型股票基金无法做到这一点，因为主动型基金的表现往往取决于基金经理。例如，曾经的优秀基金"华夏大盘精选"因为"明星"基金经理王亚伟的离职，出现了业绩的大幅滑坡，从而淡出主流视野。站在更长远的角度来看，基金经理也有自己的生命周期，因此，主动型股票基金一般无法长期稳定。指数基金则不同，它的业绩不依赖于基金经理，只要指数存在，指数基金就能持续稳定地运行。

5.3.3　指数基金长期收益高

不少人觉得我国内地的股市指数收益不怎么样，但如果把周期拉长，其实它的收益也是不错的。以内地股票市场历史最长的指数上证综指为例，它从 1990 年底的 100 点，即使近 2 年出现了连续下跌后，在 2023 年底也有 2974 点，也有近 29 倍的涨幅，算成年化收益率也超过了 10%。

5.3.4　指数基金成本低

指数基金还有一个优势，就在于它成本比较低。我们知道购买基金除了申购时的申购费、赎回时的赎回费，每年还会收取管理费和托管费。

管理费是基金公司收入的主要来源，主动型基金一般会收取基金规模的 1.5% 作为管理费。例如，我们持有一只主动型基金共 10 000 元，在不考虑基金涨跌的情况下，每年需要支付约 150 元的管理费。而指数基金由于是被动式管理，相应的管

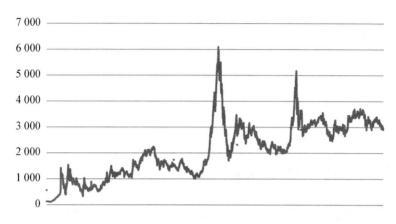

图 5－2　上证指数（1990—2023 年）

资料来源：万得资讯。

理费率较低，通常只有 0.5％左右。也就是说，持有一只指数基金同样 10 000 元，不考虑涨跌的情况下，每年只需要支付 50 元左右的管理费。这笔管理费的差距短期可能并不明显，但长期积累下来差距一定会非常显著，因此，指数基金在管理费率上还是比较有优势的。

托管费是交给基金托管方的。我国规定，基金的资产必须由第三方托管，托管方一般是某家大型银行，而托管费就是支付给托管银行的费用。主动型基金的托管费率一般为 0.25％。以申购 10 000 元基金来说，每年的托管费就是 25 元。而指数基金的托管费率一般在 0.1％左右，每年的托管费是 10 元。在托管费上，持有指数基金的成本也是比主动型基金低的。

"指数基金之父"约翰·博格（John Berger）在创建指数基金的时候，就曾说过低成本是指数基金战胜其他股票基金的制胜法宝。从整体来看，指数基金无论是管理费还是托管费，都比主动型基金要低，这对于长期投资者来说，相当于通过省钱的方式赚到了钱，因此，对长期投资来说，低成本的指数基金更为有利。

5.4 指数基金的挑选

挑选合适的指数基金简单来说可以分为 2 个步骤，首先是选指数，其次是选基金。

5.4.1 指数的挑选

我们先来看选指数。我们知道指数可以分为宽基指数和窄基指数。看好 A 股大盘，但苦于买的股票总是跑不赢大盘的投资者可以选择宽基指数基金来投资。

1）宽基指数

具体选择哪一类宽基指数呢？我们先以最近的数据为例，在股票市场整体下跌的 2023 年，代表大盘股的上证 50 指数和沪深 300 指数的涨幅分别为 −11.73％和 −11.38％；而代表中小盘股票的中证 500 和中证 1000 指数的涨幅分别为 −7.42％和 −6.28％，各个指数之间的涨幅差距不大，中小盘指数略好于大盘股指数。但当我们把观察时间拉长到 10 年，代表大盘股的上证 50 指数和沪深 300 指数的涨幅分别为 47.71％和 47.26％；而代表中小盘股票的中证 500 和中证 1000 指数的涨幅分别为 41.79％和 31.33％，大盘股指数相对中小盘指数实现了反超。

我们再来看各个指数的波动率。各个指数在 2023 年的波动率差距不大，最低的是中证 500 指数的 12.77%，最高的是中证 1000 指数的 15.08%。当放宽到 10 年后，可以看到大盘股指数和中小盘指数表现出明显的差距，上证 50 和沪深 300 波动率分别为 21.69% 和 20.76%，而中证 500 则达到 24.23%，中证 1000 更是达到 27.07%。长期来看，中小盘指数的波动率明显高于大盘股指数。

另一个风险指标——最大回撤也是一样的情况。短期来看，各个指数间的差距不大，但放宽到 10 年后，上证 50 和沪深 300 的最大回撤分别为 −44.70% 和 −46.70%，但中证 500 的最大回撤高达 −65.20%，中证 1000 的最大回撤更是高达 −72.35%。也就是说，万一中证 1000 指数买在了 10 年中的最高点上，最高可能会跌掉 70%，这对投资者来说是巨大的压力。

表 5－2　常见宽基指数市场表现对比（截至 2023 年底）

代　码	简　称	近一年收益率/%	近十年收益率/%	近一年波动率/%	近十年波动率/%	近一年最大回撤/%	近十年最大回撤/%
000016.SH	上证 50	−11.73	47.71	14.11	21.69	−21.19	−44.70
000300.SH	沪深 300	−11.38	47.26	13.79	20.76	−21.51	−46.70
000905.SH	中证 500	−7.42	41.79	12.77	24.23	−18.66	−65.20
000852.SH	中证 1000	−6.28	31.33	15.08	27.07	−20.18	−72.35

资料来源：万得资讯。

通过这一组比较可以看到，长期来看，上证 50 和沪深 300 这样的大盘股指数对于大部分人来说是更好的选择。

2）窄基指数

我们再来看窄基指数。窄基指数是特定的行业或者主题的指数。比如看好芯片和半导体就可以选择电子行业的行业指数，也可以选择芯片类的主题指数；看好医疗保健的，则可以投资医药卫生行业指数。

5.4.2　基金的挑选

在解决了第一步选指数的问题后，我们可以开始根据指数来选择基金了。我们以更适合大多数投资者的沪深 300 指数为例来说明。

目前市场上跟踪沪深 300 的指数基金一共有 187 只，部分为同一只基金的不同收费模式，仅考虑 A 类的话共有 107 只，其中被动指数型基金有 49 只，增强指数型基金有 58 只。

这边我们先来介绍一下什么是增强指数型基金。增强指数型基金，顾名思义它们的投资目的在于指数的"增强"，也就是期望能够获得高于标的指数回报水平的投资业绩。被动指数型基金属于完全跟踪指数表现运作的基金，除了一部分应对流动性的资金，其余 95％以上的资金都用来复制指数购买股票；但增强指数型基金在实际操作过程中加入了基金经理主动管理的成分来获取超额收益，增强指数型基金一般用 80％左右的资金购买指数成分股，剩下的资金可以由基金经理自由发挥，既可以投资于不限于指数权重的额外仓位，也可以用于股指期货、期权等金融衍生工具，还可以通过打新股来提高收益。

我们以 2023 年底的数据分别对比了被动指数型和增强指数型基金近 1 年和近 5 年收益率排名前 5 名和最后 5 名的基金。从表 5 - 3 和表 5 - 4 中可以清楚地看到，收益最好的和最差的被动指数型基金之间的差距非常明显，近 1 年表现最好的基金相比最差的基金要少跌 30％（近 1 年为下跌市）；近 5 年落后的指数基金收益仍为负数，但表现较好的基金，收益则在 50％左右甚至更高。因此，在选定指数后，优选基金变得相当之必要。

增强指数型基金在增加了一部分主动管理的操作后，近 1 年和近 5 年的收益率均超越了被动指数型基金，特别是一些收益率排名靠前的基金的收益"增强"效果较为突出。而在增强指数型基金内部，与被动指数型基金一样，表现最好的基金的收益率成倍领先于落后的基金，优选基金同样重要。

该如何优选基金呢？

方法一，首选增强。首选增强的意思是在风险偏好合适的情况下尽量选择增强型指数基金。以表 5 - 4 的 5 年统计数据为例，表现较差的普通指数型基金 5 年收益仍为负数，但表现较差的增强指数基金却取得了 20％左右的收益；较好的一端，增强指数型基金也要大幅领先普通指数型基金。我们能够看到增强指数型基金确实能够"增强"一部分收益。不过增强指数基金并不是适合所有人的，"增强"的代价就是同时带来了风险的提升。我们可以看到在 2023 年的下跌市中，表现较差的部分增强指数型基金的业绩明显比普通指数基金跌得要多，虽

表 5 - 3　指数基金近 1 年收益率（2023 年）

排　名	类　型	基金名称	近 1 年收益率/%	类　型	基金名称	近 1 年收益率/%
TOP1	被动指数基金	长 * 沪深 300	-6.76	增强指数基金	汇 * 沪深 300 增强	-4.16
TOP2	被动指数基金	前 * 沪深 300	-7.47	增强指数基金	博 * 沪深 300 指数增强	-4.26
TOP3	被动指数基金	永 * 沪深 300	-7.53	增强指数基金	国 * 沪深 300 指数增强	-4.43
TOP4	被动指数基金	博 * 沪深 300	-7.72	增强指数基金	西 * 沪深 300 指数增强	-5.81
TOP5	被动指数基金	建 * 沪深 300	-7.75	增强指数基金	富 * 沪深 300 指数增强	-6.13
Bottom5	被动指数基金	博 * 沪深 300	-9.60	增强指数基金	易 * 沪深 300 指数增强	-14.40
Bottom4	被动指数基金	国 * 沪深 300	-9.62	增强指数基金	申 * 沪深 300 指数增强	-14.74

续　表

排　名	类　型	基金名称	近 1 年收益率/%	类　型	基金名称	近 1 年收益率/%
Bottom3	被动指数基金	国*沪深300	−9.63	增强指数基金	摩*沪深300增强	−15.04
Bottom2	被动指数基金	华*沪深300	−9.64	增强指数基金	汇*沪深300增强	−17.94
Bottom1	被动指数基金	银*沪深300	−10.65	增强指数基金	同*沪深300增强	−19.44

资料来源：万得资讯。

表 5 - 4　指数基金近 5 年收益率（2019—2023 年）

排　名	类　型	基金名称	近 5 年收益率/%	类　型	基金名称	近 5 年收益率/%
TOP1	被动指数基金	前*沪深300	66.62	增强指数基金	富*沪深300增强	126.98
TOP2	被动指数基金	长*沪深300	58.48	增强指数基金	西*沪深300增强	65.18
TOP3	被动指数基金	建*沪深300	43.22	增强指数基金	万*沪深300增强	62.59

续　表

排　名	类　型	基金名称	近5年收益率/%	类　型	基金名称	近5年收益率/%
TOP4	被动指数基金	鹏＊沪深300	42.47	增强指数基金	诺＊沪深300增强	54.72
TOP5	被动指数基金	中＊沪深300	40.25	增强指数基金	浙＊沪深300增强	52.18
Bottom5	被动指数基金	泰＊沪深300	−9.30	增强指数基金	易＊沪深300增强	20.54
Bottom4	被动指数基金	天＊沪深300	−9.41	增强指数基金	国＊沪深300增强	20.48
Bottom3	被动指数基金	博＊沪深300	−9.60	增强指数基金	国＊沪深300增强	19.94
Bottom2	被动指数基金	国＊沪深300	−9.63	增强指数基金	景＊沪深300增强	19.84
Bottom1	被动指数基金	华＊沪深300	−9.64	增强指数基金	海＊沪深300增强	14.64

资料来源：万得资讯。

然把时间拉长，"增强"部分最后一般都能取得正向效果。对于风险偏好比较低、期望持有时间有比较短的投资者而言，还是建议选择被动指数基金。

方法二，业绩证明。表 5-3 和表 5-4 中的数据我们虽然打了马赛克，大部分读者还是能够观察到排名靠前和靠后的几乎都是那些老面孔，5 年业绩排前三的指数基金在 2023 年的下跌市中也明显更加抗跌，依旧能在收益率上挤进前五。这就体现了"马太效应"，一只指数基金在获取了优秀的业绩之后更容易受到市场关注，基金份额更容易得到提升，基金经理和投研团队受到激励就更加投入，基金业绩也就更容易保持优秀，形成了一个有益的正向循环，也就是我们通常说的强者恒强。因此，我们在选择指数基金时要尽量选择那些经历过历史业绩证明的。

方法三，时间积累。我们说要尽量选择那些经历过历史业绩证明的基金，究竟需要多长的历史业绩呢？一般来说不少于 5 年，只有时间足够长，基金才会历经牛市和熊市的考验。预期持有时间较短的投资者至少也要观察基金 3 年的运行情况。成立时间过短的基金，没有经历过市场大起大落的考验，很难判断它短期的良好业绩是不是一个偶然现象。因此，我们要尽量选择那些经历多轮牛熊市场洗礼的指数基金。

5.5　ETF

说完了普通的指数基金，我们再来谈一谈近年来比较火热的特殊指数基金——ETF。ETF（exchange traded funds，ETF）即"交易型开放式指数投资基金"或者"交易所交易基金"，是一种特殊的开放式指数基金，通过复制标的指数的成分股来构建跟踪指数变化的投资组合，以实现与标的指数相同的投资收益。它结合了封闭式基金和开放式基金的运作特点，投资者既可以一篮子股票换取基金份额，或以基金份额换回一篮子股票的方式向基金管理公司进行申购或者赎回，又可以像封闭式基金一样在二级市场上按市场价格买卖。

目前在海外市场 ETF 成为被投资者更广泛接受的指数投资方式。ETF 最早出现在 20 世纪 90 年代的北美市场，经过近 30 多年的发展，特别是 2008 年金融危机以来，在全球金融市场波动加剧、风险增大的背景下，ETF 更受市场青睐，大量资金从传统的主动管理基金退出，转而流入费率更低的 ETF，导致 ETF 资金规模快速扩张，全球 ETF 的规模从 2009 年的 1.1 万亿美元增长到 2020 年的近 8 万亿美元，11 年时间暴涨了接近 6 倍。

ETF 作为一种特殊的指数型投资产品，除了具有指数型基金所共有的投资分散、高度透明等优势外，还有一些由其交易方式的特殊性带来的独特优势。

（1）ETF 的跟踪误差更小。与普通的指数基金相比，由于 ETF 采用一篮子股票的申购赎回模式，现金留存比例更少，能够比普通指数基金多 5％的资金使用比例，从而跟踪误差也比普通指数基金更低。

（2）ETF 的运作透明度更高。ETF 是追踪某一标的指数的被动型投资工具，其投资组合非常透明。在每个交易日，ETF 都会公布申购赎回清单。通过清单，投资者可以了解上一交易日基金持仓股票名称、股票数量、现金差额等相关内容。这一点无论是封闭式还是开放式基金都无法满足。

（3）ETF 交易成本更低。由于 ETF 是采用实物申购赎回机制的，避免了市场的冲击成本，且进一步降低了交易费用，使得 ETF 的费率相对于费率较低的传统指数基金还要更低，一级市场申购赎回的费用不超过 0.5%，二级市场的交易费用不超过 0.3%，免印花税。

（4）ETF 交易便利性更高，流动性更好。ETF 的交易结合了股票交易的特性，可以在二级市场直接买卖并享有股票市场各种灵活的交易机制。此外，ETF 的基金份额参考净值（IOPV）一般每 15 秒就更新一次，让投资者能够随时掌握基金价格变动，并以贴近基金净值的价格买卖，提高了 ETF 的流动性。

（5）ETF 折溢价率小。相比其他二级市场交易的封闭式基金和 LOF（上市型开放式基金），ETF 的特殊交易机制使其能够利用一、二级市场的差价进行套利。ETF 的套利机制使其市场价格围绕基金份额净值波动，折溢价始终保持在合理水平，不会出现大的偏离。

2004 年 12 月，我国首支 ETF 产品上证 50ETF 设立，标志着国内 ETF 产品的正式推出。经过近 20 年的发展，我国 ETF 市场已经取得了巨大的成就，交易制度不断完善，资产规模、数量都有了明显的增长。根据深圳证券交易所发布的《ETF市场发展白皮书（2023年）》，截至2023年底，在沪深两地交易所挂牌上市的ETF的数量共897只，投资标的涵盖了股票、债券、货币、商品、跨境等多种类型，资产总规模首次突破2万亿元大关，达到了2.05万亿元。

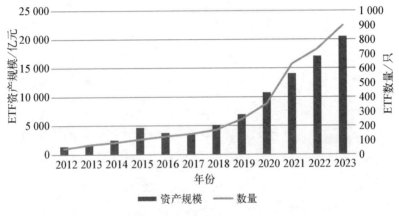

图 5-3　ETF 资产数量与规模

资料来源：万得资讯。

ETF产品中尤其以宽基ETF为主的存量产品成为投资者配置资金的重要选择，存量宽基ETF规模在2023年增加了2 265亿元，占存量ETF新增规模的53.75%；窄基ETF规模增加了891亿元，占存量ETF新增规模的21.14%。

从各类型ETF市场发展情况来看，近年来主要呈现出五大趋势：一是宽基ETF规模增长显著，产品布局日趋完善，宽基ETF产品不仅覆盖大盘指数，中证2000ETF的上市，标志着 ETF 在小盘股领域的突破。二是行业主题 ETF 稳步扩容，科技类增量靠前，成为行业、主题类投资的不二之选。三是跨境 ETF 延续增长态势，成为差异化布局的蓝海市场，也让中国居民的资产配置有了更广泛的选择。四是债券 ETF 规模稳步增长，短融和政金债（政策性金融债）ETF 规模增长显著，在股票市场持续不振的市场下给予投资者更多选择。五是商品 ETF 规模企稳回升，黄金 ETF 仍为主力，让希望配置黄金产品的投资者有了最为便捷的投资渠道。

投资者在 ETF 的投资上可以参考我们针对指数基金产品给出的选择建议，也就是在经历过时间考验的 ETF 中选择有业绩证明的品种。此外，同样的品种中，投资者要尽量选择规模较大的，因为 ETF 是场内交易品种，规模越大所带来的流动性也就越好，不容易出现因为流动性不足带来的溢价买入和折价卖出。

投资 Tips:

1. 指数基金具有受行业和个股影响小、不依赖基金经理、长期收益较高和成本较低等优势。
2. 指数基金的挑选方法有首选增强型、选择有业绩证明和时间积累的基金等。

第 6 章

债券基金

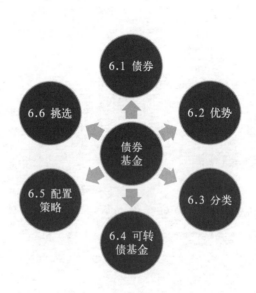

相对于股票，债券基金是很多投资者不太熟悉的投资品种，但它确实是非常重要的一类，也是必不可少的一类，在资产配置中可以起到稳定器的作用。因此，债券基金值得所有投资者学习，特别是债券基金的资产配置策略和挑选方法。

6.1 债券的定义及分类

投资者往往容易在市场上涨的行情中被高回报的投资产品所吸引，例如在 2019—2020 年的基金牛市行情中把大量资金投入股票基金，忽视了风险对冲类资产的配置。而理性的投资者会在自己的基金篮子里加入一些债券基金，起到一个稳定器的作用，篮子里的各类投资不会同涨同跌，这样资产组合的收益也不会大幅波动。

在解答什么是债券基金之前，我们先来说说什么是债券。说到债券，大家可能第一时间想到的是国债。在很多人的观念里，20 世纪八九十年代排队买国债似乎已经成为一种情怀的象征。

简单来说，债券就是一种借钱的证明，是政府、企业、金融机构等债务人为筹集资金向债权人发行的债务凭证，类似于"借条"。"借条"上一般会写清楚约定的利息，债券也是一样，会提前约定好债券的利息和付息周期。为了便于交易，债券会以一个固定的本金（通常是 100 元）作为票面单位，债权人在进行认购、交易、赎回的时候只要知道数量即可。债券一般会根据债务主体性质的不同进行区分，我们经常可以看到以下这些类别。

（1）国债，顾名思义是由国家发行的债券，是中央政府为筹集财政资金而发行的一种政府债券。由于国债的发行主体是国家，因而它具有最高的信用度，被公认为是最安全的投资工具，也是发行规模最大的债券品种。

（2）地方政府债，区别于中央政府发行的国债，由地方政府发行的债券被称为地方政府债，一般用于交通、通信、教育、医疗和环保等地方性公共设施的建设。地方政府债通常也隐含了国家信用在其中，也具有较高的信用度。

（3）政策性金融债，又称政策性银行金融债，是我国为三家政策性银行（国家开发银行、中国农业发展银行和中国进出口银行）筹集信贷资金发行的金融债券。由于政策性银行在我国金融市场上的特殊地位，一般认可其信用状况由国家背书，几乎等同于国家信用。目前政策性金融债是我国债券市场中发行规模仅次于国债的券种。

上述这三类债券有一个共同点，都是由政府发行或者政府提供偿债支持。这样的债券最明显的特征就是信用等级高，投资者不用担心其会违约，只要关注债券的利率水平即可。由于影响债券价格的主要因素是市场利率的高低，因而它们被称为利率债。

除了利率债不必太担心信用状况外，其他主体发行的债券就要额外关注是否会发生违约，也就是信用状况，因此，这些债券就被归类为"信用债"。信用债根据债券不同的发行主体又可以分为金融债券和企业（公司）债券。

金融债券是由金融机构发行的债券，发行主体既包括前文提到的政策性金融债的政策性银行，也有证券公司、保险公司、资管公司、汽车金融公司等其他金融机构。而这些机构由于不包含国家信用的背书，是有一定违约风险的。不过相比一般工商业企业，金融机构通常盈利能力更强也更稳定，因此其信用程度会优于企业（公司）债。

图 6-1 债券分类

而企业、公司发行的债券根据发行主管部门的不同又可以分为三大类：企业债、公司债和短融中票。

（1）企业债是由境内具有法人资格的企业，一般是中央政府部门所属机构、国有独资企业或国有控股企业所发行的债券。企业债的主管部门是国家发展改革委，企业债的发行需要由国家发展改革委核准。

（2）公司债是上市股份公司为筹措资金以发行债券的方式向社会公众募集的债券。其发行和交易的场所为上海和深圳证券交易所。公司债的发行须由上市公司董事会做出决定，由主管部门证监会进行审核批准。

（3）短融中票（中期票据、短期融资券、超短期融资券）是由具有法人资格的非金融企业在银行间债券市场发行和交易的债券。短融中票的主管部门是中国人民银行和银行间市场交易商协会。根据发行期限的不同，短融中票又可以进一步分为中票（1年以上，一般为3～5年）、短融（1年及以下，一般为1年）和超短融（270天以内）。

表 6-1　企业债、公司债和短融中票的区别

项　目	企 业 债	公 司 债	短 融 中 票
发行主体	国有企业	上市公司	企业法人
主管部门	国家发展改革委	证监会	中国人民银行、银行间交易商协会
发行制度	核准制	核准制	注册制
交易场所	银行间市场、证券交易所	证券交易所	银行间市场
法律法规	《企业债券管理条例》等	《公司债券发行试点办法》等	《银行间债券市场非金融企业债务融资工具管理办法》等

此外，还有一些证券，虽然定义上有别于狭义的债券，但由于它们还本付息的方式与债券类似，通常也被划归广义的债券大类中。我们这里介绍2个比较重要的类别：同业存单和资

产支持证券（asset backed security，ABS）。

同业存单是存款类金融机构在全国银行间市场上发行的记账式定期存款凭证。类似于个人在银行存放定期存款的存单，金融机构存放定期存款在其他同业机构所开具的凭证就是同业存单。这一凭证与个人定存存单的不同之处在于，同业存单是可以交易的，交易后买方会获得这笔定期存款的所有权，相应的利息和本金自然就归买方所有了。同业存单是定期存款的一种，具有较高的安全性。一般来说，只要存款银行没有破产，这笔钱就不会有风险。即使发生了类似包商银行的破产事件，其存单最终由接管组进行了置换，新存单的本息获得了人民银行和银保监会全额保障，同业存单的刚兑没有实质性打破。

资产支持证券或者资产支持票据（asset backed note，ABN）是以企业所属特定资产作为支持，以该资产所产生的现金支付其收益的一种收益证券。通常由大型企业、金融机构或多个中小企业把自身拥有的、将来能够生成稳定现金流的资产出售给受托机构，由受托机构将这些资产作为支持基础向投资者出售以换取所需资金。一般来说，资产支持证券会比纯粹以信用为支撑的债券更为安全。

6.2 债券基金的优势

仅是债券的分类已经有这么多种了，普通投资者可能已经听得有些云里雾里。那么个人投资者究竟该如何投资债券市场呢？我们推荐一个间接的方法——债券基金。债券基金有哪些优势呢？

首先，投资门槛低。一方面，目前大部分的债券发行和交易集中在银行间债券市场以外，个人投资者无法参与；另一方面，个人投资者即使要参与交易所债券投资，也有另一个难度，需要符合证监会规定的合格投资者的条件——前 20 个交易日名下金融资产日均不低于 500 万元，或者最近 3 年个人年均收入不低于 50 万元，这对绝大多数散户投资者来说都是不低的门槛。而投资债券基金则没有那么高的门槛，大部分债券基金的起购金额仅需 1 000 元，而通过定投方式的话甚至只要 200 元。

其次，分散投资风险低。个人投资者投资债券的目的主要是降低风险。由于市场的限制，债券要求的单笔投资金额往往较大，个人投资者不得不被动地在单一债券上"下重注"，反而导致风险集中。特别是个人投资者投资信用债一旦出现了集中持仓的债券"爆雷"的情况，损失往往比较惨重。而债券基金通过对一篮子债券进行投资，不仅可以平滑债券对市场利率的敏感度，还可以将"爆雷"风险控制在有限的程度下，从而保障投资组合的稳健性。

再次，流动性好，易变现。个人投资者投资债券往往还有一个重要目的是代替现金或者货币基金类产品。然而，由于债券的主要投资对象是机构投资者，导致了债券交易金额大、买卖价差大等一系列流动性不足的情况出现。投资者在需要变现的时候常常找不到交易对手或者需要损失巨大的价差，反而失去了现金替代的意义。而投资债券基金就完全规避了债券流动性上的劣势。投资者可以随时赎回所持有的债券基金，真正形成一种可行的现金或货币基基替代品。

最后，免税增收益。我国规定除了国债以外，其他所有的债券利息都要缴纳利息税，税率是 20%。以票面利率每年 5% 的债券为例，个人投资者每百元投资所获得的利息需要缴纳 1 元的利息税，相当于仅有 4% 的利息收入，根据风险与收益匹配的原则，5% 年化收益的预期风险显然高于 4% 年化收益的预期风险，那我们不如选择 4% 收益的免税资产更为合理。投资于债券基金就不同了，我国目前针对基金免征利息税，投资者通过基金间接投资债券就可以足额获得 5% 的利息。

6.3　债券基金的分类

接下来，我们一起来看看市场上有哪些类型的债券基金可以投资。通常我们把 80% 以上的基金资产投资于债券的基金定义为债券基金。债券基金是一个庞大的家族，根据基金业协会的统计数据，截至 2023 年底，我国共有债券型公募基金 2 265 只，管理规模达 49 570 亿元，数量上领跑单一类型基金，规模上仅次于货币基金。

债券基金不仅数量多，而且分类细。根据基金的资产规模、久期以及风险偏好等因素，债券基金一般分为纯债券型、混合债券型以及被动指数债券型三大类。

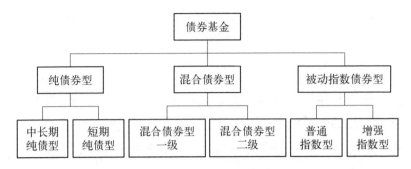

图 6 - 2　债券基金的分类

纯债型基金，投资资金必须 100％投资于债券，既不能在二级市场买入股票、权证等权益类资产，也不能参与一级市场的新股申购和新股增发，其中一部分短期的纯债型基金甚至不能投资于同样属于债券的可转换债券（可分离交易可转债的纯债部分除外）。目前纯债型基金不论是数量还是规模，都在债券基金中占据主导地位，其规模占比约为全部债券基金的六成。

按照持有债券期限的长短，纯债型基金一般可以分为期限配置小于 1 年的短期纯债型基金和期限配置超过 1 年的中长期纯债型基金。市场上，纯债型基金还有一种更细的划分方式，短期纯债型基金中期限配置在 270 天以内的被进一步划分为超短期纯债型基金；而中长期纯债型基金中，期限配置在 1～3 年的为中短债，超过 3 年的为长债。

这里我们要提到一个久期的概念。久期也称持续期，由麦考利（Macaulay）于 1938 年提出。简单说就是债券的各期现金流支付所需时间的加权平均值。一般情况下，久期越长的债券，利率上升所引起的价格下降幅度就越大，而利率下降所引起的债券价格上升幅度也越大。或者说，同等要素条件下，久期越短，债券所面临的利率风险也越小。衡量债券久期最重要的相关因素就是债券的期限。这也是债券基金要按期限划分的原因。同时，这也可以解释在货币基金收益日渐下降的情况，为什么短债基金突然火了。短债基金由于久期短，受利率因素的影响相应较小，收益更为稳定，加之可以投资的品种多于货币基金，成为一个可行的货币基金替代品。不过投资者们既然知道了风险与收益相匹配的原则，也一定可以理解短债基金的风险会高于货币基金。

与纯债型基金相对的是混合债券基金，在满足 80% 以上基金资产投资于债券的基础上，剩下的不多于 20% 的基金资产就可以去投资股票市场。具体还可以根据是否可以参与股票二级市场，进一步分为混合债券型一级基金（一级债基）和混合债券型二级基金（二级债基）。

一级债基可以参与一级市场的新股申购和增发股份的申购，但不能直接从二级市场买入股票、权证等权益类资产。不同于一级债基，二级债基投资债券剩下的资金，不局限于一级市场的新股认购，还可以直接在二级市场买卖股票，甚至还可以参与权证市场，但要保证权益类资产所占比例小于 20%。混合债券基金通过将资金投资于其他市场，从而获得总体更高的收益，当然也同样会带来风险的增加。

被动指数型债券基金目前规模虽然最小，但受益于更容易对标相应的指数，可以更灵活地满足资产配置的需求，近些年来日益受到重视，规模快速增长。2023 年，被动指数型债券基金的规模已经突破 7 800 亿元大关。按照指数是否有增强，被动指数债券基金又可以分为普通被动指数债券基金和增强指数债券基金。普通被动指数债券基金绝大部分是跟踪不同期限的各类债券指数，如 10 年期国债指数、1～3 年期国开债指数、1～3 年中高等级信用债指数等。由于市场上可行的债券指数增强方式不多，增强指数债券基金目前仅有 1 只跟踪全债指数的产品。

我们对近 5 年主动型债券基金的收益率和最大回撤进行了统计，短期纯债平均年化收益率为 3.12％，最大回撤仅为 −1.01％；而中长期纯债年化收益则为 3.70％，最大回撤为 −1.65％，这意味着持有纯债型基金基本上不会发生实质性亏损。一级债基与二级债基的平均年化收益率虽然比较接近，分别为 4.21％和 4.65％，但在大部分年份，二级债基的收益率要高于一级债基，不过在最大回撤上，二级债基 −6.69％的最大回撤也明显要高于一级债基 −3.27％的最大回撤。

将主动型债基的收益率与沪深 300 指数对比来看，二级债基亏损的年份股市都出现了明显的下跌，说明二级债基确实将其至多 20％权益类仓位都投入了股市，导致其收益与股票的收益率相关性更强。而纯债基金在股票市场下跌的时候均取得了不错的收益率，一定程度上体现了股债跷跷板的特性。

总结一下，债券基金的收益体现出了伴随债券期限和股票占比的增加而提高的特征。从风险角度来看，波动率和最大回撤则伴随债券期限和股票占比的增加而提升。一方面，长久期债券的期望收益与波动率均高于短久期债券；另一方面，股票的期望收益与波动率远高于债券，因此无法配置股票且债券久期较短的短债基金风险最低、期望收益也最低，而有至多20%权益类仓位的二级债基风险最大、期望收益也最高，而中长期纯债基金和一级债基则处于中间位置。

被动指数型债券基金由于在 2017 年之前的数量过少，我们没有对其进行统计。在 2017 年，指数债基均出现了亏损，而同期其他债基均取得了正收益。2018 年之后，指数债基总体平均收益接近于短债基金。究其原因，主要是指数债基基本以近 2 年新发行的为主，这些基金所跟踪的指数又主要以中短期利率债指数为主，因此，指数债基的总体情况会偏向于中短期利率债市场。

表 6 - 2　2014—2023 年债券基金历史收益率对比

年份	短债基金收益率/%	中长债基收益率/%	一级债基收益率/%	二级债基收益率/%	指数债基收益率/%	沪深300收益率/%
2014	8.81	13.79	24.40	31.83	—	51.66
2015	9.13	12.73	15.52	17.10	—	5.58
2016	1.18	2.35	1.33	−3.97	—	−11.28
2017	3.38	2.01	1.48	3.54	−0.38	21.78

续　表

年份	短债基金收益率/%	中长债基收益率/%	一级债基收益率/%	二级债基收益率/%	指数债基收益率/%	沪深300收益率/%
2018	1.89	7.02	7.35	−0.47	7.20	−25.31
2019	4.20	5.04	10.88	13.63	3.74	36.07
2020	2.61	3.24	9.24	13.70	2.66	27.21
2021	2.85	3.60	4.87	6.11	4.32	−5.20
2022	1.70	2.15	0.59	−3.94	2.36	−21.63
2023	3.07	3.46	3.30	0.36	2.97	−11.38
平均	3.88	5.54	7.90	7.79	3.27（仅统计2018—2023 年）	6.75

资料来源：万得资讯。

6.4　可转债与可转债基金

除了上述常规的债券基金类别外，还有一种特殊的债券基金——可转债基金。可转债基金其实与传统的债券基金分类并不矛盾，它可以是一级债基、二级债基，也可以是中长期纯债基金。可转债基金的特殊性在于它的债券持仓大部分是投资于可转债，因此得名可转债基金。

要介绍可转债基金，我们先要来说说什么是可转债。可转债全称为可转换公司债券，是一种可以在未来特定时期内按照固定比例把债券转换为普通股票的债券，它赋予了投资者在未来由债权人变身为公司股东的权利。可转债根据所转换的股票是否为本公司股票又可以进一步分为普通可转债和可交换他公司股票的债券（exchangeable bond，EB）。

可转债会在发行时约定一个转股的价格，如 20 元，进入转股期后每张可转债（100 元面值）根据这个价格可以对应换成 5 股股票，这个比例是固定的，不会随着股票价格的波动而发生改变。

这一机制让可转债可以跟随股票一起上涨。我们接着前面的例子来说明，若股票价格上涨到了 25 元，可转债可以换成 5 股股票并以每股 25 元的价格卖出，总共获得 125 元。要是可转债还是按照面值 100 元进行交易的话，每一笔买入并换股操作就能赚到 25 元，而且几乎没有风险，这样的操作有个专有名词叫作套利。当然，这种套利的机会不太会发生，一旦出现了这样的机会，大量的套利资金会涌入购买，可转债的价格也会被推动上涨，一般会推至 125 元附近，从而抹平套利机会。这就是可转债为什么可以跟着股票一起上涨的逻辑。

那可转债是不是会跟随股票一起下跌呢？还是拿上面例子来说，若股价不是上涨而是下跌到了 15 元，那么换成股票的话，价值就只有 75 元，可转债会跌到 75 元附近吗？答案是不会的。因为可转债还有一重身份是债券，它可以按照约定的利率和期限收取本金和利息。投资者可以通过折现的方式来计算这个债券现在的价值，假设是 90 元，如果可转债真的跌到 75 元，我们以 75 元的价格买入，相当于打折买到了价值 90 元的债券，这对于投资者来说同样也是套利的机会。因此，这部分由债券性质赋予的价值一般被叫作债底。从名字就可以知道，通常它意味着可转债价格的底线。有了债底的保护，股票大幅下跌甚至腰斩的时候，可转债的价格也不会大跌，只会跌到债底价格的附近。

我们还有一个有趣的数据，可转债与股票的相关系数大约是 0.7，与债券的相关系数却只有不到 0.1。也就是说，可转债在很大程度上是接近于股票的，投资可转债在更大程度上相当于投资其背后的股票，而不是追求稳定的还本付息。

我们同样对可转债基金的收益率进行了统计（见表 6-3），可以看到可转债基金与股票市场的走势也相当接近，取得了高于普通债券基金的收益率，平均收益率达到了 9.45%。不过可转债基金的平均最大回撤也达到了 -22.10%，同样也远远高于普通债券基金的最大回撤，风险与期望收益均接近于股票基金。

表 6-3 2014—2023 年可转债基金历史收益率

年　份	可转债基金收益率/%	沪深 300 收益率/%
2014	56.29	51.66
2015	6.20	5.58
2016	-12.89	-11.28

年　份	可转债基金收益率/%	沪深300收益率/%
2017	2.76	21.78
2018	−9.22	−25.31
2019	24.42	36.07
2020	23.87	27.21
2021	16.92	−5.20
2022	−12.24	−21.63
2023	−1.59	−11.38
平均	9.45	6.75

资料来源：万得资讯。

6.5　债券基金的配置策略

　　介绍完债券基金的特性和优势后，3位投资者Michael、Amy和Tony也想获得"稳稳的幸福"，我们来给他们进行一下债券基金配置吧。我们先来回顾一下这3位不同风险偏好的投资者的资产配置情况，保守的Tony和均衡的Amy都计划把30%的资金投入债券基金，积极的Michael则计划投入20%的资金到债券基金。

　　具体该如何配置呢？我们首先说一个大原则，也就是尽量以投资纯债基金为主。为什么呢？

初看之下，一级债基和二级债基这样的混合型债基的收益要优于纯债基金，背后的原因当然是它们有一部分仓位可以投资于股票市场。然而，既然要将部分仓位投资于股票，我们为什么不把这部分资金交给股票基金经理呢？毕竟"术业有专攻"，虽然债券基金经理投资股票的能力要好于大部分普通投资者，但是要记住他们的优势更多的是在优选债券而不是股票上。与其将债券基金这部分投资的 20％仓位交给债券基金经理，我们不如重新分配一下，将 80％的资金投给纯债基金而将剩余的 20％投资给股票基金，这样会比全部投资于混合型债基更合理。

而投资于被动指数型债券基金对于债券投资来说存在两个问题。第一，如果选择信用债指数进行投资的话，相当于投资了一篮子信用债，未来"爆雷"的债券很有可能也一同被纳入了篮子。因为缺少了基金经理通过主动研究帮投资者"排雷"的过程。在信用债投资上，被动指数型债券基金很有可能不如主动型债券基金。而如果完全避开信用债去投资利率债指数，由于利率债几乎没有风险，收益率自然也难以满足大部分人的需求。

第二个问题来自杠杆，债券基金想要放大收益，加杠杆是必不可少的，主动型债券基金普遍会通过债券质押式回购方式加上杠杆。什么是杠杆？假设一只债券基金当前的全部持仓为 100 万元公司债债券，该债券进行抵押的折算率为 0.7，那债券基金可以将手中的债券质押出去获得 7 000 张标准券，相当于可以借到 70 万元的资金再次买入债券。这个时候债券基金手中就总共拥有价值 170 万元的债券，杠杆变成了 1.7 倍。这样操作的收益是多少呢？我们简单地计算一下，假设债券的收益为 5%，以 7 天的正回购连续套作 1 年，正回购付出的利息平均为 3%。那么付出利息总计 $70 \times 0.03 = 2.1$ 万元，忽略交易费用的情况下总的收益为 $170 \times 0.05 - 2.1 = 6.4$ 万元，年化收益率提高到了 6.4%，比原本 5% 的收益率高出了一些，这就是杠杆的作用。被动指数型债券基金由于跟踪的是指数，自然也就跟指数一样没有杠杆。

不过杠杆在放大收益的同时也会放大风险，一旦市场上资金紧张，回购利率升高就会带来风险。一般在季末、年末的时候，由于资金的需求旺盛，回购利率会被急剧地推高；而在 2013 年债券市场还发生过"钱荒"，回购利率长期维持在了高位。我们再来计算一下，假设平均利率上升到了 7%，付出的利息就要达到 $70 \times 0.07 = 4.9$ 万元，总收益变为 $170 \times 0.05 - 4.9 = 3.6$ 万元，不仅没有拉高反而拉低了原先的收益率。此外，由于利用正回购进行融资需要连续套作，一旦市场货币供给不足没有借到下一期的资金，还会面临违约的风险。因此，投资者一定要根据自己的风险偏好选择合理的杠杆水平。

说完大原则，我们再回到 3 位投资者身上。先来看积极的 Michael，他已经配置了 60% 的资产在偏股型基金上，不适合过多地配置与股票资产相关性较高的可转债，因此我建议 Michael 将一些可转债持仓较低、信用债持仓较高的中长债基金作为首选，这类债券比例建议不低于全部债券基金的 70%。Michael 还可以关注一下债券基金的杠杆率，在其中适当挑选一些杠杆率相对较高的债券基金以增加收益。

再来看保守的 Tony。Tony 由于风险偏好低，进行债券基金配置时自然应该以短债基金为主，建议短债基金配置比例不低于 70%。在短债基金的选择上还要注意利率债与信用债的均衡，切不可仅仅关注期限而将大量资金投资在一些以信用债配置为主的短债基金上。Tony 同样要关注债券基金的杠杆，不过与积极型的 Michael 正相反，他要特别注意杠杆比例不宜过高。在中长债基金的选择上，保守的 Tony 也要注意一下基金可转债的持仓比例，可转债的比例同样不宜过大。对于一些极度保守的投资者而言，可转债基金反而是一个不错的投资品种，不过不是作为债券类来配置，而是作为股票配置的替代。

对于均衡型的 Amy，建议均衡地配置短债基金和中长债基金。在基金持仓结构的选择上，同样也要均衡配置利率债与

图 6-3 不同风险偏好投资者的债券基金配置

信用债；在杠杆的选择上，则应该选择市场居中的杠杆率为主。由于 Amy 股票基金配置的比例不算高，她在中长债基金的选择上可以略微偏向于一些可转债持仓相对较高的基金，在增加收益的同时不失稳健性。

6.6　债券基金的挑选

在确定了配置策略之后，3 位投资者就可以挑选具体的基金了。第一步自然是根据自己的风险偏好，针对债券基金在利率债、信用债、可转债等类别上不同的持仓比例，债券组合的久期或者持仓期限，以及基金的杠杆率，筛选出符合自身风险和收益偏好的待选基金池。相较股票基金而言，纯债基金的投资风格没有那么多变，因此投资者在根据自己的配置需求进行选择时数量上不宜过多，一般来说纯债基金持有 2～3 只就可以了。我总结了以下 4 个关键的投资方法。

6.6.1　要关注基金的流动性

首先是要避免选择资产规模过小的基金。根据我国现有基金法规，开放式基金在存续期内，若连续 60 日基金资产净值低于 5 000 万元，或者连续 60 日基金份额持有人数量达不到 200 人的，会发生被强制清盘的情况。清盘是指将基金资产全部变现，将所得资金按份额分配给持有人，并对基金进行注销的过程。由于清盘基金会在短时间内将大量债券在市场上出售，出售价格一般会显著低于市场的公允价格，给投资者带来损失。建议投资者为避免清盘风险，不要挑选基金规模在 1 亿元以下的基金。

其次要避免单一投资者持有比例过高的基金。当持有基金份额占比较高的持有人大量赎回时，容易触发巨额赎回条款，从而使得其他持有人可能无法及时赎回需要赎回的基金份额。当占比较高的持有人赎回时，还会发生基金预留的流动性不足需要卖出所持有证券的情况，从而造成证券价格波动，导致基金的收益水平下降。另外，当基金份额集中度较高时，少数基金份额持有人在召开持有人大会并对重大事项进行投票表决时会拥有较大话语权。建议投资者不要挑选单一投资者持有占比超过 30% 的基金。

6.6.2　优选高星评级基金和获奖基金

在债券基金的选择上，可以关注权威研究机构发布的基金评级，如晨星、银河、理柏。通常这些机构每年都会对所有符合发行期限要求的基金进行评级，并且公布五星、四星等星级基金的名单。投资者可以在这些研究机构的网站或者第三方基金销售机构查看这些评级。建议投资者在自己的待选基金池中优选四星或五星的高评价基金。

除此之外，投资者还可以参考有基金业奥斯卡之称的金牛奖评选出的基金。对于债券基金，金牛奖的评价主要围绕考虑风险后的基金收益以及业绩的持续性和稳定性，可以为大家提供合理有效的参照。

表 6‑4 开放式债券型金牛基金评价指标体系

评价指标	权重	评 价 内 容
风险调整收益	80%	经过风险调整后的收益水平，收益越高，得分越高
超额收益能力稳定性	20%	考察基金是否具有稳定获取超额收益的能力
基金得分＝风险调整收益得分×80% ＋ 超额收益能力稳定性得分×20%		

资料来源：金牛奖官网。

6.6.3 挑选综合实力较强的基金公司和任职年限较长的基金经理

债券基金的运行一般来说更依赖团队的力量，要选择在信用评估、资金交易、风险控制等方面具有一定优势的基金公司，通常这类公司发行的基金产品在同样风险的情况下业绩会更出色也更稳定。这其中，基金公司的信用风险管理能力尤其值得关注，一个基金公司能否出色地为投资者进行"排雷"是衡量基金公司的重中之重。建议投资者通过基金公司的估值调整公告，查看基金公司是否涉及对违约债券的估值调整来监测基金公司的信用风险管理能力。

优秀的基金经理是需要一定经验积累的，因此他们的任职年限一般都比较长。建议投资者要尽量选择任职年限在 3 年以上的基金经理管理的产品。

6.6.4　注意观察利率周期

债券价格最主要的影响因素是利率。一般来说，处于降息周期，也就是利率下行的时候，债券价格会上涨；反之，加息周期时债券价格会下跌。前文也介绍了久期的概念，久期就相当于一个利率变化的放大器，同样的利息变化幅度，越长久期的债券所带来的价格变化也就越大。建议投资者在投资债券基金时，可以多关注一下市场对未来利率周期的预测，若处于降息周期，可以适当增加长久期高杠杆债券基金的配置；反之，则调降债券基金的久期和杠杆，通过对利率周期的把握增加债券基金投资的收益。

投资 Tips:

1. 相较于直接投资债券，债券基金具有投资门槛低、投资风险分散、流动性好、免税等优势。

2. 债券基金的挑选，要关注流动性、高星评级和获奖基金、基金公司和基金经理等。此外，还要注意观察利率周期。

第 7 章

另类基金

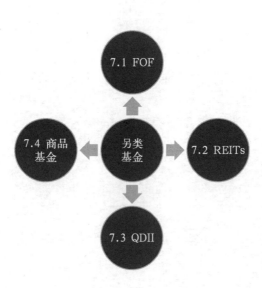

我们已经带领投资者认识了股票基金、债券基金、货币基金这几个基金最主要的大类。接下来我们将带领大家认识一些市场规模没那么大的一些"小众"基金品种。

7.1　FOF

我们介绍了这么多种的基金，也讲解了如何用基金进行资产配置。估计还是有一些投资者会问有没有一个基金品种更适合"懒人"的，能够把资产配置这个活儿一起揽过去？答案还真的是有。

这就是 FOF（fund of funds），中文直译为基金中的基金，是一种主要投资于其他基金的基金。它不同于我们之前认识的那些基金，FOF 并不是直接投资在股票或债券等基础资产上的，而是通过持有其他基金来间接地持有股票、债券这些基础资产。一般来说，FOF 投资于其他基金的比例不低于所管理资产的 80%，剩余的资金也可以少量购买一些股票、债券这些证券。

从定义上来看，FOF 有两个显著的特点：

第一，FOF 基金经理并不直接选择基础资产，而是挑选和配置其他基金，由其他基金的基金经理来负责股票或债券等基础资产的投资。因此，FOF 基金经理在选择标的资产时附加了更多关于基金经理的因素，需要更多地思考如何评价基金经理，进而结合 FOF 的策略目标来筛选和配置资产组合。

第二，通过投资不同的基金，FOF 可以实现更加多元化、分散化的投资目的，其资产组合更加广泛地覆盖多种资产，从而达到最大限度地降低系统性风险、减少净值波动的目的，具有二次分散风险的作用。

FOF 最早出现在资本市场最为发达的美国，最初的目的是绕开私募基金较高的投资门槛，有机构发现了商机，在 20 世纪 70 年代设计了最早的 PE - FOF，成为 FOF 的雏形。历史上第一只证券类的 FOF，是由先锋领航基金在 1985 年推出的，因此 1985 年也被认为是 FOF 基金发展的元年。在先锋基金推出的这只 FOF 中，70％的资产投资于股票基金，30％投资于债券基金，投资标的均为先锋基金旗下的基金。FOF 的推出，激发了投资者的巨大热情，也间接带动了公司旗下其他基金产品的销售。

到了 20 世纪 90 年代，美国企业养老金计划由待遇确定型（defined benefit，DB）逐渐向缴费确定型（defined contribution，DC）转变，使得越来越多的养老金计划入市，为 FOF 的发展带来了稳定的资金来源。大量的养老金计划涌入一种称为目标日期基金（target date fund，以固定日期为目标的养老投资基金，又称生命周期基金）的 FOF，这类基金是一种为投资者在退休“目标日期”提取资金而建立的养老投资工具。而几乎同一时期美股处于一段长期的牛市之中，投资者对金融产品的需求大幅增加，基金行业因此获得了迅猛发展，也给 FOF 提供了足够多的底层资产，FOF 逐渐走向了成熟阶段。

进入 21 世纪后，美国基金业的规模和数量大幅增加，截至 2015 年，美国的开放式基金规模达到了 18 万亿美元，占全球基金规模的 48％；数量上也超过了 8 000 只。对普通投资者来说，从数量如此庞大的基金中挑选出适合自己的基金的难度较大。在基金数量增加的同时，基金的业绩也呈现出明显分化的现象，对投资者的要求进一步提高。FOF 的出现替投资者解决了挑选基金的难题，带动 FOF 呈现出了一次爆发式的增长。2015 年，FOF 的数量相比 21 世纪初增长了超过 6 倍，管理规模更是超过了 30 倍。即使在金融危机爆发后的 2009—2011 年间，美国公募基金行业整体出现资金净流出的情况下，FOF 依然保持了资金的净流入，从一个侧面也体现了 FOF 对投资者的吸引力。

相比发达国家 FOF 市场的繁荣兴盛，我国的 FOF 还处于刚起步的阶段，无论是规模还是数量，都还处于早期阶段。2005 年，招商证券发行了我国第一款证券类私募性质的 FOF 产品，主要投资于公募基金。此后，各大银行、券商等也都有各自的 FOF 产品问世。但由于没有行业标准，这一时期发行的 FOF 产品有些不伦不类，没有在市场引起很大的反响。

针对普通投资者的公募 FOF 产品直到 12 年后的 2017 年才姗姗来迟。2017 年 9 月 8 日，首批 6 只公募 FOF 获批。此后，更多基金公司加入了 FOF 的申请与运营之中。根据万得资讯的数据，截至 2023 年底，我国内地市场共有 488 只公募 FOF 产品（不同份额分开计算的话共有 675 只），管理总资产

在 2021 年达到峰值 2 202.8 万亿元，之后虽有所下滑也达到了
1 554.6 亿元，较 2018 年增长了近 15 倍。

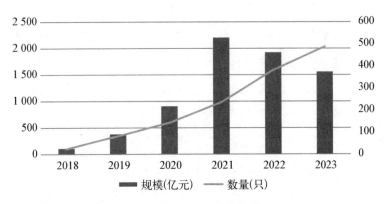

图 7 - 1 FOF 数量与规模

资料来源：万得资讯。

FOF 基金在近 5 年分别取得了 13.57%、24.45%、5.02%、
-10.55% 和 -5.60% 的平均年化收益率，5 年平均收益率为
5.38%，略好于沪深 300 指数的表现（见图 7 - 2）。其中，
FOF 基金在 2021 年沪深 300 下跌时取得了逾 5% 的正收益，
而在其他年份的涨跌幅度均小于沪深 300 的涨跌幅度。我们能
够直观地看到其他资产在 FOF 基金配置中平衡风险的作用。

7.1.1 FOF 的分类

根据 FOF 所投资基金的种类不同，FOF 可以分为股票型
FOF、债券型 FOF、货币型 FOF 和混合型 FOF 等诸多类型。
一般来说，股票型 FOF 是不低于 80% 的基金资产投资于股票基
金；债券型 FOF 是不低于 80% 的基金资产投资于债券基金；货

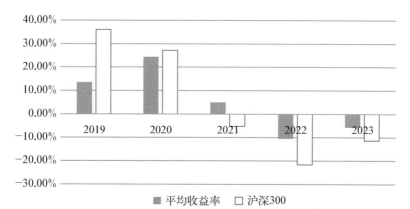

图 7-2　FOF 平均收益率（2019—2023 年）

资料来源：万得资讯。

币型 FOF 是不低于 80％的基金资产投资于货币基金；不属于上述分类的 FOF 则被称作混合型 FOF，既可以分散地投资于不同类型的基金，也可以以投资混合型基金为主。看过前几章的读者一定会发现，上述的分类与普通基金的分类其实是一致的。

1）基于管理权归属的分类

根据基金产品的管理权归属，FOF 可以分为内部型 FOF、外部型 FOF 和混合型 FOF 三类。

（1）内部型 FOF。

内部型 FOF 所投资的基金都是管理该 FOF 的基金公司自身的其他基金产品。内部型 FOF 与普通的公募基金有较大差异，普通的公募基金投资的都是外部产品，而不是基金公司自身的资产。基金公司通过发行内部型 FOF，可以做大自身的管理规模，带来更多收益，因此基金公司会乐于发行内部型

FOF。对于投资者来说，内部型FOF也有至少两个好处。首先，基金经理对于本公司发行的基金产品和基金经理往往更为了解，也有更详细的数据对内部基金的表现进行分析，若管理得当，很有可能会比投资外部基金更可靠。其次，内部型FOF往往不会进行"双重收费"，因此内部型FOF每年可以为投资者节省1%甚至更高的管理费用，从而在管理基金收益相同的情况下，显著提高投资者到手的收益。

（2）外部型FOF。

与内部型FOF相对的，便是外部型FOF。良好的FOF投资依赖于充足的、有差异的底层基金，这使得诸多中小型基金公司无力发行内部FOF产品，从而不得不从外部挑选基金。即便是大型基金公司，也不能保证本公司的基金都处于行业领先的水平。因此，外部型FOF可以获得一个大得多的基金池，FOF基金经理可以更从容地进行基金筛选。外部型FOF还可以避免投资者怀疑基金公司利用FOF进行利益输送，让投资者可以更耐心地持有产品。一定程度上，外部型FOF的优势，正好是内部型FOF的劣势。当然，外部型FOF也并非没有劣势，而且恰好对应内部型FOF的优势，主要体现在外部FOF不可避免地要进行双重收费，并且其基金经理对于所投资基金产品的了解程度通常不如内部FOF基金经理。

（3）混合型FOF。

严格的外部FOF排除了投资本公司内部基金的可能性，不一定是最优的投资选择，于是混合型FOF诞生了。混合型

FOF 内外部的基金都可以投资。事实上，它可以投资符合监管规定的任意基金产品。相应地，混合型 FOF 也综合了内部型 FOF 和外部型 FOF 的优点。一方面，与外部型 FOF 类似，混合型 FOF 有着较大的可选基金范围；另一方面，由于没有限制内部基金的投资，混合型 FOF 可以充分利用信息优势，挖掘优秀的内部基金产品，从而增加投资收益。与此同时，当混合 FOF 选择将部分资金投向内部基金时，这部分资金往往可以免收管理费用，为投资者降低一些成本。

2）基于运作模式的分类

FOF 的分类，还可以根据 FOF 的运作模式来分。FOF 的运作模式由于涉及 FOF 自身和底层子基金两个层面，基于 FOF 和底层子基金分别是主动管理型还是被动管理型进行交叉分类，可以分为以下四类（见表 7 - 1）：主动管理的主动基金产品（active fund of active funds，AFOAF，也称为双重主动型基金）、主动管理的被动基金产品（active fund of index funds，AFOIF）、被动管理的主动基金产品（index fund of active funds，IFOAF）和被动管理的被动基金产品（index fund of index funds，IFOIF，也称为双重被动型基金）。

表 7 - 1　FOF 按子母基金进行分类

子基金运作方式	主动管理	被动管理
主动管理型基金	AFOAF	IFOAF
被动管理型基金	AFOIF	IFOIF

（1）双重主动型基金产品。

双重主动型基金不仅子基金是主动管理型基金，而且母基金同样根据市场的不同状况，主动选择基金，通过 FOF 层面的资产配置和优选主动管理型基金，获取最大化的超额收益。显然，此类基金对于基金经理的择时择基能力要求较高。当前国内市场上存续的公募 FOF 产品，大多都是这个类型。AFOAF 的优势在于，经过基金经理的二次筛选，具备了双重风控功能，在有效控制风险的前提下，能获得高收益。但 AFOAF 的缺点也非常突出，FOF 双重收费问题本来就为投资者所诟病，而主动管理型 FOF 申购和赎回费用普遍较高，这明显增加了投资者投资 FOF 的成本。

（2）主动管理的被动基金产品。

主动管理的被动基金产品也很常见，基金经理通过主动管理的方式投资于被动型的基金产品。在 FOF 层面，基金经理往往采用配置型策略，确定大类资产配置方案后，筛选符合流动性、跟踪误差、总体费率、折溢价等条件的基金；而在子基金层面，由于配置的是被动指数基金，可以最大限度地减少跟踪误差，确保 FOF 的收益更多地体现资产配置的价值。因此，AFOIF 更适合于专注资产配置的投资者。此外，被动指数基金往往费率较低，能够缓解 FOF 产品的双重收费带来的成本负担。

（3）被动管理的主动基金产品。

被动管理的主动基金产品是由 FOF 基金经理采用模拟基金指数的配置方式投资主动管理型基金产品的 FOF，也就是根据基金指数的编制规则去配置子基金。IFOAF 的基金经理将花费更多的时间去研究子基金，因为子基金属于主动管理型，其投向和风格的把握难度较大。另外，主动管理型基金仓位调动，相比被动型指数基金，随意性更强，也就是 FOF 基金经理要在一个相对不稳定的底层基金基础上构建稳定的指数化产品，难度可想而知。因此，IFOAF 注定是相对小众的产品。

（4）双重被动型基金产品。

双重被动型基金是由基金经理通过投资被动型基金来跟踪某一类指数或主题的 FOF，主要用于满足那些期望长期分散化跟踪各类资产的投资者。然而，这种运作模式下的 FOF 通常无法成为市场主流，因为其缺点较为突出，IFOIF 的运作理念与指数基金区别不大，但要面临双重收费的不利因素，致使投资者的接受度不高。

3）特殊 FOF

根据第七次全国人口普查的结果，60 岁及以上人口为 26 402 万人，占比为 18.70%，与 2010 年相比上升了 5.44 个百分点。我国的老龄化程度进一步加深，人民群众的养老需求愈发旺盛。

在这一形势下，有两种比较特殊的 FOF 子类型就值得特别关注了，分别是目标日期基金（target date fund，TDF）和目标风险基金（target risk fund，TRF）。它们主要都是为投资者养老理财服务的，因此有个统称——养老目标基金。

（1）目标日期基金。

目标日期基金是以投资者退休日期为目标，根据投资者不同生命阶段风险承受能力进行投资配置的基金，又称为生命周期基金。前文提到过，正是目标日期基金的出现助推了 FOF 在 20 世纪 90 年代的美国成为主流投资品种之一。它假定投资者随着年龄增长，风险承受能力逐渐下降，因此，随着设定的目标日期的趋近，高风险类基金资产（股票基金、偏股混合型基金、商品基金等）的配置比例逐步降低，低风险类基金资产（债券基金、货币基金等）的配置比例逐步增加。

目标日期基金最大的特点是，针对的目标投资者往往非常确定，也就是在目标日期前后退休的投资者，这个时间范围一般来说是 5 年，因此市场上看到目标日期基金通常是 5 年一个目标。例如："养老 2040 基金"的目标投资者就主要是将在 2038—2042 年退休的人群；"养老 2045 基金"的目标投资者则主要是将在 2043—2047 年退休的人群。

（2）目标风险基金。

目标风险基金是以投资者可以承受的风险程度为目标，根据高、低风险资产配置比例来决定其风险特征，又称为生活方式基金。目标风险基金根据风险等级的不同，主要分为积极型（激进）、平衡型（均衡）和稳健型（保守）三大类，三种类型的基金承受的风险水平依次递减。风险水平越低的基金，投资于高风险类基金产品的比例相应也就越低，而投资于低风险类基金产品的比例也就越高。通常来说，积极型目标风险基金，其投资高风险类基金产品的比例一般在 65%～80% 之间；平衡型目标风险基金的高风险类基金产品占比在 45%～60% 之间；稳健型目标风险基金的高风险类基金产品比例一般只有 $10\%\sim25\%$。

目标风险基金与目标日期基金无论是本身的风险收益属性还是适合的人群，都非常明确。目标风险基金的三种类型都需要投资者清楚地知道自己的风险承受能力，适合那些对自己的养老理财需求有清晰目标，并对自己的风险偏好有清晰认知的投资者。目标日期基金更适合那些并不清楚自己的风险属性，也不太了解如何投资的投资新手，投资者只要知道自己的退休年份就可以投资相应目标日期的养老目标基金。

养老目标基金已经成为 FOF 中的主力军，截至 2023 年底，目标日期基金共有 121 只（不同份额类型仅计算一只），目标风险基金共有 146 只，分别占到了 FOF 总数的 24.8% 和 29.9%。

7.1.2 FOF 的挑选

FOF 提供了一种代替投资者进行资产配置的投资手段，近些年来日益受到投资者的重视。在使用 FOF 进行资产配置和挑选 FOF 上有什么需要注意的地方呢？我们为投资者总结了以下三点。

第一，FOF 投资归根到底是一种以资产配置为主的投资，因此最重要的是要和投资者自身的风险偏好相一致。还是以 Michael、Amy 和 Tony 这 3 位投资者为例，我们之前为不同风险偏好的他们设定了不同比例的投资组合，保守的 Tony、均衡的 Amy 和积极的 Michael 分别对应于目标风险中的稳健型、平衡型和积极型，可以看到这 3 种类型的 FOF 投资于偏股型基金的比例与我们为他们设定的投资比例也是基本一致的。通常在 FOF 的名称中就能很直观地看出它的风险风格，也就是说，保守的 Tony 应当尽量选择名称中带"稳健"的FOF，均衡的 Amy 尽量选择"平衡"或"均衡"的 FOF，激进的 Michael 则可以选择"积极"的 FOF。

第二，FOF 基金大部分都是持有期基金。什么是持有期基金？我们这里做一个简单的解释，持有期基金是对投资者持有基金的时限有一个特定的要求，无论何时申购都需要至少持有一段时间（如 3 年、5 年等）才能赎回。更形象地来说，持有期就像是给每笔交易上了把锁，持有期之内这把锁是打不开的。这就带来了流动性的问题。投资者短期要花的钱如果投资在具有持有期的 FOF 产品上，可能出现在需要用钱的时候不能取出的情况。因此，投资者千万要注意，虽然可以"偷懒"地把资产交给 FOF 去打理，但是不能把所有资产一股脑儿地放进去，货币基金等流动性理财的钱还是要专款专用。

第三，随着生命周期的变化，投资者的风险偏好也在发生着改变，而且投资者往往对自身风险偏好的感知并不一定准确。特别是当投资者出现了风险承受意愿和风险承受能力不一致的情况时，或者投资者蒙受了不必要的风险损失，或者投资的预期回报显著低于合理的回报，在这些情况下，其实投资者可以将目标日期基金纳入自己的投资选择范围，选择了确定的目标日期相当于选择了一条明确的风险随时间变化的曲线，这条曲线是投资专家根据大多数人的风险承受程度得到的，也就是说适合大多数投资者。

7.2 REITs

REITs 是信托基金的一种，全称是不动产投资信托基金（real estate investment trust），以发行收益凭证的方式汇集特定多数投资者的资金，由专门投资机构进行房地产投资经营管理，并将投资综合收益按比例分配给投资者。

REITs 的本质是将流动性较低、单笔交易规模较大的不动产资产，通过证券化的手段形成小而分散的证券或份额，为各类投资者，尤其为中小投资者设立低门槛参与不动产资产交易的机会，以获得由专业运营团队管理的稳定的物业租金与增值收益。

1960 年，第一只 REITs 诞生在美国。经过半个多世纪的发展，目前美国 REITs 市场是全世界最成熟的 REITs 市场，产品结构丰富，涉及多个领域。据 NAREIT（National Association of Real Estate Investment Trusts，美国不动产投资信托协会）统计，截至 2021 年 3 月，美国 REITs 的总市值约为 1.35 万亿美元，涉及基建、住宅、零售、工业、医疗健康、数据中心、办公、自助仓储、酒店、林地等多个领域。

根据组织形式的不同，REITs 可分为公司型和契约型两类。

公司型 REITs 的最大特点是公司是上市主体，REITs 份额即为上市公司的股票，REITs 的持有人即为公司的股东。公司型 REITs 多采用内部管理的模式，由公司聘请的内部管理团队进行管理。美国市场以公司型 REITs 为主。

契约型 REITs 则以信托或基金作为载体，通过发行信托凭证和基金份额来获取资金投资于房地产。契约型 REITs 本身并非独立法人，仅仅属于一种资产，通常由外部第三方管理机构作为资产管理人。契约型 REITs 多出现在亚洲市场。

根据资金募集方式的不同，REITs 又被分为公募型和私募型两类。私募型 REITs 以非公开方式向特定投资者募集资金，不允许公开宣传，一般不上市交易；而公募型 REITs 则以公开发行方式向社会公众投资者募集资金，可以公开宣传，在公开市场交易，价格随市场波动。

根据投资方式的不同，REITs 可以划分为权益型和抵押型两类。权益型 REITs 通过投资底层不动产并拥有其所有权，底层资产产生的现金流和增值作为收益来源。抵押型 REITs 主要是通过购买或发行抵押贷款支持证券（MBS）来提供资金，利息部分作为 REITs 的收益。

REITs 常见的底层资产可以是基础设施类，也可以是持有型房地产，常见的类型有酒店、工业物流、购物中心、办公大楼、医疗健康、公寓等。随着市场的不断发展，REITs 标的的适用范围也在不断拓展，通信设施、高速公路等能产生收入的基础设施资产，以及 5G 设施、数据中心等新基建也已成为 REITs 的重要基础资产。基础设施 REITs 已经成为 REITs 中重要的独立分类。

2020 年 4 月，证监会与国家发展改革委联合印发《关于推进基础设施领域不动产投资信托基金试点相关工作的通知》，标志着中国公募 REITs 制度与市场建设正式拉开帷幕。随着市场的加速发展，REITs 顶层设计不断完善，多地也陆续跟进 REITs 试点培育工作。我国基础设施存量庞大，投资模式较为传统，存在投资效率低、融资渠道单一和资金退出难等问题，具有较大的证券化潜力。自 2021 年 5 月首批 9 只 REITs 上市至 2023 年底，我国 REITs 市场不断扩容，已发行 30 只 REITs，累计发行规模达 985 亿元。从项目类型看，产权类 REITs 共上市 18 只，特许经营权 REITs 共上市 11 只；从底层资产类型看，REITs 底层资产项目类型已涵盖保障房、高速公路、产业园、清洁能源、生态环保、能源基础设施六大领域。

标准化的 REITs 产品一般会有一些典型的特征，这些特征包括：第一，REITs 的投资标的是成熟的不动产资产，以不动产产生长期、稳定的现金流作为主要收入来源。第二，REITs 投资经营产生的稳定现金流需要进行高比例的分红，通常是以 90% 以上的比例分配给投资人。第三，标准化的 REITs 在公开市场上市交易，具有较强的流动性。第四，REITs 制度是税收驱动的，多数市场在 REITs 的发展中会给予相应的税收优惠政策。第五，REITs 通常实行主动管理模式，其产品价值依赖于专业管理人对不动产资产的专业管理与合理投资决策。REITs 的管理既具有金融属性，又具有不动产属性。第六，REITs 的回报率一般比较稳定，其收入主要是基于不动产产生的租金收入，与股票、债券等其他金融产品的相关性相对较低。

REITs 对普通的投资者有什么作用呢？

首先，REITs 可以成为房地产投资的替代品。相比于直接投资房地产，REITs 还具有以下一些优势：① REITs 的投资门槛较低，投资者可以购买最小份额的公开交易的 REITs。② REITs 公开交易，具有较好的流动性，交易成本低。③ REITs 可以分散地投资于不同地区和不同类型的不动产，有效地分散风险。④ REITs 不需要投资者自己管理和维护不动产，也不需要考虑折旧。⑤ REITs 有定期报告制度，信息透明化程度较高。

其次，REITs 在长期收益率方面表现卓越。REITs 一方面具有长期可靠且有增长性的分红收入，另一方面还可以通过本身价值的上涨获得资本利得的收入。长期来看，REITs 为投资者提供了非常客观的回报率表现。根据美国不动产投资信托协会（National Association of Real Estate Investment Trusts，NAREIT）的统计数据，REITs 的总体回报率在过去 20 年的各类资产的表现中处于领先地位（见图 7-3）。

最后，REITs 的收益与股票、债券等其他金融产品的相关性较低。根据 NAREIT 的统计，在过去 20 年，NAREIT 权益型 REITs 指数和标普 500 指数的相关系数为 0.57；与纳斯达克综合指数的相关系数为 0.43；与美国投资级债券的相关系数更低，不足 0.2。与其他大类资产相对较低的相关性使得 REITs 成为分散风险、优化投资组合的利器。富达投资（Fidelity Investment）曾于 2013 年做过一项研究，在传统的

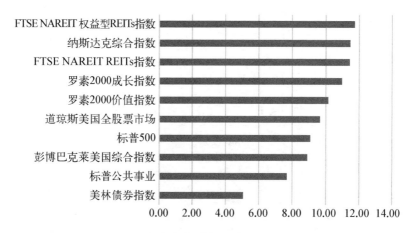

图 7 - 3　各类资产过去 20 年平均年收益率

资料来源：美国不动产投资信托协会。

股票和债券投资组合中加入 REITs，经过风险调整后的收益率能够显著增加。从表 7 - 2 中我们可以看出，加入了 33.3％ REITs 的投资组合的夏普比率最高，并且随着配置 REITs 比例的不断提升，组合的收益也随之提高。

表 7 - 2　投资组合风险调整后收益对比

投资组合	资产配置比例	夏普比率
1	55％ S&P 500 股票 35％ 投资级债券 10％ FTSE NAREIT 权益 REITs	0.34
2	40％ S&P 500 股票 40％ 投资级债券 20％ FTSE NAREIT 权益 REITs	0.46

投资组合	资产配置比例	夏普比率
3	33.3% S&P 500 股票 33.3% 投资级债券 33.3% FTSE NAREIT 权益 REITs	0.49
4	60% S&P 500 股票 40% 投资级债券	0.27
5	80% S&P 500 股票 20% 投资级债券	0.17

资料来源：富达投资。

REITs 基金应该如何挑选呢？

公募 REITs 作为股债性质兼具的投资产品，具有定期强制高分红的特点，每年需要将 90% 以上可供分配金额以现金形式分配给投资者，而部分产权类 REITs 呈现弱股性，获得的租金现金流相对稳定，其持有的底层物业资产如产业园等随着时间推移也可以依靠土地稀缺性获取增值收益。

一是重点考查 REITs 产品的分红率。相较于主流股指和固定收益类产品，REITs 的高股息特征明显。2023 年，特许经营权类 REITs 的平均分红率达 6.7%，显著高于同期主流股指的股息率，而产权类 REITs 的平均分红率为 4.2%，也强于沪深 300 的股息率（3.2%）；与 1 年期 AAA 级及 AA＋级固定收益产品的到期收益率相比，产权类 REITs 和特许经营权类 REITs 高分红优势显著。

二是关注保障房 REITs。2023 年 8 月，国务院审议通过《关于规划建设保障性住房的指导意见》，明确推进保障性住房建设，加大保障性住房供给，并提出推动建立房地产业转型发展新模式，未来我国房地产市场或将形成"保障房＋商品房"双轨制模式。2023 年 9 月，财政部等三部门联合印发《关于保障性住房有关税费政策的公告》，其中提到：保障性住房项目免收各项行政事业性收费和政府性基金，包括防空地下室易地建设费、城市基础设施配套费、教育费附加和地方教育附加等。在房地产行业转型过程中，我国对保障房 REITs 政策支持力度不断加大，未来包括发行、扩募和资产类型多元化在内的一系列政策有望进一步完善，板块潜力或将持续释放。

7.3　QDII

随着我国经济对外开放程度的不断加深，不少投资者的目光已经不仅仅局限于境内市场，转而投向了欧美以及中国香港等境外市场。目前，我国投资者想要投资境外市场，至少需要翻过"三座大山"：境外开户、货币兑换和交易时差。我国目前年度个人购汇额度上限为 5 万美元，并且对跨境汇款以及境外开户都有严格的审核。因此，QDII 基金成为普通投资者当前投资境外资产的重要渠道。

什么是 QDII 基金？

QDII 的全称是 qualified domestic institutional investor，

即合格境内机构投资者。QDII 基金是在一个国家的境内设立，然后经过该国有关部门批准从事境外证券市场的股票、债券等业务的证券投资基金。我国的金融市场并没有完全对外开放，我们投资境外市场或者境外市场投资我们，都是有严格限制的。在这种严格限制下，QFII（qualified foreign institutional investor，合格境外机构投资者）和 QDII 制度被提出，是作为一种和境外市场接触的尝试。简单理解，QFII 就是"请进来"，而 QDII 就是"走出去"，通过投资 QDII 基金就可以参与境外市场的各类投资。

QDII 基金在诞生之初是以摸着石头过河的态度在尝试。因为它是投资于境外市场，考虑到托管模式、风险监控、投资程序等，需要格外谨慎。国内的首只 QDII 基金是华安国际配置基金，于 2006 年 8 月获批，2006 年 11 月才正式成立。而管理办法《合格境内机构投资者境外证券投资管理试行办法》更是到 2007 年 6 月才正式发布。QDII 是先有试点产品，再有试行管理制度。一开始 QDII 的摸索很曲折，刚推出不久就遇上了全球金融危机爆发，首批 QDII 都大幅跌破了面值，第一只 QDII 华安国际在 2011 年 11 月进行了清盘。这导致金融危机之后很长一段时间内，投资者都对 QDII 避之唯恐不及，首批 QDII 更多的是给后来者一些经验借鉴，为走出境外做探索。

随着这些年我国资本市场日趋成熟，对国际市场的了解逐步加深，QDII 基金产品开始日渐丰富。近几年，QDII 基金作为全球资产多元化配置的选择之一的价值开始显现。目前我国

QDII 基金已经遍及了以欧美、亚太等区域的发达国家为主的资本市场，投资品种涉及股票、债券、不动产、公募基金、黄金石油等大宗商品，以及各类金融衍生品等。截至 2023 年底，我国的 QDII 基金数量达到了 278 只（不同份额、多币种计价的仅计算一只），较 5 年前翻番；资产规模也达到了 4 184.8 亿元，约为 5 年前规模的 6 倍（见图 7‑4）。

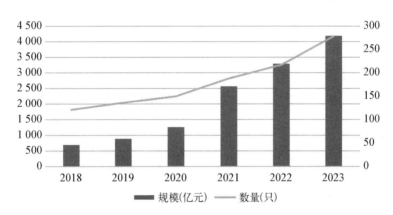

图 7‑4　QDII 数量与规模（2018—2023 年）

资料来源：万得资讯。

　　QDII 基金在近 5 年分别取得了 20.8％、15.5％、1.1％、8.9％和 3.9％的平均年化收益率，5 年平均收益率为 6.5％，好于沪深 300 指数的收益率（见图 7‑5）；在波动率方面，QDII 基金 5 年平均波动率为 20.85％，低于沪深 300 指数的波动率。

　　QDII 基金应该如何挑选呢？

　　（1）确定投资目标市场。QDII 产品中有些是投资于全球

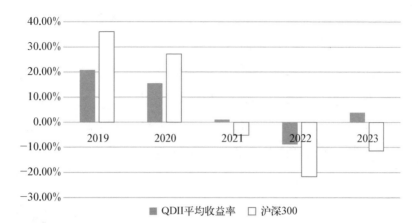

图 7‑5　QDII 基金平均收益率（2019—2023 年）

资料来源：万得资讯。

资本市场的，有些则是侧重于投资某一市场区域；有些是偏重市场整体走势的，有些则是以出海的中国概念股票或债券为主。在购买 QDII 产品时，应该了解目标产品主要投资哪些市场，这些市场的大致走势等因素。例如均衡型的 Amy 期望分散中国国内单一市场的风险，她就可以选择一些目标市场是欧美发达国家市场的 QDII 基金；激进型的 Michael 更看好新兴市场国家的发展潜力，那他就可以选择一些投资于新兴市场国家的 QDII 基金。

（2）关注投资类别和比例。不同的 QDII 产品，其资产会投资于股票、债券等不同类别的金融工具，各类资产的投资比例也不尽相同，预期收益水平和风险也就天差地别了。QDII 基金也一样可以分成 QDII 股票型、QDII 债券型、QDII 混合型和 QDII 商品型等诸多类别。每一种类型的基金就像我们前面介绍的国内公募基金一样拥有不同的预期收益和风险，不同的投资者应该根据自己的风险偏好合理配置不同的 QDII 产品类型。

（3）了解投资管理者的水平。QDII 基金管理人及境外顾问的全球投资和管理水平都是决定其投资收益的关键因素。购买 QDII 产品，一定要挑选境外投资水平较高的管理人，可以通过以往的境外投资经验、投资业绩、投研实力等来判断。如果不是特别了解，那么选择相对稳定、成长潜力也不错的被动指数基金，比如标普 500、纳斯达克 100 指数是一个更稳妥的选择。

（4）特别关注 QDII 基金的不同之处。与一般的公募基金有一个较大的不同在于，QDII 基金的流动性稍差，QDII 申购一般需要 T＋3 日确认；而赎回甚至需要 T＋10 日才能到账，如果再遇上各种节日，赎回时间会更长，因此应妥善规划现金的流动性，亟须使用的钱尽量不要投资于 QDII 基金。此外，由于申购、赎回时间较长，汇率波动的影响也会变得更加显著，汇率可能的走势也需要投资者纳入考虑范围。此外，QDII 基金的费率普遍比一般的公募基金要高，一般 A 股基金的费用构成为：申购费 1.5％，管理费 1.5％，托管费 0.25％；而 QDII 股票基金费用构成一般为：申购费 1.6％，管理费 1.8％，托管费 0.35％，都要略高一些。

除了流动性以外，还有一些风险值得 QDII 基金投资者理性看待。

（1）政治风险。QDII 基金所投资的国家或地区一旦宏观政策、社会经济环境等发生改变，都有可能会导致市场出现波动而影响基金收益。

（2）市场风险。QDII 基金受到所投资国家或地区的宏观经济状况、货币及财政政策、社会法律法规等多种因素的影响，而使得境外投资收益会面临更大的不确定性。

（3）利率风险。利率及流动性水平是各国中央银行调控的重要手段，QDII 基金容易受到各国金融市场利率波动而导致的收益率的影响，而目前各国广泛开展的量化宽松（QE）政策的实行和撤出也会对 QDII 的收益率有多方面的影响。

（4）汇率风险。QDII 投资者在全球范围进行投资时，最后取得的收益不仅仅取决于按照当地货币计算的收益率，还会受到外币汇率变化的影响。在当前世界全球化与反全球化思潮不断碰撞的情况下，投资者更要格外关注这种风险。

综合上面的分析，目前看来跨境 ETF 可能是一种比较好的 QDII 基金投资方式。一方面，跨境 ETF 满足了广大投资者全球配置资产从而分散风险的需求；另一方面，跨境 ETF 解决了 QDII 基金的一些痛点。首先，跨境 ETF 可直接在市场进行买卖，取代了时间冗长的申购与赎回，极大地缓解了投资者对流动性及汇率波动的担忧。其次，跨境 ETF 的费率显著低于一般的 QDII 基金，目前欧美市场 ETF 的管理费率通常在 $0.5\%\sim0.6\%$，而亚太市场 ETF 的管理费率只有 0.2%，甚至比不少投资国内的指数基金更低，降低了投资者的投资成本。最后，跨境 ETF 已经基本覆盖主流市场。跨境 ETF 近些年得到广泛关注，截至 2023 年底，其数量已经达到了 107 只，覆盖了美国、欧洲、日本和中国香港等全球主要金融市场以及部分新兴市场的指数，基本满足了投资者的境外投资需求。

7.4 商品基金

我国的商品基金发展较晚，第一只商品基金——华安黄金 ETF 在 2013 年成立。之后的 2 年时间中先后又有 3 只黄金 ETF 和 1 只白银期货 LOF 成立。此后，直到 2019 年才有新的商品基金推出，2019 年下半年，证监会陆续批准多个商品期货型 ETF 和上海金 ETF。截至 2023 年底，国内共有 35 只商品基金，其中绝大部分挂钩黄金，共有 28 只；另有 7 只则是跟踪商品期货合约或者商品期货指数。

7.4.1 黄金 ETF

黄金是人类较早发现和利用的金属，由于其稀有、稳定的特性，从被人类发现开始就具备了货币和商品的双重属性。在商品流通领域，黄金作为一种性能优良的金属，广泛地应用于各类工农业生产领域；而在金融投资领域，黄金体现的主要是其货币属性，自古以来就被世界众多国家当作货币使用。20 世纪 70 年代布雷顿森林体系瓦解之后，黄金开始转变成了一种独特的配置资产，其金融属性远远超过商品属性。

全球首只黄金 ETF——gold bullion securities 于 2003 年 3 月 28 日推出，每份代表 1/10 盎司黄金。从此，黄金 ETF 作为一种优良的黄金投资工具，开始受到市场的广泛关注。2004 年，当今规模最大、流动性最好的黄金 ETF——SPDR gold shares（GLD）成立，黄金 ETF 的规模开始迅速扩张。截至 2020 年 10 月 31 日，全球黄金 ETF 的黄金总持仓量约为 3 898.65 吨，折合约 1.38 亿盎司，持仓金额约为 2 558 亿美元。

与欧美相比，中国黄金市场还处于起步阶段，黄金投资品种较为单一。但黄金 ETF 对丰富基金市场产品、降低我国外汇储备风险都具有重要意义。黄金 ETF 可以及时追踪和反映黄金价格，促进我国黄金现货和期货市场的发展；同时，黄金也是分散风险、优化投资组合的重要工具。

目前的黄金 ETF 产品均投资于黄金现货合约，包括上海金集中定价合约及其他在上海黄金交易所上市的黄金现货合约（包括现货实盘合约、现货延期交收合约等）。其中，上海金集中定价合约简称"上海金"，是上海黄金交易所在 2016 年推出的定价合约，指以人民币计价的、在上海交割的、标准重量为 1 千克且成色不低于 99.99％的金锭，通过上海黄金交易所定价交易平台的系统实现的交易。

在过去，黄金是以"美元/盎司"为计价单位的，市场普遍采用伦敦金价格为现货黄金的金价基准，国内黄金市场价格跟随国际金价联动。而中国作为世界最大的黄金生产国和消费国，黄金交易基本都以美元计价，结算带来的汇兑损失和外汇保值成本较高。以人民币定价的"上海金"的推出，有助于提高"上海金"的活跃度与流动性，提升"上海金基准价"的国际影响力，增强人民币在全球黄金市场上的定价权。

2020 年左右推出的上海金 ETF 以上海金集中定价合约价格为标的指数。上海金 ETF 的推出，对市场和投资者都具有重大意义。它为个人和机构投资者提供了参与"上海金"投资的有效渠道，能够有效满足投资人参与黄金投资的需求。投资者可以通过投资上海金 ETF 进一步丰富投资品种，实现多元化资产配置。

近年来，由于地缘政治紧张、贸易保护主义和逆全球化思潮盛行，黄金价格水涨船高。上海金也从 2016 年发布初期的约 257 元/克上涨到了 2023 年底的逾 480 元/克，涨幅约 87%（见图 7-6）。火热的黄金牛市也因此吸引了大量投资者。不过

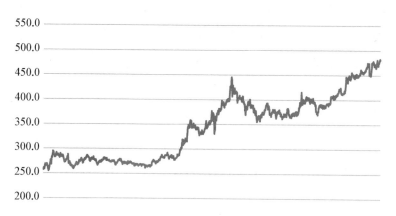

图 7-6　上海金走势图（2016—2023 年）

资料来源：万得资讯。

对于普通投资者而言，黄金 ETF 以外的渠道，诸如上海黄金交易所、上海期货交易所、各银行的纸黄金系统，普遍具有门槛较高、交易成本较高且交易制度复杂等不便之处。因此，黄金 ETF 成为普通投资者投资黄金的不二之选，也是以黄金作为多元化资产配置中的一个优秀替代品。

7.4.2　商品期货型基金

国内第一只商品期货型基金是国投瑞银白银期货 LOF[①]，成立于 2015 年。此后一直没有其他商品期货型基金推出。直到 2019 年，多只商品期货 ETF 逐渐获批通过，才有效扩充了商品期货型基金跟踪商品的类型。截至 2023 年底，共有 7 只商品期货 ETF，其中 2 只跟踪农产品（豆粕），2 只跟踪有色金属，2 只跟踪能源化工，1 只跟踪贵金属（银）。

目前来看，现有商品期货 ETF 都没有杠杆，但由于期货是杠杆交易，3 只商品期货 ETF 的持仓中期货保证金部分仅占约 10％，其余部分几乎全为现金，资金使用率不高，其参与风险也远低于直接参与商品期货市场，预期收益率和波动率介于股票基金和债券基金之间。

对于除黄金以外的商品基金我们目前不做推荐，仅建议少部分合适的投资者可以自行选择投资少量资金于商品期货型基金，这样可以进一步丰富自己的资产配置多元化需求。

---

① LOF 基金全称是 listed open-ended fund，即上市型开放式基金，投资者既可以在指定网点申购与赎回基金份额，也可以在交易所买卖该基金。

投资 Tips:

1. FOF 基金是一种懒人型资产配置方案；养老目标基金包括目标风险基金和目标日期基金。

2. REITs 是资产配置中房地产投资的替代品，具有长期收益较高、与其他品种相关性较小等特征。

3. QDII 基金是实现境外资产配置的重要工具，挑选 QDII 基金要确定目标市场、关注投资类别和比例，还要了解投资管理者的水平。

4. 商品基金中的黄金 ETF 是资产配置中黄金投资的替代品，具有门槛低、交易成本低等优点。

第 8 章

基金定投

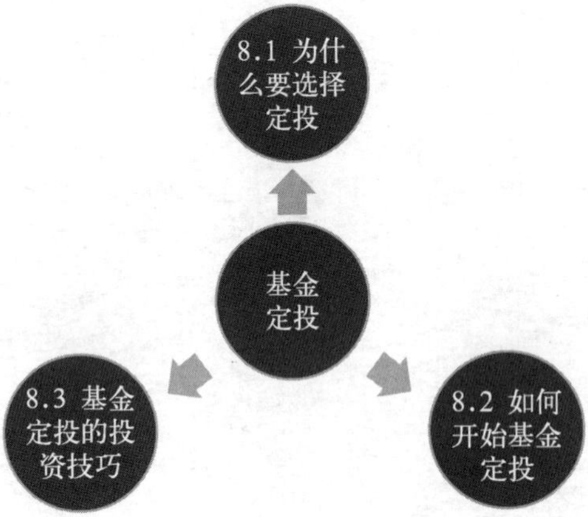

8.1 为什么要选择定投

基金定投

8.3 基金定投的投资技巧

8.2 如何开始基金定投

近年来，"如何告别财富焦虑""普通人如何实现财务自由"等热点话题在社交媒体发酵。一方面，我们可以看出人们渴望家庭财富的增值；另一方面，也担忧通货膨胀作用下的财富缩水。人生中的每一个重要决策，如购房、子女教育以及未来的养老规划都需要强力的财富支撑，而侵蚀财富购买力的主要因素——通货膨胀始终存在，因此很多人的财富诉求落脚于在较长的投资期限内收益可以跑赢通胀。那么对于投资者来说，在考虑风险和收益平衡的前提下，是否有可行且有效的财富增值路径呢？

沃伦·巴菲特曾经这样总结自己的成功秘诀："人生就像滚雪球，重要的是发现很湿的雪和很长的坡。"其中，"小雪球是启动资金，湿雪就是低成本的长期资金，长长的山坡，就是有长期竞争优势的优秀企业。有了这三者，投资便能如雪球般实现复利增长"。复利思维其实是一种延迟满足，减少当下消费，从长期视角增加对未来的投资，好的投资标的就可以在财富滚动过程中不断增值。从基金投资角度来看，长期定投策略也是滚雪球智慧的一种演绎，选定一只基金，从定额的小资金开始投资，慢慢地积累沉淀，最后在时间的作用下平摊成本，增厚收益。

8.1　为什么要选择基金定投

8.1.1　什么是定投？

相信绝大部分人都对有"懒人理财法"之称的基金定投或

多或少有了解，当下定投已经成为很多80后、90后的心头好。随着社会生活水平的提高和医疗条件的大幅改善，人们的平均预期寿命不断延长，很多年轻人担心未来储蓄不足，不能够从容地应对养老生活。

中国青年报社社会调查中心通过对1 217名18～35岁青年进行的一项调查显示（见图8-1），89.6％的受访青年认为有必要从现在开始考虑自己的养老问题，其中37.3％的受访青年则认为非常有必要。如果希望未来的晚年时光可以过得幸福，高达59.8％的受访青年选择寄希望于自己，其次则是依靠配偶（50.1％）和子女（42.1％）。

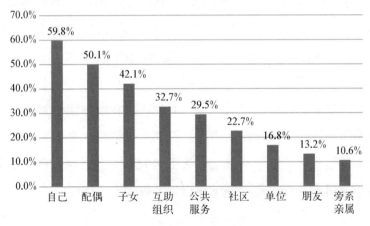

图8-1　未来养老，你寄希望于谁？

资料来源：中国青年报社社会调查中心。

在思考自己的"养老大计"后，很多年轻人也开始行动了起来。根据Mob研究院对移动互联网新增基民的研究，基民构成明显年轻化，18～34 岁群体的占比达 60％，90 后成为基民的主要群体（见图 8－2）。在综合考虑时间、收益和风险因素后，很多年轻基民选择了以定投方式参与基金投资。

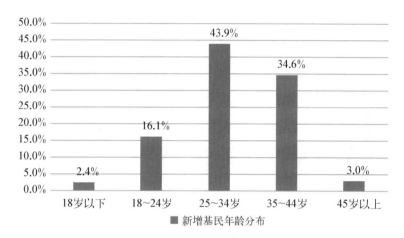

图 8－2　2020 年移动互联网新增基民年龄分布

资料来源：Mob 研究院《2020 中国基民图鉴》。

　　基金定投是定期定额投资的简称，指在一定时期内，每隔预设的固定时间，对某一证券投资基金投入固定金额的投资方法。其核心交易逻辑来源于美元成本平均法（dollar cost average）或投资平均法（investment averaging）。"现代证券分析之父"本杰明·格雷厄姆在《聪明的投资者》一书中写道：美元成本平均法（定时定额投资法）是"程式化投资法"的一个特例，纽约股票交易所曾经努力推广"月度购买计划"，要求投资者每个月投入同样数额的资金买进一只或多只股票。自

1949 年起的股市大幅上涨期间，这种做法的效果令人相当满意，特别是在有效防止投资者在错误的时间大量买入股票方面。由此可以看出，该策略通过不断投入资本，以长期平均成本获得权益资产，降低了择时的风险。

从基金定投的含义我们可以看出，其关键要素包含：固定的金额、固定的时间以及特定的基金（见图 8‑3）。比如每月 1 日都固定花费 1 000 元买入某只基金，那么当月可以获得的投资份额为：

$$当月投资份额 = \frac{1\,000\,元}{定投当日基金单位净值}$$

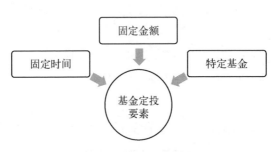

图 8‑3   基金定投的要素

8.1.2   中美两国的定投用户

定投在美国拥有庞大的用户群体，这其实是美国现行的养老保障体系使然。美国的养老体系可以通过一个五层"金字塔式"结构（见图 8‑4）展示，或者也可以分为简单的"三大支柱"，第一支柱为政府强制执行的社会保障计划（social security program），面向全社会提供基本的退休生活保障，覆盖全国 96％ 的就业人口，它是这个多层次体系的基石；第二支柱是由政府或者雇主出资，带有福利的养老金计划，类似于国内的企业年金；第三支柱是个人自行管理的个人退休账户（individual retirement accounts，IRA），由联邦政府通过提供税收优惠而发起、个人自愿参与的补充养老金计划。

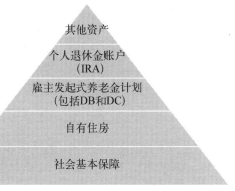

图 8 - 4　美国"金字塔式"的养老体系

资料来源：美国投资公司协会（Investment Company Institute，ICI）。

在第二支柱中，雇主发起的养老金计划主要包括两类：确定给付型（defined benefit plan，DB）和确定缴费型（defined contribution plan，DC）。现在，越来越多的公司选择由 DB 计划转为 DC 计划，而且 DC 中 401（k）占主要部分。根据 2020 年美国投资公司协会的数据，IRA 和 401（k）计划中资产的主要流向为共同基金，其中 IRA 资产中约有 45％ 投向共同基金，401（k）资产中约有 66％ 投向共同基金。

表 8-1   美国雇主发起的养老金计划

项　目	确定给付型（DB）	确定缴费型（DC）
主要内容	雇主保证雇员退休后领取的养老金数目按照实现约定发放，DB账户由雇主为雇员统一设立，一旦雇员离职后转换账户流程较为烦琐	参与者每月上缴确定金额，退休后领取的金额视投资收益而定，DC计划建立个人缴费账户，工作的变动不影响日后养老金的提取，包括401（k）、403（b）等。401（k）主要适用于营利性企业的雇员和一些非营利组织的雇员；403（b）主要适用于教师、医护人员以及一些非营利组织雇员；401（k）占主流
管理机构	雇主选择专业的账户受托人	
资金投向	主要投资于共同基金，权益类资产占较大比重	
税收优惠	雇主为雇员缴纳养老金时，缴费能够在税前扣除，雇员注入的资金以及投资收益可以选择延迟缴税	

　　401（k）计划的运作模式是先由企业为员工设立专门的401（k）个人账户，之后每月从员工工资中拿出一定比例的资金存入该账户，企业可配合缴费（可缴可不缴），但一般说来，大部分企业会按照一定比例存入相应的资金到该账户。在员工退休以前，计入员工个人退休账户的资金一般不能领取，但可以进行投资。企业会向员工提供至少3种以上不同的证券投资组合，员工可任选一种进行投资，投资收益完全归属员工401（k）账户，投资风险也由员工自己承担。员工退休后能够领取多少养老金既取决于缴费额的高低，也取决于投资收益的状况。

从美国 401（k）计划的运作模式和参与机制中我们可以看出，其本质与基金定投有异曲同工之妙，例如员工每月把一定比例的工资收入存入养老账户，选择基金进行投资。数据显示，2017 年，在 1.2 亿美国家庭中超过一半的家庭参与了雇主养老计划，这说明美国家庭普遍选择通过养老账户定投基金，除了目标日期基金以外，股票基金也是 401（k）计划的主要投资标的，其中指数基金在养老账户资产的占比明显上升。2005 年，所有 DC 计划持有指数共同基金的比例仅为 10%，而到 2017 年这一比例升至 20%。

2019 年的统计数据显示，有 67% 的 401（k）参与者在 20 多岁时持有超过 80% 的权益类资产，相比之下，60 多岁的参与者中仅有 14% 持有相同比例的权益类资产。这表明随着年龄增长，高比例配置权益类资产的 401（k）参与者的比例逐渐下降①。

再来看我国的情况，目前国内参与定投的人群也在稳步攀升。根据基金业协会发布的《2019 年全国公募基金投资者情况调查报告》，投资者对基金定投的评价较之前更为积极。调查问卷的数据显示，78.9% 的投资者认为定投可以降低平均成本、分散风险且省心省力。而认为定投和一般的基金投资没有区别的投资者占 14.7%。此外，有 3.4% 的投资者认为定投风险较大，有 3.1% 的投资者对定投不太了解。

---

① 养老金融 50 人论坛.美国居民如何养老?（下篇）［EB/OL］.（2022 - 09 - 14）［2023 - 12 - 15］.http://www.caff50.net/hot-news/546.html.

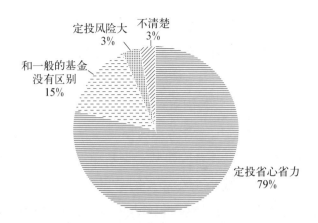

图 8-5　如何看待基金定投

资料来源：《2019 年全国公募基金投资者情况调查报告》。

8.1.3　基金定投的优势

众所周知，股票投资要想获利的关键在于选股和择时。但经过无数理论和实践的验证，即使是专业投资者都无法精准地择时，那么普通投资者来说，想要在资本市场踏准节奏，实现完美的"高抛低吸"非常困难。此外，投资者的行为还会受到市场环境和个人非理性情绪的影响，容易做出不合理的投资决策。而选择定投的方式，可以有效地避免主观择时风险，通过分批买入的方法，达到分散风险和平摊成本的目的。

在理解和具体操作层面，定投对普通投资者来说较为友好，真正难的是长期坚持。为什么长期坚持定投这么难？这是因为定投是"逆向思维"的一种体现，不论市场上涨还是下跌，面对短期的波动，定投要求投资者依然坚持买入行为。有人说定投是一种"反人性"的投资行为，但正因为"反人性"，才可以直面市场下跌时的恐惧情绪，在基金净值下跌时不断买入，积累更多便宜份额，相比一次性投入，定投可以更好地均衡成本。

1）优势一：在市场处于高位时，避免一次性投入带来的损失

过去，中国 A 股市场的投资客户主要为散户，公募基金等机构投资者占比较小，市场情绪很容易传导给散户投资者，这就导致当市场指数处于高位，很多投资者的认购热情也随之被调动起来，进而一把梭式地买入基金。从图 8-6 权益类基金的历史发行份额可以看出，在 2015 年、2020 年以及 2021 年市场行情比较好的时候，基金的发行份额也相应地处于阶段性高位，其走势与沪深 300 指数的走势趋于一致。投资者如果一

图 8-6　权益类基金历史发行份额

资料来源：万得资讯。

次性买在了高点，那么在很长的一段时间内就要承受净值持续下跌所带来的压力。而如果选择定投，虽然一部分也会买在高位，但通过分批次在中位和低位购入的份额，在市场上涨的时候会率先实现盈利，分摊高位购入的成本。

2）优势二：复利效应，收益倍增

复利是一种计算利息的方法，被爱因斯坦称为"第八大奇迹"。利息除了会根据本金计算外，新得到的利息同样可以生息，由此产生的财富增长，称作复利效应。只有不断地拿出本金定投到基金中，并耐心地持有，复利效应才会为你创造意想不到的巨大价值。

投资大师彼得·林奇曾经说过："只要你年轻，你就有足够多的时间和机会。"我们来举一个例子，假设你从25岁开始投资，每月定投1 000元，每年的收益率为10%，30年之后你的资产可以达到多少呢？答案是228万元，而你的本金投入只有36万元。复利需要在时间的长河里发挥魅力，因此有一种说法是"定投开始的最好时间永远是现在"。

3）优势三：平滑成本，省时省力

对于普通投资者来说，定投最大的优势就是帮助投资者分批建仓，平滑成本，降低决策失误所带来的风险。表8-2呈现的是基金单位净值先下降后回升的情况。在基金单位净值下降的过程中，由于每期单位投资成本降低，可获得的基金份额增加，平均后的单位成本随之不断下降。而在基金单位净值回升过程中，由于已有多期投资，新增的投资占比越

来越小，虽然基金单位净值提升了，但对整体投资成本的增
加并不明显。因此，在基金单位净值上升的过程中，基金单
位净值与平均投资成本之间的差距逐渐拉大，投资收益也随
之增加。

表 8‑2　在先跌后升情况下模拟定投的成本和收益

期数	单位净值/元	当期投资份额/份	累计持有份额/份	累计投入金额/元	平均成本/元	累计收益/元	累计收益率/%
1	1	1 000	1 000	1 000	1	0	0
2	0.989	1 011.12	2 011.12	2 000	0.994	−11.00	−0.55
3	0.967	1 034.13	3 045.25	3 000	0.985	−55.25	−1.84
4	0.986	1 014.20	4 059.44	4 000	0.985	2.61	0.07
5	0.926	1 079.91	5 139.36	5 000	0.973	−240.95	−4.82
6	0.934	1 070.66	6 210.02	6 000	0.966	−199.84	−3.33
7	0.919	1 088.14	7 298.16	7 000	0.959	−292.99	−4.19
8	0.909	1 100.11	8 398.27	8 000	0.953	−365.97	−4.57
9	0.971	1 029.87	9 428.14	9 000	0.955	154.72	1.72
10	0.963	1 038.42	10 466.56	10 000	0.955	79.30	0.79
11	0.988	1 012.15	11 478.71	11 000	0.958	340.96	3.10
12	1.031	969.93	12 448.64	12 000	0.964	834.54	6.95
13	1.055	947.87	13 396.50	13 000	0.970	1133.31	8.72
14	1.089	918.27	14 314.78	14 000	0.978	1588.79	11.35

以某一只基金为例，如果我们从基金初始净值 1 元时开始定投，其间单位净值最低跌至 0.909 元，而当净值回升至 0.971 元时，基金已实现盈利。最终在 14 期周定投结束后，平均成本由初始的 1 元下降到 0.978 元，实现累计收益率 11.35%（见图 8-7）。

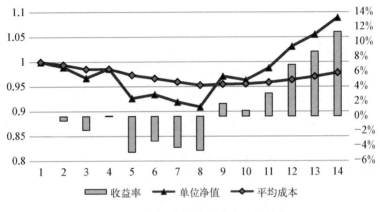

图 8-7   定投在平滑成本方面的优势

我国 A 股市场整体波动较大，熊长牛短的特性使得大部分的投资收益是在相对少的年份中累积实现的，如果错过涨幅最大的区间，那么投资收益将会大幅缩水。图 8-8 这条"微笑曲线"非常直观地展现了定投对于市场波动性的抵抗力。无论是高峰还是低谷，通过持续性地买入，都可以平滑成本。对于上班族来说，定时买入，不需要花费特别多的时间精力，操作起来较为容易。

我们以实际生活中的案例予以说明。比如，Michael 从第 1 个月开始，每月固定投入 2 000 元。假定刚开始时这只基金

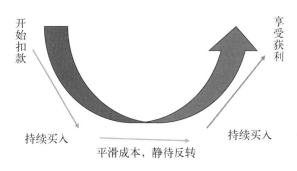

开始扣款

享受获利

持续买入

持续买入

平滑成本，静待反转

图 8‑8 定投微笑曲线

的净值为 1.4 元；第 2 个月继续投资 2 000 元，此时价格下跌到 1.2 元。在此之后，基金价格又经历了 0.8 元、1 元、1.2 元，最终第 6 个月回到初始的 1.4 元。他是亏了还是赚了呢？

表 8‑3 展示了我们刚才模拟投资的过程。我们发现，在不考虑费用的前提下，Michael 购买基金的平均价格只有 1.16 元，也就是说当基金涨到这个价格时已经回本了。当基金价格涨回 1.4 元时，他的定投总收益已经达到 25.42% 了。

表 8‑3 模拟基金的定投收益变化

月份	基金净值/元	定投金额/份	购买份额/份	累计份额/份	累计投入/元	累计市值/元	定投总收益率/%
1	1.4	2 000	1 458.57	1 458.57	2 000	2 000	0
2	1.2	2 000	1 666.67	3 125.24	4 000	3 750.29	−6.24
3	0.8	2 000	2 500	5 625.24	6 000	4 500.19	−25.00
4	1	2 000	2 000	7 625.24	8 000	7 625.24	−4.68

续　表

月份	基金净值/元	定投金额/份	购买份额/份	累计份额/份	累计投入/元	累计市值/元	定投总收益率/%
5	1.2	2 000	1 666.67	9 291.91	10 000	11 150.29	11.50
6	1.4	2 000	1 458.57	**10 750.48**	12 000	15 050.67	**25.42**
平均购买价格	**1.16**						

4）优势四：强制储蓄，形成良好的投资纪律

近年来，超前消费的理念已经逐渐贯穿到人们的日常生活中，加上现代人面对的诱惑越来越多，发工资没几日，一不留神，可能钱包就空了，刚要提上日程的"储蓄计划"只能又一次搁浅。而定投——定期定额的投入模式可以帮助投资者更好地节流，控制消费支出，强迫自己储蓄。此外，定投还可以匹配投资者不同生命周期的资金需求，如前文提到的目标日期基金，就很好地匹配了投资者的退休计划和养老需求。

坚持长期定投，还可以帮助投资者养成良好的投资习惯，避免"追涨杀跌""频繁交易"等非理性投资行为，减少投资失误。

基金定投最适合以下投资者：

√ 有长期理财规划的人——准备未来子女的教育金和考虑

自身的养老需求；

✓ 没有时间进行理财的上班族；

✓ 风险容忍度较低的投资者；

✓ 有强迫储蓄习惯的年轻人，希望在控制消费支出的同时还可以增加投资收益。

8.2 如何开始基金定投

在了解基金定投的定义和优势后，大家就可以从定投的关键要素出发，制订更为详细的定投计划。

8.2.1 定投周期

固定时间其实指的就是投资者要确定合适的定投周期，我们常见的定投周期有月定投、周定投以及日定投，很多人在初次开始定投前都不知该如何选择。投资者想要达到分摊成本、降低风险的目的，就要实际比较不同定投周期的效果。以沪深300 指数为例，从 2007 年 1 月至 2023 年 11 月，沪深 300 指数共出现了 4 次比较大的微笑曲线，且呈现周期大都在 3 年或 3 年以上。

我们截取了沪深 300 指数 2013 年 3 月 25 日至 2021 年 3 月 25 日近 8 年的数据，在此区间内有 2 次大的微笑曲线，指数走势多次穿越牛熊，波动幅度较大，因此可以更好地检验定投的

图 8－9 沪深 300 指数走势（2007 年 1 月—2023 年 11 月）

资料来源：万得资讯。

效果。表 8－4 是月定投与周定投在 1 年、3 年、5 年以及 8 年时间内给投资者带来的收益情况对比，结果显示月定投的收益在所有的投资时限内都略高于周定投，但收益差值在 1%～2%之间。但从时间维度看，如果拉长投资时限，月定投和周定投的效果其实非常相近。

**表 8－4 某沪深 300 指数基金月定投与周定投收益率比较
（2013 年 3 月 25 日—2021 年 3 月 25 日）**

比较项目	月 定 投	周 定 投
定投周期	1 次	4 次
扣款日期	每月 28 日	每周四

比较项目	月 定 投	周 定 投
定投金额	2 000 元	500 元
定投 1 年收益率	−6.86%	−6.99%
定投 3 年收益率	19.14%	17.95%
定投 5 年收益率	35.89%	34.85%
定投 8 年收益率	64.12%	63.13%

资料来源：东方财富网基金定投收益计算器。

如表 8-5 所示，我们再来看另一只宽基指数中证 500 基金定投的效果，结果显示，在 2013 年 3 月 15 日至 2021 年 3 月 15 日的区间内，月定投在 1 年、3 年、5 年和 8 年的收益率分布都略高于周定投，差距依然很小。

表 8-5　某中证 500 指数基金月定投与周定投收益率比较
（2013 年 3 月 15 日—2021 年 3 月 15 日）

比较项目	月 定 投	周 定 投
定投周期	1 次	4 次
扣款日期	每月 28 日	每周四
定投金额	2 000 元	500 元
定投 1 年收益率	5.11%	4.86%
定投 3 年收益率	22.64%	22.10%

续　表

比较项目	月 定 投	周 定 投
定投 5 年收益率	21.29%	21.03%
定投 8 年收益率	24.53%	24.35%

资料来源：东方财富网基金定投收益计算器。

如果从投资期限看，随着投资时限的拉长，2 只宽基指数基金的定投效果都更优，定投 3 年的收益率远远高于定投 1 年的收益率；但定投 5 年和定投 8 年的收益方面，2 只基金出现了显著差异，沪深 300 指数基金收益几近翻倍，而中证 500 指数基金定投 5 年，相比定投 3 年，收益不仅没有增长，甚至还微降，定投 8 年收益率也仅比定投 5 年收益率高出 3 个百分点。

为什么定投沪深 300 指数基金与中证 500 指数基金的收益差距如此明显呢？这其实是由于沪深 300 和中证 500 都属于宽基指数。其中，中证 500 由全部 A 股中剔除沪深 300 指数成分股及总市值排名前 300 名的股票后，总市值排名靠前的 500 只股票组成，一定程度上代表市场上中盘股的走势，其成分股成长性更强；而沪深 300 指数则代表大盘蓝筹股走势，其成分股业绩增长优势更明显。虽然 2 个指数纳入的企业存在市值和规模的差异，但两者之间的成分股是动态轮动的，真正优质的企业会从中证 500 指数中剔除进而纳入沪深 300 指数，而基本面表现一般的企业也会从沪深 300 掉落至中证 500。对于优质企业来说，5～8 年的年限可以说是企业经营基本面和长期商业逻辑的试金石。

根据中信证券所做的统计，沪深 300、中证 500 中周期股数量分别为 53 只和 127 只，市值权重分别为 15.48％和 29.60％，可以看出中证 500 指数中的周期股比重较高，而沪深 300 指数中周期股比重较低。当市场流动性趋紧的时候，大盘高估值公司会存在回调压力，这时相对低估值的中盘股则显示出较高的性价比，投资优势凸显。总体来说，相比沪深 300，中证 500指数会更多地受到市场周期轮动的影响，这也是定投更长时限但在收益方面并没有明显提升的原因。

除此之外，基金定投的内在逻辑是在净值下跌时买入基金，不断降低持仓成本，但随着时间的推移，定投金额在持仓总量中的占比会越来越小，降低持仓成本的效果则大打折扣，这就是明显的"定投钝化"。因此，尽管长期定投的效果更优，但定投时间不是越长越好，不管是从经济环境、市场风格迁移还是持有体验看，定投时限选择 3～5 年较为合适，到期之后投资者可以考虑止盈，暂时停止定投。

月定投和周定投在一个比较长的投资期限内收益差异其实不大，投资者可以根据自身的收入状况匹配合适的定投周期。月定投更符合大家的投资习惯，因为它更好地匹配了家庭现金流的收支规划，投资者从每月的工资收入中拿出一定比例进行定投不仅可以实现强制储蓄的目标，而且更容易坚持下来。

相对地，周定投则要求投资者有更好的现金流规划能力，实践也发现，长期在面对更多顾虑和复杂状况下，投资者保持较高的定投频率，遵守严格的定投纪律是非常困难的。以工资收入为例，每日或每周的定投支出与现金流流入时间并不相符，不过这也取决于投资者的目标与偏好，有些投资者喜欢在发工资后立即定投，有些投资者喜欢周投，而有些投资者选择滚雪球式的日投 10 元或 20 元，总而言之，定投一定要量力而行。

8.2.2 每月定投多少钱合适？

我身边有 3 位同学，Michael 计划 5 年后买辆 15 万元左右的车；Tony 希望能给孩子攒下 150 万元的大学教育储蓄金；30 岁的 Amy 则希望 30 年后能够给自己留下一笔可观的养老费用。他们 3 位想要在短、中、长期实现的投资目标，完全可以通过基金定投的方式实现。但定投多少才合适，其实是因人而异的，主要取决于投资者自身的收支状况和投资目标。这里我主要推荐 2 种方法：投资目标定投法和闲钱定投法。

1）投资目标定投法

基金定投可以很好地适配投资者中长期的理财目标，例如买车、买房、子女教育、养老等需求，专款专用，不随意赎回或挪用，即便遇到市场剧烈波动和大幅回调，依然按计划执行。投资时间越长，成本分摊和复利收益的效果就越明显，达成目标的概率就越大。表 8-6 是对定投收益敏感度的测试，显示了在投资目标、资金需求和投资年限预先设定的前提下，不同预期年化收益率条件所对应的每月定投金额。以子女留学为例，如果投资者想在 20 年内通过定投实现 150 万元的收益目标，那么在预期年化收益 15% 的条件下，他每月需要定投

1 050 元，如果预期年化收益率为 20%，那么他每月只需要每月定投 560 元。

表 8-6 定投收益敏感度测试

投资目标	资金需求/万元	时间期限/年	预期年化收益率/%	每月定投金额/元
房产首付	150	5	5	21 600
			10	18 700
			15	16 200
			20	14 000
			25	12 200
子女留学	150	20	5	3 500
			10	1 950
			15	1 050
			20	560
			25	290
个人养老	240	20	5	5 600
			10	3 150
			15	1 680
			20	890
			25	490

资料来源：申万宏源研究。

基于前面 3 位同学的目标，以年化收益率 6% 为例，他们的定投计划可以按表 8-7 来设置。

表 8-7　投资目标定投法

目标计划	所需资金	定 投 年 限	预期年化收益率	每次投资金额（预估）
买　车	15 万元	5 年（60 个月）	6%	约 2 150 元
教育基金	100 万元	18 年（216 个月）	6%	约 2 582 元
养　老	450 万元	30 年（360 个月）	6%	约 4 479 元

2）闲钱定投法

当代很多年轻人非常热衷于"搞钱"，并且在不断寻找"钱生钱"的机会，他们会在每月的工资收入中扣除必要的衣食住行支出后，把余下的闲钱进行投资。这里有一个闲钱的计算公式：

$$每月闲钱 = \frac{每月收入 - 每月支出}{2}$$

假定每月收入 10 000 元，当月各项支出加总合计 6 000元，经过计算，每月闲钱为 2 000 元，投资者可以设定每月2 000 元的定投额度。

8.2.3　选择哪只基金进行定投？

我们在前文中讲到了不同种类的基金，定投要选择哪些基金呢？建议大家尽量选择具有高弹性、高成长性的基金。比如，被动指数基金和历史业绩较好的主动管理型股票基金都是比较好的定投对象。

　　为什么净值波动大的基金更适宜定投呢？定投的收益率除了受基金业绩影响之外，还受到其他因素的影响。定投区别于一次性投资的一点是，在起始净值和最终净值一定的情况下，一次性投资的收益能够准确计算，但定投的收益率会因中间买入成本的不同而不同，净值波动率也会对定投收益率造成影响。

　　举例来看，如表 8-8 和表 8-9 所示，2 只基金的净值均从 1 元涨至 1.500 元，平均净值相同（均为 1.245）。基金净值的波动率可以用标准差衡量，可以看到基金 1 的单位净值标准差为 0.479，而基金 2 的单位净值标准差为 0.246，很明显基金 1 的净值波动较大，而结果也表明基金 1 的平均成本在净值大幅波动中下降更快，购买的总份额更多。通过 30 期定投，基金 2 的累计份额数为 25 242，而基金 1 的累计份额数则达到 28 171，因此，最终波动大的基金 1 帮助投资者获得了更丰厚的定投收益。

表 8-8　相同投资成本而波动率不同的
2 只基金定投收益对比

项　目	基金 1	基金 2
期初单位净值	1.000	1.000
期末单位净值	1.500	1.500
单位净值平均值	1.245	1.245
单位净值标准差	0.479	0.246

表 8-9   对比相同投资成本而波动率不同的 2 只
基金定投收益实验参数表和过程

投资 期次	基金 1 单位净值	基金 1 份额数	基金 1 平均成本	基金 2 单位净值	基金 2 份额数	基金 2 平均成本
1	1.000	1 000	1.000	1.000	1 000	1.000
2	1.700	1 588	1.259	0.800	2 250	0.889
3	1.400	2 303	1.303	1.300	3 019	0.994
4	1.800	2 858	1.400	1.400	3 734	1.071
5	1.150	3 728	1.341	1.350	4 474	1.118
6	1.400	4 442	1.351	1.300	5 243	1.144
7	1.500	5 109	1.370	1.100	6 153	1.138
8	0.700	6 537	1.224	1.500	6 819	1.173
9	0.800	7 787	1.156	1.300	7 588	1.186
10	0.900	8 898	1.124	1.000	8 588	1.164
11	1.000	9 898	1.111	1.500	9 255	1.189
12	0.700	11 327	1.059	0.800	10 505	1.142
13	1.200	12 160	1.069	0.750	11 838	1.098
14	1.400	12 874	1.087	0.800	13 088	1.070
15	0.500	14 874	1.008	1.000	14 088	1.065
16	0.700	16 303	0.981	1.500	14 755	1.084
17	1.700	16 891	1.006	1.200	15 588	1.091

续　表

投资期次	基金 1 单位净值	基金 1 份额数	基金 1 平均成本	基金 2 单位净值	基金 2 份额数	基金 2 平均成本
18	1.600	17 516	1.028	1.000	16 588	1.085
19	0.900	18 627	1.020	1.300	17 358	1.095
20	1.200	19 461	1.028	1.500	18 024	1.110
21	1.000	20 461	1.026	1.400	18 739	1.121
22	1.700	21 049	1.045	1.500	19 405	1.134
23	1.500	21 716	1.059	1.400	20 120	1.143
24	2.000	22 216	1.080	1.300	20 889	1.149
25	0.600	23 882	1.047	1.500	21 556	1.160
26	1.900	24 409	1.065	1.400	22 270	1.168
27	0.700	25 837	1.045	1.150	23 139	1.167
28	0.800	27 087	1.034	1.500	23 806	1.176
29	2.400	27 504	1.054	1.300	24 575	1.180
30	1.500	28 171	1.065	1.500	25 242	1.188

资料来源：林晓明，黄晓彬.基金定投：分析方法与理论基础 ［R］.华泰证券，2016：15 - 16.

尽管我们在前文中提到定投会平滑持有成本，即随着定投频次的增加，投资风险分散化的效果会更加明显，但在这里定投还会出现"钝化"的现象。比如在定投初期，每期投入的

2 000 元在全年定投总金额 24 000 元中占到 1/12，但随着定投频次的增加，每期固定的 2 000 元在总投资中所占的比重逐期降低，最终导致定投在平滑成本方面的效果越来越弱，这就是明显的"钝化"现象。从以上模拟过程中，我们也可以看到多期定投过后，2 只基金的平均成本均出现了"钝化"，因此定投也要及时止盈。总体来说，基金净值的上下波动给投资者降低定投成本提供了有效路径。

被动指数基金可以说是基金定投的好搭档，而且对于相对长期的投资，大家一定要关注费用对收益的侵蚀。相比主动管理型基金，被动指数基金在持有成本和费率方面更具优势，定投成本更低。投资指数基金旨在获取市场的平均收益，而投资指数增强型基金则加入了一定的主动管理成分，把其中一部分资产交由基金经理进行主动积极的投资，旨在获取高于标的指数的收益。关于指数基金的选基方法，大家可参考前文内容，建议新手用户选择沪深 300、中证 500 以及上证 50 等稳健的宽基指数基金产品。

历史业绩较好的主动管理型股票基金也可以作为定投标的，这是因为定投与基金单位净值的走势密切相关，只有投资的基金走势向好，定投才能取得良好的收益率。如果基金走势呈单边下跌，或者长时间没有反转走势，那么相比一次性投资，定投的作用只是减少了一点损失，难以实现盈利。因此，需要选择长期走势良好的基金品种。对于持续下跌的基金，最好规避。

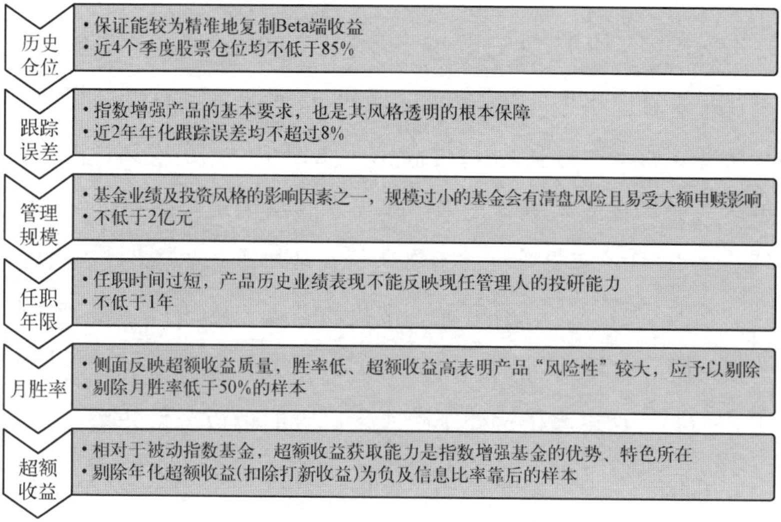

历史仓位	·保证能较为精准地复制Beta端收益 ·近4个季度股票仓位均不低于85%
跟踪误差	·指数增强产品的基本要求，也是其风格透明的根本保障 ·近2年年化跟踪误差均不超过8%
管理规模	·基金业绩及投资风格的影响因素之一，规模过小的基金会有清盘风险且易受大额申赎影响 ·不低于2亿元
任职年限	·任职时间过短，产品历史业绩表现不能反映现任管理人的投研能力 ·不低于1年
月胜率	·侧面反映超额收益质量，胜率低、超额收益高表明产品"风险性"较大，应予以剔除 ·剔除月胜率低于50%的样本
超额收益	·相对于被动指数基金，超额收益获取能力是指数增强基金的优势、特色所在 ·剔除年化超额收益(扣除打新收益)为负及信息比率靠后的样本

图 8 - 10　指数增强型基金定投筛选指标

资料来源：赵文荣，刘方，顾晟曦.基金定投策略在财富管理中的应用［R］.中信证券，2020：23.

除此之外，我国的股票市场具有明显的结构性行情，主动权益类的基金经理通过行业趋势、市场方向以及公司基本面的分析研究，不断优化调整基金的投资结构和组合，最后获得高于指数基金的收益。选择哪一只主动管理型基金进行定投，需要投资者对基金经理的选股风格、持仓状况以及业绩稳定性进行研究，看是否符合自己的投资预期。因此，定投主动管理型股票基金要求个人投资者有比较强的分析和判断能力。

8.2.4　定投盈利之后如何止盈？

定投亏钱了要不要拿出来呢？盈利了要不要拿出来呢？我

们以沪深 300 指数为例进行说明。定投区间从 2016 年 1 月 8
日至 2019 年 12 月 31 日，每 2 周定投 1 000 元，共定投 102 期，
累计定投总成本为 102 000 元。定投 53 期后，沪深 300 指数在
2018 年 1 月 26 日达到阶段性高位 4 381.30 点，定投累计总收益
也达到了 67 296.02 元。图 8 - 11 显示，从定投开始一直到 2018
年 6 月 15 日，定投总收益始终运行在成本上方，说明定投是盈
利的，但从 2018 年 7 月开始，定投收益低于定投成本，而这种
亏损情况一直持续到了 2019 年 2 月，才又恢复到盈利状态（见
图 8 - 11）。如果当指数处于阶段性高点时可以分批止盈，在指
数回落后继续定投，那么收益会比一直持有不止盈要高。对于
投资者来说，如何确定合适的止盈时机呢？这里给大家推荐三
种方法：目标动态止盈法、321 分批止盈法和市场估值法。

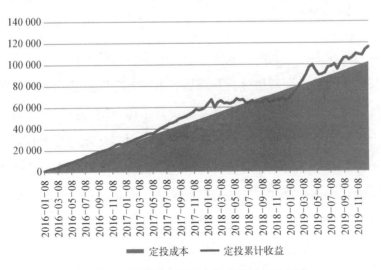

图 8 - 11　沪深 300 指数定投收益与成本对比

1）目标动态止盈法

目标动态止盈法的操作简单并且容易理解，投资者先对某只基金设定一个目标收益率，比如 20%，当达到预期目标时，可以保持观望，如果市场继续上涨则继续持有；一旦价格出现 5%～10% 的回撤，就立刻赎回，锁定收益。

目标收益率的确定取决于投资者个人的风险偏好，但这里要注意，如果目标收益率定得过低，就会在市场还处于上涨趋势时过早止盈；如果目标收益率定得过高，就会导致错过最佳的止盈时机。因此，合理的止盈策略应该是分批进行。

2）321 分批止盈法

分批止盈法其实也是目标止盈法的一种，只不过其目标止盈点位有 3 个，分别为 30%、20% 和 10%，当市场处于牛市时适合采用此策略。投资者可以在收益达到 30%、20% 和 10% 时分批赎回。而如果市场处于熊市阶段，则不能无止境地等待 30% 和 20% 的止盈点位，熊市时合理的止盈点应该为 10%。当然，这里的止盈点位只是属于简单的设置，具体还需要投资者结合当下的市场情况进行判断和预设。

3）市场估值法

PE 估值法更适用于指数基金，投资者可以通过估值判断指数被低估、高估还是处于合理水平。就长期而言，估值会呈现均值复归的趋势，如果前期估值过高，那么之后则会回落；如果前期估值过低，那么之后会打开一定的上涨空间。尽管历史业绩不能代表未来，但它可以作为未来估值的参考。图 8 - 12

是沪深 300 指数近 10 年的市盈率，可以看到在 2015 年、2018 年以及 2021 年 PE 估值都达到了阶段性高位，之后开始回落，进入震荡区间，因此在此高估值点位附近分批止盈，可以有效地锁定收益。

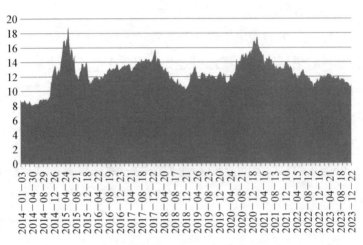

图 8‑12　沪深 300 指数近十年 TTM 市盈率（2014 年 1 月 3 日—2023 年 12 月 29 日）

资料来源：万得资讯。

　　此外，大家也可以通过市场情绪判断未来走势，虽然这种方法对于普通投资者来说比较困难，但也不是无迹可寻。当大家茶余饭后的话题变为"如何搞钱"，或者当长久未见的老友见面寒暄的前几句变成"最近买××基金了吗？"时，多数人的狂热就会推高市场估值，投资风险也被放大，后续将会面临回调。因此，对于定投来说，退出时机远比进入时机更重要，而且不能一直机械地持有份额，还要根据市场走势找到合适的止盈时机。

8.2.5　智能定投

对于上班族来说，时刻盯着市场并不现实，计算回撤也十分麻烦。这时，我们可以借助当下流行的智能投顾开展"智慧定投"，达到止盈目标后系统会自动赎回，保住胜利的果实。此外，智能投顾还可以帮我们根据市场行情指数，在低位时增加定投额度，摊薄成本。这类智能投顾在很多银行 App 和第三方平台的定投板块都能找到。

常见的"智慧定投"策略主要包括定期定额止盈定投和定期不定额止盈定投两种。其中，定期定额止盈定投是在基础版定投——定期定额的基础上设定一个止盈点；而定期不定额止盈定投除了止盈点的设定，还考虑了一定的择时和可变额度因素，进而对整体定投效果产生了积极影响。华宝证券通过实证方法比较指数基金在不同的定投策略下的收益，如表 8-10 所示，不论在年化收益还是回撤方面，定期不定额止盈定投策略均优于其他模式，累积收益率达到 62.25%，平均最大回撤最低，为 -11.67%[①]。

表 8-10　2013 年 1 月 4 日—2018 年 12 月 31 日
不同定投策略的收益情况

项　　目	累计收益率/%	最大回撤/%	年化收益率/%	平均最大回撤/%	Calmar 比率
基本版定投	24.79	-46.70	3.87	-15.53	0.25
定期定额止盈定投	50.08	-31.88	7.21	-12.66	0.57

———————————

① 李真，余景辉.指数基金投资者行为分析及定投策略[R].华宝证券，2019：3-5.

续　表

项　目	累计收益率/%	最大回撤/%	年化收益率/%	平均最大回撤/%	Calmar 比率
定期不定额止盈定投	62.65	−31.88	8.70	−11.67	0.75
沪深 300 指数	19.26	−46.70	3.06	−17.89	0.17

资料来源：华宝证券。

8.2.6　定投盈利回来的钱放在哪里呢？

经过几年基金定投盈利了 30% 的钱，应该怎么打理呢？这里给大家 2 个参考选择：定投收回来的钱可以先放在债券、理财、债基等存取较为灵活的现金类资产中，等待下一个合适的定投时机。在长期投资预期下，可以等待逆周期行业如医疗、消费、健康等产业的定投时机。此外，大家经过几年定投积累下的资产可以进行资产配置。

8.3　基金定投的投资技巧

完整的定投流程从开始定投之日算起，在市场下跌时，越要不断累积基金份额，降低持有成本；在市场开始上涨时实现盈亏平衡，最终达到既定目标时分批止盈赎回，然后静待下一轮定投周期。从长期来看，股市上涨的动力来源于经济增长。但经济存在周期，股票市场的涨跌趋势衍生出了"微笑曲线"。每一条曲线的背后都代表一次获利机会。走完一条完整的"微笑曲线"往往需要 3~5 年的较长周期,因此,大家可以选择合适的投资节点开启定投。

8.3.1 不同市场条件下的定投机会

前面我们提到了适合定投的"微笑曲线",其实市场也会出现"悲伤曲线",即"先上升后回落"的情况。此外,还有"单边向上""单边向下""震荡"的场景。下面就不同市场条件对比定投与一次性投入的收益特征。

1)先下跌后回升

"先下跌后回升"即"微笑曲线周期",这是最适合的基金定投的市场条件。在指数下跌过程中,基金平均单位成本不断下降,市场震荡筑底为定投的投资者进一步降低平均成本。而在指数开始反弹后,基金单位净值在未恢复至首次定投时,基金定投便可以实现盈利,充分发挥了定投分批建仓的优势。图8-13 以沪深 300 指数为例,对比定投与一次性投入的收益,可以看出在先下跌后回升的微笑曲线周期,定投收益明显高于一次性投入的收益。

2)先上升后下跌

"先上升后下跌"的"悲伤曲线"是最不适合进行基金定投的条件。在指数上涨的过程中,定投投资者持续以高价购入基金份额,导致平均持有成本不断上升,这将在指数回落时给投资者带来亏损。从图 8-14 可以看到,定投收益要低于初始一次性买入的投资方式。

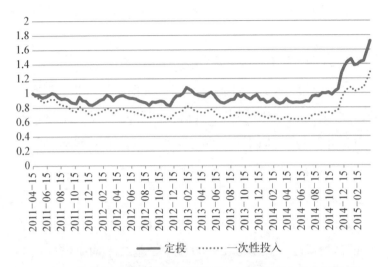

图 8‑13 先下跌后回升趋势下定投与一次性投入的收益比较

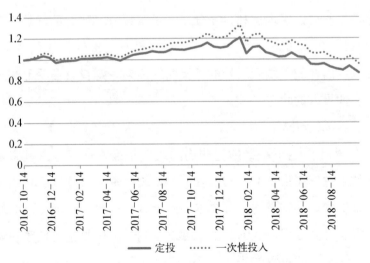

图 8‑14 先上升后下跌趋势下定投与一次性投入的收益比较

3）单边上涨

在"单边上涨"的市场行情中，基金平均定投成本随着指数的不断上涨而逐渐上升，尽管定投是盈利状态，但收益依然不如一次性的投资方式。

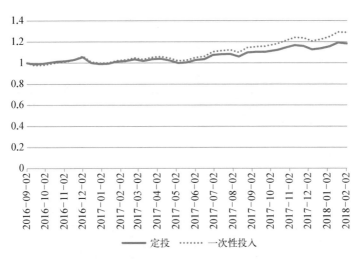

图 8‑15　单边上涨趋势下定投与一次性投入的收益比较

4）单边下跌

在"单边下跌"的场景中，随着基金单位净值的不断下跌，投资者通过定投可以累积更多相对便宜的份额，而对于一次性投资而言，判断合适的进入时点对于投资者来说是非常困难的，因此在市场下跌的趋势下，定投所获收益要远胜于一次性投入的模式（见图 8‑16）。在此过程中，投资者的持有成本也得到了有效地分散，后续当市场开启上涨模式时，这部分低成本的基金份额将率先开始盈利。

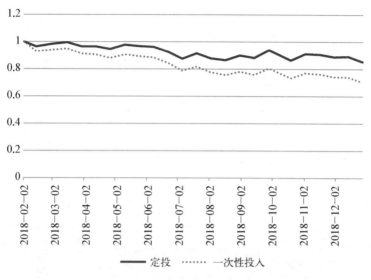

图 8 - 16　单边下跌趋势下定投与一次性投入的收益比较

5) 震荡行情

"震荡"行情可以说是 A 股市场最常见的场景，震荡过后，市场或者开启上涨模式，或者开启下跌模式。我们截取了沪深 300 指数在 2020 年开始单边上涨前的一段区间，可以看到一次性投资的盈利状况在大部分的时间要优于定投，即定投优势在震荡行情中并不明显（见图 8 - 17）。

从以上对沪深 300 指数在 5 种市场行情下的表现来看，"微笑曲线"即"先下跌后回升"的场景最适合基金定投；其次是"单边下跌"行情，定投模式会降低投资者的持仓成本；在"单边上涨"的市场条件下，尽管定投是盈利的，但可能不如一次性投入所获得的收益高；在"震荡"模式下，一次性投

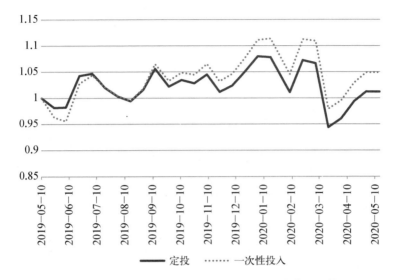

图 8-17　震荡行情下定投与一次性投入的收益比较

入的收益在大部分时间要高于定投，但对投资者来说，一次性投入要选好合适的进入时机；最后，"悲伤曲线"即"先上升后回落"的条件最不适合进行定投，但如果投资者可以选择在高位止盈，那么定投依然有效，即锁定了收益。

8.3.2　定投日的选择

有人喜欢周定投，有人喜欢月定投，但具体选在哪一天呢？我们以周定投为例，在 2013 年 3 月 25 日至 2021 年 3 月 25 日的区间周定投某沪深 300 指数基金，长期来看选择星期几进行定投在收益方面差异很小，但如果对比来看，周四定投比其他几日定投的收益要高出近 0.3%（见表 8-11）。因此，选择周定投的投资者可以把周四定为扣款日。

表 8‑11 某沪深 300 指数基金不同定投日收益率比较
（2013 年 3 月 25 日—2021 年 3 月 25 日）

定投日	定投周期/次	定投金额/元	定投 1 年收益率/%	定投 3 年收益率/%	定投 5 年收益率/%	定投 8 年收益率/%
星期一	4	500	−7.07	17.81	34.84	62.66
星期二	4	500	−7.18	17.62	34.44	62.29
星期三	4	500	−7.27	17.68	34.44	62.25
星期四	4	500	−6.99	17.95	34.85	63.13
星期五	4	500	−7.09	17.61	34.59	62.63

资料来源：东方财富网基金定投收益计算器。

8.3.3 定投费率

定投是一种长期投资的行为，也是投资者对抗市场短期波动的利器。对于 A 股市场而言，走完一个完整的周期大概需要 3～5 年，因此建议大家坚持定投的时间也为 3～5 年。此外，很多基金公司为了鼓励投资者长期持有基金，在定投费率方面针对投资者推出了优惠政策，比如有的申购费可以打 1 折，而对于后端收费的基金，有的甚至规定如果基金持有超过一定期限，则完全免除后端收费。

当我们在定投时，平均持有成本是不断变化的，随着基金每日净值的变化不断调整。权益类基金最适合进行定投，它在成长性和波动性方面的优势，在时间的作用下会给投资者带来优异的回报；相对地，债券基金则更适合一次性的投入方式。

投资到最后，拼的都是心态，坚持做时间的朋友，时间会给予我们巨大的回报。从现在开始，给自己设定一个小目标，开启定投吧。关于资产配置的一些技巧，我们将在下一章介绍。

投资 Tips:

1. 定投的优势在于：当市场处于高位时，可以避免一次性投入带来的损失；复利效应，收益倍增；平滑成本，省时省力；强制储蓄，养成良好的投资习惯。

2. 投资者可以根据自身的收入状况匹配合适的定投周期，月定投更符合大家的投资习惯和家庭现金流的收支规划。

3. 投资者可以选择具有高弹性、高成长性的基金进行定投。被动指数基金和历史业绩较好的主动管理型股票基金都是比较好的定投对象，其中被动指数基金在持有成本和费率方面更具优势，定投成本更低。

4. 定投盈利后要止盈，收回来的钱可以先放在债券、理财、债基等存取较为灵活的现金类资产中，等待下一个合适的定投时机。

5. "微笑曲线"即"先下跌后回升"的场景最适合基金定投；其次是"单边下跌"行情，定投模式会降低投资者的持仓成本。

第 9 章

基于公募基金的
资产配置方法

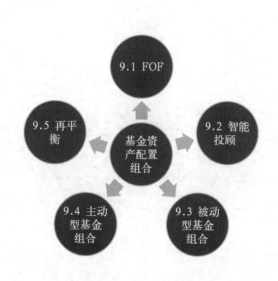

9.1 FOF

9.5 再平衡

基金资产配置组合

9.2 智能投顾

9.4 主动型基金组合

9.3 被动型基金组合

我们在本书的开篇就开宗明义地阐述了资产配置的重要性，后续又分别对货币基金、股票基金、债券基金等各类基金做了具体的介绍，现在让我们再次回到资产配置的角度上来，具体看一下基于公募基金的资产配置方法。

9.1 "懒人版"资产配置：FOF 基金

首先，我们来介绍资产配置的"懒人"方法——FOF 基金。我们在另类基金一章中对 FOF 基金进行了详细的介绍，我们这里做个简单的回顾。

FOF 是由专业的基金经理筛选市场上的优质基金构建的基金组合，并进行动态调整，平滑业绩波动。FOF 的主要优势在于可以实现大类资产的配置，分散投资风险。由于 FOF 选择基金的范围非常广泛，除了股票基金、混合型基金、债券基金以外，还可以配置商品类、QDII 基金等参与场内交易。配置 FOF 基金可以用较低的成本把鸡蛋放在不同的篮子里，而且这几个篮子并不高度相关，有些甚至是负相关。根据华宝证券的研究，将全市场 FOF 作为一个整体来看，FOF 的资产组合覆盖了所有的资产类别。

从表 9-1 中可以看出，最受公募 FOF 偏爱的基金类型是中长期纯债型基金、偏股混合型基金、灵活配置型基金；而对于具有较低相关性的另类资产，如商品基金、QDII 基金等品种的配置较少，最主要原因是 2020—2021 年国内权益市场收益的表现具有明显优势，而其他资产的配置价值有限，另外还在于当前 FOF 产品的运营时间较短，而资产配置策略的价值需要较长的时间周期才能得以发挥。整体上看，目前大多数公募 FOF 所投资的底层资产类别还是落脚于股票型基金和债券型基金。

表 9-1　FOF 组合各种类公募基金平均配置比例表
（截至 2020 年 12 月 31 日）

基 金 类 别	配置比例/%	基 金 类 别	配置比例/%
普通股票基金	8.49	国际（QDII）债券基金	0.36
股票基金	0.02	国际（QDII）另类投资基金	0.09
偏股混合型基金	**14.92**	国际（QDII）混合型基金	0.13
平衡混合型基金	0.77	国际（QDII）股票基金	1.59
灵活配置型基金	**13.42**	中长期纯债型基金	**16.22**
偏债混合型基金	1.68	短期纯债型基金	1.86
被动指数基金	6.36	债券基金	0.12
增强指数基金	0.73	被动指数型债券基金	1.44
股票多空	1.73	混合债券型一级基金	5.69
商品基金	1.02	混合债券型二级基金	7.86
货币市场型基金	1.71	—	—

注：数据基于 FOF 组合剔除 3 个月建仓期后每半年度披露的全部持仓计算。
资料来源：华宝证券研究创新部。

目前市面上最为热门的 FOF 无疑就是养老目标基金了，具体又可以分为目标日期基金和目标风险基金，具体的介绍可以参看前文，这里就不展开了。目标日期基金让投资者可以通过设立的目标退休年份来选择，基金名称中会列出目标退休年份，如"××养老 2045 三年""××养老 2050 五年"等。在 3 年或 5 年锁定期到期后，投资者可以进一步选择继续投资或者赎回。此外，基金设计还充分考虑了人们的风险厌恶程度将随着年龄的增加而上升的因素。随着持有时间的推移，FOF 权益类资产配置的比例会逐渐下降，固收资产的配置比例随之提高，以提高资产的稳健性。目标风险基金则让投资者根据自己可以承受的风险程度来进行选择适合自己的基金组合。

养老目标 FOF 的出现，为目标投资者提供了一种简便易操作的"懒人"理财方式，对此有投资计划的 Amy 可以根据自身情况酌情配置。但由于 FOF 基金会多收一层管理费，每年平均在 0.8%～1%，此外还有 0.2% 的托管费，相对于普通基金来说，费率较高。因此，在积累了一定的投资经验后，投资者可以根据自己的经验自行配置基金组合。

9.2 智能型资产配置模式：基金智能投顾

相较于自己构建基金组合，还有一些投资者选择将资产交给"AI"打理。我国智能投顾市场虽然起步晚但发展迅速，其方便灵活、量身定制的投资属性深受年轻人的喜爱。智能投顾模式通过特定的算法模式管理投资者的账户，并结合其风险偏好、财产状况与理财目标，为投资者提供自动化的资产配置方案。

如果站在投资者的角度看投顾业务的核心职能，它旨在改善和优化投资者的体验，以及为"基金赚钱而基民不赚钱"等行业问题提供解决途径。随着投顾业务的普及，投资者结构会进一步得到优化，散户比例会持续降低，促使市场往成熟方向发展。

目前，中国的投顾业务正在从"卖方投顾"向"买方投顾"转型。2019 年 10 月 24 日，中国基金协会发布《关于做好公开募集证券投资基金投资顾问业务试点工作的通知》，开始对投顾业务进行规范化管理，规定了投顾业务试点机构需要具备的资格，明确投顾业务的范围，规范机构必须遵守的准则、制度和风控要求，进而促使投顾机构与客户成为利益共同体。

基金投顾业务试点机构从事基金投顾业务，可以受客户委托向其提供基金投资组合策略建议，还可以按协议约定的投资组合策略，代客户做出具体基金投资品种、数量和买卖时机的决策，并代客户执行产品申赎转换等交易申请，开展管理型基金投顾服务，并直接或间接获取经济利益。这种全权委托也是美国投顾市场中较为主流的业务模式，在这种管理模式下，投顾服务收益将与客户的组合收益及投资体验紧密结合。表 9-2 是各参与机构投顾业务的优劣势分析。

表 9 - 2　各投顾业务参与机构的优劣势分析

机　　构	投研能力	投顾服务经验	客户渠道
基金公司	投研能力强，资产管理经验丰富，并拥有 FOF 产品管理经验	经验方面较弱，属于新建体系，投顾团队人数相对较少，前期以智能投顾为主	客户积累方面较弱，但客户认可度较高
证券公司	自身投研能力强，财富管理经验丰富	服务经验丰富，拥有多年证券投顾服务经验，有专业的团队	客户数量较多，以权益类投资客群为主，客户风险偏好相对较高
银　　行	投研能力较强，擅长固收类和权益类投资	多年理财顾问服务经验，团队成熟	客户数量庞大，且有很多高净值客户，但客户总体风险承受能力相对较低

　　目前各大基金公司、证券公司、第三方基金销售机构和银行等都推出了相应的智能投顾工具。表 9 - 3 呈现了投顾业务各参与机构的品牌、上线平台以及投资门槛等信息，我们可以看出机构大都把投顾业务内置于自家 App，庞大的用户群体、较低的准入门槛以及多元的平台入口都有利于投顾服务的普及。

　　Michael 对比了市面上几家常用的基金投顾平台，发现它们基本都可以按照个人的预期收益、风险偏好等进行个性化匹配，区别在于背后的投资策略和基金池各不相同。以某证券公司的基金投顾业务为例，年报披露显示，此基金投顾产品在

2021年底、2022年底保有规模分别为195亿元、139亿元，采用线上线下渠道双驱动、科技平台赋能一线投顾策略，目前该投顾共有20只策略组合，分为"打理闲钱""跑赢通胀""追求收益"三大类，组合既包括基于主要资产划分的现金类、固收类、权益类产品，也包括基于行业和风格划分的行业组合、价值投资组合等，还有指数增强类产品（见表9-4）。

表9-3　部分投顾业务各参与机构品牌

机构类型	机构名称	上 线 平 台	投资门槛
公募基金公司	南方基金	自有App＋6家外部平台	500～10万元
	华夏基金	自有App＋5家外部合作平台	500元
	中欧基金	自有App＋6家外部合作平台	1 000元
	嘉实基金	自有App＋2家外部合作平台	500～1万元
	易方达基金	8家外部合作平台	1 000元
第三方销售机构	盈米基金	自有App	100～500元
证券公司	国联证券	自有App＋外部合作平台	1 000元
	银河证券	自有App	1 000元
	国泰君安	内置于自有App-国泰君安君弘	1 000～1万元

续　表

机构类型	机构名称	上　线　平　台	投资门槛
证券公司	中信建投	自有 App-中信建投	1 000 元
	中金公司	内置于自有 App-中金财富	1 000 元
	申万宏源	自有 App+外部合作平台	1 000~1 万元
	华泰证券	内置于自有 App-涨乐财富通	1 000~1 万元
银行	平安银行	自有 App-平安银行	—
	招商银行	自有 App-招商银行	—
	工商银行	—	—

**表 9-4　某智能投顾平台策略体系及跟投人数
（截至 2024 年 1 月 18 日）**

类型	策略名称	持有时间	目标年化收益率	跟投人数
打理闲钱	零钱宝+	1 天以上	2%±0.5%	55.01 万人
	季享添益	3 个月以上	3%±0.5%	3.44 万人
	双季添益	6 个月以上	4%±1%	3.00 万人
	日享添益	7 天以上	2%±0.5%	2.72 万人
	月享增益	1 个月以上	2.5%±0.5%	1 055 人
	月享 PLUS	1 个月以上	2.5%±0.5%	611 人
	同存优选	1 个月以上	2.2%±0.3%	218 人

类型	策略名称	持有时间	目标年化收益率	跟投人数
跑赢通胀	攻守平衡	12个月以上	6%±1%	6 601人
追求收益	涨乐全明星	3年以上	13.5%±6.5%	3.15人
	涨乐启明星	3年以上	11±5%	1.44万人
	彩虹一号	3年以上	13.5%±6.5%	3 893人
	涨乐混合指增优选	3年以上	13.5%±6.5%	2 408人
	涨乐1000指增优选	3年以上	13.5%±6.5%	1 805人
	医疗健康	3年以上	13.5%±6.5%	741人
	双则灵活优选	3年以上	13.5%±6.5%	597人
	涨乐500指增优选	3年以上	13.5%±6.5%	483人
	能源革新	3年以上	13.5%±6.5%	248人
	涨乐红利增强	3年以上	12.5%±5%	161人
	价值远航	3年以上	13.5%±6.5%	111人
	消费精选	3年以上	13.5%±6.5%	42人

资料来源：平安证券研究所。

当然，投资者可以选择不同的产品进行跟投。从表9-4可以看出，跟投人数最多的货币基金组合"零钱宝＋"的跟投人数约为55.01万人，远超其他策略产品。

　　T平台则主要依托合作基金公司的基金组合能力，从资产组合配置多元化的角度，将个人或家庭的3项需求——"求稳的钱""生钱的钱""要花的钱"分别对应某一基金公司的一揽子基金组合。以Michael为例，他决定把3～5年内不用的10万元闲钱托管给T平台，计划预留10%即1万元作为日常费用后，在填写了期望年化收益目标10%之后，他就拿到了系统为自己定制的配置方案，如图9-1所示，每个部分都对应了一种既定的基金组合。

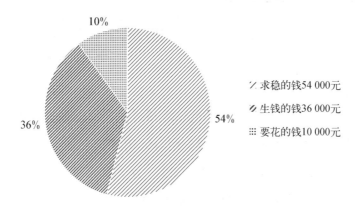

图9-1　某基金配置智能投顾平台推荐的配置产品方案

　　此外，还有一些基金销售平台提供了基金组合"抄作业"功能，通过邀请专业机构或者行业大V作为基金主理人，根据风险偏好制定相应的基金组合，投资者则可以"一键跟投"。AI投顾的出现，为大众投资者提供了更加简单、便捷、多元化的投资模式，但它们往往会征收一定比例的投顾或管理费用，大家可以按需配置。

在资本市场中，大家很难准确地预测某一类资产的未来走势。如果对单一资产的走势判断出现了失误，往往会造成较大的投资损失，而资产配置策略通过多元化收益来源，优化了投资组合的风险结构，从而实现了更加均衡的风险分布，最终帮助投资者实现中长期资产稳健增值的目标。

9.3　被动型基金组合

除了上述 2 种配置方法外，我们再结合投资者根据自己风险偏好确定的各类基金的投资比例，一份个性化的投资组合就呼之欲出了。后面 2 个章节我们会结合之前的内容，向投资者介绍具体的基金组合构建方法。本节首先介绍以各类指数型基金或 ETF 作为标的来进行投资组合的构建。

我们先来回顾一下给 Michael、Amy 和 Tony 3 位不同投资者的资产配置比例建议，如表 9 - 5 所示。

表 9 - 5　不同类型的家庭资产配置建议方案

投资者类型	股　票	债　券	现　金	另类资产
Tony（保守型）	20％	30％	50％	0％
Amy（均衡型）	40％	30％	25％	5％
Michael（积极型）	60％	20％	10％	10％

先来看保守型的投资者 Tony，除了配置 50％的货币基金以外，Tony 分别配置了 20％的股票基金和 30％的债券基金。在股票基金的选择上，我们建议 Tony 选择更为稳健的跟踪沪深 300 和上证 50 指数的 ETF 或者被动指数型基金。Tony 根据我们的建议将 10％的资金配置了某沪深 300 指数基金，10％的资金配置了某上证 50ETF。在债券基金的选择上，我们建议 Tony 选择跟踪久期较短的利率债 ETF 或者被动指数型基金。Tony 根据我们的建议将 15％的资金配置了某 0～5 年地方政府债 ETF，15％配置了某 0～3 年国开债指数基金。此组合的配置比例和统计指标分别如表 9-6 和表 9-7 所示。

表 9-6　保守组合配置表

基金分类	基　金　名　称	比例/％
货币基金	货币	50
股票基金	沪深 300	10
	上证 50ETF	10
债券基金	0～5 年地方政府债 ETF	15
	0～3 年国开债指数基金	15

表 9-7　保守组合统计指标表

组　合	年化收益/％	年化波动/％	夏普比率	最大回撤/％	卡玛比率
保守组合	3.78	4.04	0.32	−4.35	0.81

资料来源：璞元科技。

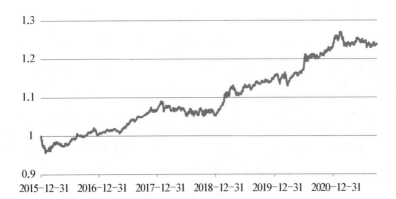

图 9-2　保守组合净值曲线

资料来源：璞元科技。

再来看均衡型的投资者 Amy，Amy 分别配置 40％的股票基金和 30％的债券基金，并且配置了 5％的另类基金。

在股票基金的选择上，我们建议 Amy 选择更为均衡的跟踪沪深 300 和创业板指数的 ETF 或者指数基金。在指数基金的选择上，Amy 可以进一步考虑选择增强型的指数基金来提高收益。Amy 根据我们的建议将 20％的资金配置了某沪深 300 指数增强型基金，用 20％的资金配置了某创业板 ETF。

在债券基金的选择上，我们建议 Amy 选择跟踪久期中等的债券 ETF，利率债和信用债等比例配置，并且可以适当配置一些跟踪可转债的债券 ETF 产品。Amy 根据我们的建议将 15％的资金配置了某 0～5 年地方政府债 ETF，10％配置了某中高等级信用债指数基金，5％配置了某可转债 ETF。在另类基金方面，我们建议 Amy 配置黄金 ETF。此组合的配置比例和统计指标分别如表 9-8、图 9-3 和表 9-9 所示。

表 9-8　均衡组合配置表

基　金　分　类	基　金　名　称	比例/%
货币基金	货币	25
股票基金	沪深 300 增强	20
	创业板 ETF	20
债券基金	0～5 年地方政府债 ETF	15
	中高等级信用债指数基金	10
	可转债 ETF	5
另类基金	黄金 ETF	5

图 9-3　均衡组合净值曲线

资料来源：璞元科技。

表 9-9 均衡组合统计指标表

组 合	年化收益/%	年化波动/%	夏普比率	最大回撤/%	卡玛比率
均衡组合	5.66	9.75	0.32	-11.38	0.50

资料来源：璞元科技。

最后来看一下积极型的投资者 Michael。Michael 分别配置 60％的股票基金和 20％的债券基金，并且配置了 10％的另类基金。

在股票基金的选择上，我们建议 Michael 除了考虑跟踪沪深 300 和创业板指数的 ETF 或者指数基金外，也可以考虑配置一些中证 500 指数产品，并根据自己的偏好选择一些窄基指数产品。Michael 根据我们的建议将 20％的资金配置了某沪深 300 指数增强型基金，用 20％的资金配置了某创业板 ETF，用 10％的资金配置了某中证 500 指数增强型基金，用 10％的资金配置了某新能源 ETF。

在债券基金的选择上，我们建议 Michael 选择跟踪久期较长的债券 ETF，以信用债为主。Michael 根据我们的建议将 5％的资金配置了某 7～10 年国开债指数基金，15％配置了某中高等级信用债指数基金。在另类基金方面，我们建议 Michael 配置 5％的黄金 ETF 和 5％的 QDII 型 ETF。此组合的配置比例和统计指标分别如表 9-10、图 9-4 和表 9-11 所示。

表 9-10 积极组合配置表

基 金 分 类	基 金 名 称	比例/%
货币基金	货币	10
股票基金	沪深 300 增强	20
	创业板 ETF	20
	中证 500 增强	10
	新能源 ETF	10
债券基金	7～10 年国开债指数基金	5
	中高等级信用债指数基金	15
	可转债 ETF	5
另类基金	黄金 ETF	5
	QDII	5

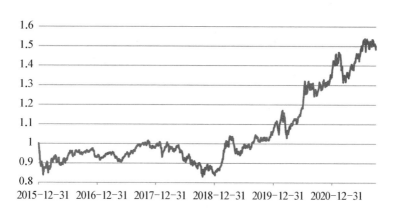

图 9-4 积极组合净值曲线

资料来源：璞元科技。

表 9‑11 均衡组合统计指标表

组 合	年化收益/%	年化波动/%	夏普比率	最大回撤/%	卡玛比率
积极组合	7.29	13.86	0.35	—18.17	0.40

资料来源：璞元科技。

9.4 主动型基金组合

除了利用被动型基金来构建组合外，投资者也可以通过我们前几章介绍的方法筛选主动型基金来构建自己的投资组合。

首先，投资者还是要根据自己的风险类型设定合适自己的投资组合比例。我们在此沿用前文被动式基金组合中的比例（见表 9‑12～表 9‑14）。

表 9‑12 投资组合配置比例——保守组合

基金分类	基 金 名 称	比例/%
货币基金	货币基金 A	50
股票基金	股票基金 A	10
	股票基金 B	10
债券基金	债券基金 A	15
	债券基金 B	15

表 9-13 投资组合配置比例——均衡组合

基 金 分 类	基 金 名 称	比例/%
货币基金	货币基金 A	25
股票基金	股票基金 A	20
	股票基金 B	20
债券基金	债券基金 A	10
	债券基金 B	10
	可转债基金 A	10
另类基金	商品基金 A	5

表 9-14 投资组合配置比例——积极组合

基 金 分 类	基 金 名 称	比例/%
货币基金	货币基金 A	10
股票基金	股票基金 A	30
	股票基金 B	30
债券基金	债券基金 A	10
	债券基金 B	10
另类基金	商品基金 A	5
	QDII 基金 A	5

其次，对每一类型的基金根据基金规模、基金公司规模、基金经理投资年限等指标设定一道阈值门槛，通过这一门槛筛选出各类基金的备选基金池。这里的阈值可以参考我们在具体基金类别中的挑选方法。

有了备选基金池，我们就可以具体制定投资组合了。一般来说，投资者可以每半年或者一年在备选股票池中挑选 1～2 只基金进行投资。我们举一个简单的例子，我们每半年对基金池中的基金过去一年的夏普比率进行统计，再根据这个比率从大到小排列，根据我们的配置比例选出特定数量的基金。广大投资者也可以根据自己的想法设定自己的组合。

9.5 基金组合的一些关注点与再平衡

9.5.1 关注各类资产的驱动逻辑

投资者在选择不同资产进行组合配置时，往往考虑全球和国内的经济、政治、货币等多方面的影响因素，并根据这些因素判断不同资产的风险收益特征，以把握资产价格的驱动逻辑，需要投资者具备一定的市场分析能力。如图 9-5 所示，经济基本面数据是非常重要且直观的数据，包括 GDP、社零、进出口、固定资产投资、工业增加值、PMI 等，会对企业盈利、资金供给、社融、商品供需产生直接影响，进而通过正负效应作用于资产价格，传导链条中投资者情绪也会放大市场波动。

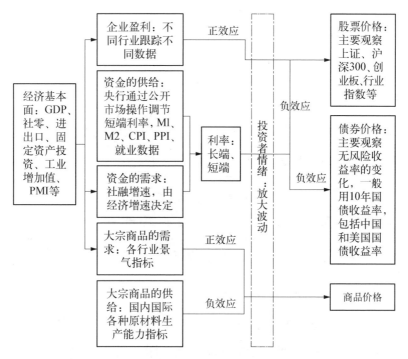

图 9 - 5　股票、债券、商品价格的驱动逻辑

资料来源：中国投资者网. 如何用基金实现资产配置［EB/OL］. (2023 - 02 - 26)
［2024 - 01 - 06］. https://www. investor. org. cn/learning _ center/gmjytx/bk/kj/
jyxl _ 3408/202302/P020230226729896343948.pdf.

　　我国的政策、宏观经济周期和新兴产业创新导致周期波动
和行业轮动更加明显；与此同时，散户对市场情绪的高度敏感
进一步放大了这种波动。考虑到在主动权益基金中，行业配置
策略是获取 Alpha 收益的重要来源，也是基金经理投资理念和
策略的直观体现。因此，投资者在选择行业基金时，也应重视
基金的风格和行业配置策略。如图 9 - 6 所示，行业主题基金

和行业轮动基金都有较高的行业集中度，但相比行业主题基金，行业轮动基金的行业稳定性更低，而行业均衡基金的特点则主要是较低的行业集中度。

	行业集中度高	行业集中度低
行业稳定性高	行业主题基金	行业均衡基金
行业稳定性低	行业轮动基金	行业均衡轮动基金

图 9-6　行业基金配置

资料来源：中国投资者网. 如何用基金实现资产配置［EB/OL］.（2023-02-26）［2024-01-06］. https://www.investor.org.cn/learning_center/gmjytx/bk/kj/jyxl_3408/202302/P020230226729896343948.pdf.

9.5.2　关注基金组合内部的相关性

投资者应该把基金组合作为一个整体来看待，其持有目的是降低风险，而不是收益最大化，因此大家要关注不同基金之间的相关性。相关性主要衡量两个变量之间的关联程度，在资本市场中，如果两类资产走势呈现同涨同跌的现象，说明两者之间的关联度较高，如果两类资产走势涨跌互现，说明两者的关联程度较低。相关性可以说是风险对冲的基础。

很多投资者认为只要不把资金都投入 1～2 只基金就可以达到分散风险的目的，因此他们会购买很多只基金，殊不知这些基金大都暴露于相同的市场风险中，这会导致"重复投资"，因此计算持有基金之间的相关系数是非常必要的。图 9-7 是最近 3 年上证 50、沪深 300、中证 500、中证 1000、10 年国债、黄金 ETF 以及恒生 ETF 的相关关系矩阵，其取值范围在 −1～1 之间，如果相关系数趋近于 1，说明 2 只 ETF 走势趋同，具有较强的相关性，风险分散效果不好；如果相关系数趋近于 −1，说明 2 只 ETF 走势相反，可以较好地分散风险；如果系数趋近于 0，说明 2 只 ETF 相关性不大。图 9 – 7 中上证 50 指数、沪深 300 指数、中证 500 指数的相关性都非常强，最高达到 0.99，10 年国债、黄金 ETF 与股票指数的相关性均为负值，可以有效地对冲市场下跌风险。

相关系数矩阵 (均值: -0.05)

	简称	SH510050(-1)	SH510300	SH510500	SH000852	SH511260	SH518880
SH510050(-1)		1.00	0.98	0.76	0.40	-0.95	-0.73
SH510300	沪深300ETF	0.98	1.00	0.83	0.52	-0.93	-0.76
SH510500	中证500ETF	0.76	0.83	1.00	0.83	-0.73	-0.80
SH000852	中证1000	0.40	0.52	0.83	1.00	-0.36	0.58
SH511260	十年国债ETF	-0.95	-0.93	-0.73	-0.36	1.00	0.83
SH518880	黄金ETF	-0.73	-0.76	-0.80	-0.58	0.83	1.00

时间窗口: 20210101-20231231

图 9 – 7　不同指数基金的相关性分析

资料来源：新浪财经、线索 Clues。

9.5.3　关注家庭资产结构中的另类元素

1）REITs 基金

金融和人力资本的经济模型表明，随着年龄的增长，个人和家庭的投资应该转向更加均衡和多元化的投资策略。曾有人问我，现在还能不能投资房产，他希望未来可以获得稳定的租金回报。在我看来，配置房产的最佳时点早已经过去，房住不炒，如果是非刚需，不推荐配置，因为房产投资占用家庭财富的比重太大，而且流动性和变现方面比较差。

那么有没有间接投资房产的途径呢？我推荐配置一部分房地产投资信托基金（REITs）基金，其资产主要投向能够产生稳定租金收益的房地产，租金是其主要收益来源。它所拥有的房产由专业团队经营管理，通过组合投资和专家理财实现大众化投资，满足中小投资者将房地产这类大额投资转化为小额投资的需求。自 2020 年以来，我国证监会一直在推动公募 REITs 的落地。公募 REITs 的产品特性，例如"每年至少进行一次收益分配"以及"分配比例不低于合并后基金年度可供分配金额的 90％"都比较适合希望将房地产纳入资产配置体系的个人投资者。

此外，公募 REITs 是一种区别于股票和债券的大类金融产品。海外市场数据显示，公募 REITs 和股票、债券资产相关系数较低，且有一定的抗通胀能力，可以优化投资组合整体的风险收益水平。

2）QDII 基金

除了 REITs 基金，QDII 基金给投资者提供布局 A 股市场以外的机会，是参与境外市场投资的重要工具。选择 QDII 基金，布局境外，投资者所参考的因素与其他类型的基金大致相同。首先一定要选择专业、优秀的基金公司，基金公司的投资研究以及风险控制能力将直接决定基金的投资收益，管理经验丰富、过往长期投资业绩好的基金公司更有保障。其次，投资者要看基金的投资市场和方向是否与自身的风险承受能力相匹配，境外市场的不确定性和波动性较大，以美国为例，美国的证券市场成熟度非常高，长期来看回报率较为客观。即使投资境外市场，投资者也要选择投资多种产品的 QDII，鸡蛋不能放在同一个篮子的原则始终不能忘。

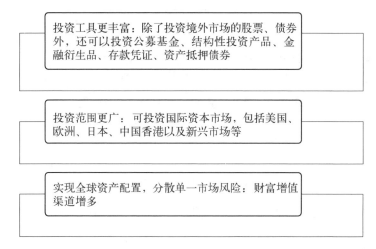

投资工具更丰富：除了投资境外市场的股票、债券外，还可以投资公募基金、结构性投资产品、金融衍生品、存款凭证、资产抵押债券

投资范围更广：可投资国际资本市场，包括美国、欧洲、日本、中国香港以及新兴市场等

实现全球资产配置，分散单一市场风险：财富增值渠道增多

图 9 - 8　QDII 基金的布局优势

3）商品基金

商品基金除了能够提供与传统股票和债券不同的收益来源外，其优势还在于它的底层资产与国内资本市场和债券市场的相关度极低，是个人投资者实现多元化资产配置的重要工具。如图 9 - 9 所示，2023 年，拥有全年业绩的商品基金（含 QDII）的产品数量共有 43 只，其中 38 只实现了正收益，跟踪黄金类的商品基金全年收益全部超过 10%。

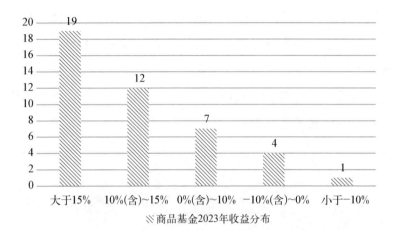

※ 商品基金2023年收益分布

图 9 - 9　商品基金 2023 年收益分布（数据截至 2023 年 12 月 31 日）

资料来源：万得资讯、海通证券研究所。

　　如果您希望在投资篮子中加入黄金资产，黄金 ETF 基金是一个值得考虑的选项。黄金作为避险资产，在市场波动时通常表现较为稳定。国内已有多只黄金 ETF 基金，这些基金挂钩黄金现货合约，可以提供黄金价格变动带来的收益。通过合理配置黄金 ETF 基金，可以增强投资组合的抗风险能力，提高资产收益的稳定性。

9.5.4　资产配置的再平衡策略

　　虽然复杂的资产配置策略通常需要依赖专业机构的专业知识和服务，但普通投资者也可以通过两种基本而有效的策略来管理自己的投资：买入并持有和定期再平衡。

　　买入并持有是最基础的资产配置策略。根据自己的风险偏好，配置一下高、中、低风险的资产，比如权益和固定收益类资产，长期趋势是向上的，因此买入并持有是一个简单的投资策略。股票类资产的长期投资收益较高，某些时期年化收益率可能超过 10%。而债券作为一种相对较低风险的投资，长期收益率通常在 4% 左右。

对基金资产配置策略进行阶段性再平衡。构建好家庭的基金组合并不是一劳永逸的，需要定期对基金组合进行再平衡，可以是每季度，也可以是每半年进行一次。主动管理能力强的基金经理可以通过分析调研、科学分散组合、风险控制等手段有效地应对和化解投资过程中的非系统性风险，如信用风险、流动性风险等，但对于系统性风险，比如市场普跌、政策风险等则很难避免，进而影响各资产类别的估值，因此，大家应定期审视并比较投资组合中高风险资产和低风险资产的当前配比与原始配置目标，以便及时调整，维持与个人风险偏好相符的投资结构。

以股票和债券为例，股票等高风险资产的升值会推高其在组合中的占比，致使组合整体风险增加。为了降低和平衡风险，需要定期对资产进行再平衡，比如当股票类基金在组合中占比过高时，卖掉一部分股票类基金同时买入债券类基金，等于变相部分止盈；反过来，当股票下跌，股票类基金占比过低，这时卖掉一部分债券类基金买入股票类基金，就是变相地加仓。再平衡主要通过"买低卖高"实现，定期卖出部分"表现优异"的资产，并买入一些"表现落后"的资产，最终使投资组合回归最初设定的资产配置比例及风险特性。

再平衡过程中，投资者要反复问自己，在股票回撤 10%
的情况下，是否可以心情平和地持有当前的投资组合？如果回
撤 20% 呢？组合再平衡以及风险自测可以减少非理性交易发
生的频率，避免投资过程中过度的追涨杀跌。

在经济的不同周期，大家可以参照美林投资时钟的大类
资产配置建议。"美林投资时钟"于 2004 年由美林证券提
出，基于美国的历史数据，将资产轮动及行业策略与经济周
期联系起来，是资产配置领域的经典理论（见图 9-10）。美
林时钟将经济周期划分为衰退、复苏、过热和滞胀四个阶
段，资产类别划分为债券、股票、大宗商品和现金四类资
产，为我们展示了在一轮完整的经济周期中，经济从衰退逐
步向复苏、过热方向循环时，债市、股市、大宗商品的收益
依次领跑大类资产。

以基金配置为例，在复苏阶段，经济增长，企业盈利增
加，股票资产的弹性更好，投资者配置股票型基金，尤其是
成长型股票基金通常能获得更好的回报；在过热阶段，经济
和企业盈利虽仍旧处于上行阶段，但为了遏制通胀，央行货
币政策将趋向紧缩，股市估值被压缩，这时投资者可以考虑
减少对股票型基金的配置，增加大宗商品的配置；在滞胀阶
段，经济下行，企业盈利下降，流动性环境偏紧，这时现金资
产会表现出防守性配置价值，其次是大宗商品，表现也较好，
股票和债券基金则会受到盈利下降和市场利率走高的影响表现

不佳；在衰退阶段，经济持续下行，通胀下行，企业盈利较差，央行会考虑用更宽松的货币政策刺激经济，此阶段债券型基金在宽松环境和利率下行的影响下表现较好，其次是现金资产，股票型基金和大宗商品则在盈利和需求不足的影响下，表现较差。

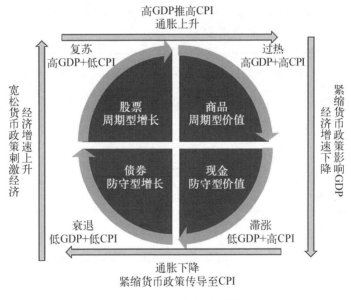

图 9 - 10　美林投资时钟

资料来源：美林证券，华泰证券研究所。

那么美林时钟是否对国内大类资产配置有同样的指导意义呢？根据方正证券的研究（见表 9 - 15），从 2002 年 1 月到 2016 年 12 月的 180 个月中，经历的过热期最长，为 80 个月，滞涨期最短为 25 个月。除了滞涨期，其他阶段表现最优的大类资产与美林时钟的预计一致，每一个阶段都有相对应的表现最优的资产。但整体而言，股票的年平均收益率最高，达到 6.16%；债券次之，为 3.58%。股票是复苏阶段的最佳选择，而债券是衰退阶段的最佳选择。参考美林时钟进行资产配置的结果会比投资单一资产类别更具优势。

表 9‑15　中国四大类资产的收益率（2002 年 1 月—2016 年 12 月）

阶段	债券/%	股票/%	商品/%	现金/%
Ⅰ衰退	3.76	−23.96	−23.04	2.36
Ⅱ复苏	3.28	68.07	−0.83	1.82
Ⅲ过热	3.57	8.14	15.65	1.95
Ⅳ滞涨	3.59	−3.14	−10.70	2.21
年平均收益率	3.58	6.16	−1.03	2.08

资料来源：万得资讯、方正证券研究所。

　　总体来说，宏观环境分析可以说是大类资产配置的先导环节，并据此对未来资产收益做出大致预测，构建资产组合。以积极型投资者为例，依据美林时钟和宏观判断，2021 年处于经济复苏后期，流动性边际收紧，在这种情况下，股市可能难以延续过去 2 年的优异表现，相对而言，大宗商品或者现金管理类产品可能会有较好的表现。

投资 Tips:

1. "懒人版"资产配置模式——FOF 基金的优势在于可以实现大类资产的配置，分散投资风险。

2. 智能型资产配置模式——基金智能投顾，按照投资者的预期收益、风险偏好等进行个性化匹配。

3. 投资者也可以根据自己的风险偏好确定各类基金的投资比例，构建基金组合。

4. 投资者要持续关注基金组合内部资产的相关性，这是风险对冲的基础，要避免"重复投资"。

5. 要关注家庭资产结构中的另类元素，如 REITs 基金和 QDII 基金。

第 10 章

公募基金投资的行为偏差与启示

2020 年可以说是公募基金"出圈"的元年，凭借专业的投资研究能力、较低的参与门槛以及较好的流动性，公募基金的投资价值逐渐凸显。通联统计数据显示，2020 年，沪深股票的平均收益为 10％左右，而股票基金的平均收益达到了 34％，"炒股不如买基金"的理念获得了更多投资者的认同。更多客观数据也表明，在过去的 10 年间，股票基金的收益可以跑赢大盘。

越来越多的投资者通过投资基金获得了可观的收益。对于跑步入场的基民们来说，基金投资一定程度上缓解了他们无处安放的理财焦虑。与此同时，年轻投资者渴求实现财务自由的心态也催生了基金投资的饭圈文化，明星基金经理被当作偶像受到广大年轻人的热捧。一部分年轻人在选择基金时都是跟风买入或是听从熟人推荐，并未形成自己的投资体系，这种心态其实是非常危险的。因为通过在社交媒体寻找相似的观点，投资者会反复强化自身的投资选择，从而忽视投资背后的风险。

10.1　公募基金的投资误区

在银华基金发布的《中国权益基金投资者行为金融学研究白皮书》中对权益基金投资者的基金认知水平做了一个综合基础画像，如图 10‐1 所示，就全市场的平均水平来看，基金投资者对基金的认知较模糊，而互联网平台的基金投资者的投资经验更丰富，对基金的认知水平则高于全市场的平均水平。

全市场—全国平均水平　　　　　　天天基金—互联网基金销售平台

	投资经验3~5年		投资经验更丰富
本科学历为主			学历分布较均衡
投资收益较稳健			投资收益业绩更好
波动容忍较低			波动容忍度较高
风险偏好较低			风险偏好较高
基金认知水平较模糊			基金认知水平更清晰

图 10 - 1　全市场和互联网平台对权益基金
投资者认知水平的测试画像

注：基金认知水平测试涵盖股票定价原理、主动管理基金业绩与基金经理能
力、指数基金成分股等。
资料来源：银华基金.中国权益基金投资者行为金融学研究白皮书［R］. 2021.

在 2020 年下半年的市场普涨行情中，有些急性子的投资者推崇"七日炒基法"。此基金投资策略通常只持有基金七天，投资者在这段时间内频繁交易，像炒短线一样炒基金，既不研究产品也不研究基金经理，追涨杀跌式跟风买入爆款基金，以期通过短期波动获取收益。还有的投资者热衷短期内频繁交易，没有耐心长期持有基金，这无形中会增加额外的交易成本，因为基金投资除了申购费用之外，赎回时还要交一笔赎回费。如果投资者持有基金的时间过短，交易成本会侵蚀投资者所获取的收益。

银华基金提取了 2009 年 12 月 31 日—2020 年 3 月 31 日的所有交易数据，对投资者实际收益与"年初持仓且全年不进行

调整"的基准收益进行对比分析后发现，交易行为的发生往往导致收益的减少，且交易频率越高，收益损失越严重。如表 10-1 所示，随着换手率的提高，月度超额收益率持续下降。

表 10-1 不同换手率组相比自身基准的月度超额收益率

不同换手率组	月度超额收益率/%
低换手率组	-0.13
中换手率组	-0.15
高换手率组	-1.31

种种现象表明，除了市场本身越来越复杂的投资环境外，A 股市场"基金赚钱基民不赚钱"背后的一部分深层原因是投资者缺乏专业知识或经验，容易落入频繁交易、盲目追涨杀跌、追逐热点和爆款基金、迷信"冠军基"等主观误区。每类行为的背后都有动因，而行为有时会表现为非理性，找到动因可以让投资者更清楚地了解自身的水平。

"现代证券分析之父"本杰明·格雷厄姆说过："投资者面临的首要问题，乃至投资中的最大敌人，很可能就是自己。"受市场波动的影响，投资者往往会产生情绪化的反应，例如希望、恐惧和贪婪。图 10-2 展示了投资周期中投资者的心理变化过程——从兴奋、激动逐渐转变为焦虑、害怕、绝望，最终又回归到希望。这种情绪的剧烈波动，正是导致投资者做出非理性决策的原因之一。

图 10‑2 投资者"过山车"式的情绪变化

投资行为如频繁交易和追涨杀跌，常常源于人类非理性的一面，这区别于传统经济学中的理性人假设。新古典经济学简化了人类经济行为模型，假设人们在经济决策中完全理性、完全利己，并拥有近乎完全的信息。然而，这种假设忽略了人们在实际决策中所面临的内心挣扎、知识水平和认知能力的局限，因此无法充分解释金融市场中的众多异常现象和投资者的非理性行为。行为金融学作为对传统理论的补充，它考虑了人们在金融决策中的认知偏差、情感因素和个人偏好，以及这些因素如何导致市场效率的缺失。

行为金融学的发展是金融学、心理学和社会学等学科交叉融合的结果。投资者的个人背景和经验在制定投资策略时扮演着关键角色。心理学揭示了某些具有特定特征和行为倾向的投资者更可能表现出特定的行为偏差。如果投资者能够找到自身非理性投资行为背后的动因，就能够更全面客观地审视自己投资决策过程和思维模式，进而有针对性地改进投资策略，避免投资陷阱，逐步提升投资回报率。在深入探讨各种行为偏差之前，请大家先自我评估，确认自己属于哪一类投资者。

10.1.1　你属于哪一类投资者？

为了帮助投资者和投资顾问更好地理解投资者的风险偏好和投资行为，巴恩沃尔提出将投资者分为两大类别的理论框架——巴恩沃尔二分法模型（Barnewall two-way model）。巴恩沃尔将投资者分为两大类：被动型投资者和主动型投资者（见表 10 - 2）。

表 10 - 2　被动型投资者和主动型投资者对比

对比维度	被动型投资者	主动型投资者
财富创造	通过稳定和安全的方式创造和积累财富	通过技能拓展和创新来积累财富，倾向于风险投资
风险承担	避免承担风险，通过为他人工作而受益，不冒自己资本的风险	愿意冒险，承担自有资本风险，愿意投资高风险项目，如股票市场
决策独立性	依赖上级指示，无法独立做出决定，需遵守雇主的条款和条件	有权独立决策，不依赖他人，依靠自身能力和创新积累财富
情感需求	对安全感有较高的情感需求，经济资源较少	更看重风险容忍度，对安全感的需求较低
典型职业	银行家、公司高管、律师、医生、记者	企业家、商业大亨

通过巴恩沃尔二分法模型，投资者可以迅速了解自身的风险容忍度，并定位财富需求。在二分法模型的基础上，贝拉德、比尔和凯撒（BBK）考虑了个体的自信程度和行动方式，他们将投资者性格分为两个轴：一个是"自信—焦虑"，投资者对待事业、生活以及金钱的自信程度可以体现他们的情感选择；另一个是"谨慎—冲动"，可以看出投资者的性格特征，是谨慎且善于分析还是容易冲动更偏情绪化。依据性格特征，BBK 五分法模型把投资者分为了五类，即冒险家、名人、守护者、利己主义者以及安分守己者（见图 10 - 3）[①]。

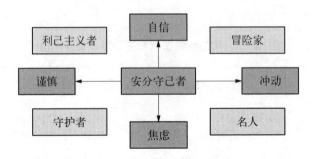

图 10 - 3　BBK 五分法模型中对投资者的分类

（1）冒险家。这种类型的人甘愿孤注一掷，因为他们有自信。他们很难接受建议，因为他们对投资有独立的想法。他们愿意承担风险，而且从投资顾问的角度来看，他们属于反复无常的客户。

---

　　① 迈克尔·M.庞皮恩.财富管理的行为金融［M］.邓鑫，译.北京：中信出版社，2020：44 - 46.

（2）名人。这种类型的人乐意参与行动，害怕被忽视。他们实际上对投资没有什么想法。也许他们对生活中其他事情有自己的想法，但不懂投资。因此，他们是能为经纪人贡献营业额的最佳人选。

（3）守护者。随着人们逐渐老去并开始考虑退休，年纪大的投资者通常会接近这种类型。他们对自己的钱财既小心谨慎又有点担忧。他们对波动性或刺激性交易不感兴趣。由于对预测未来或自身资产配置能力都缺乏信心，他们会寻求指导。

（4）利己主义者。这种类型的人一般以小商人或独立的专业人士为代表，如律师、注册会计师或工程师，他们有自己的做事方法。他们会在生活中努力做出自己的决定。他们做事情很细心，对自己有一定的信心，但同时谨慎，有条理，善于分析。这类客户是每个投资顾问都在寻找的理性投资者，因为投资顾问很容易就能跟他们讲清道理。

（5）安分守己者。这种类型的人非常均衡，其自信程度和行动方式都恰到好处，因此不能被放置在任何特定的象限中，职能落在轴中心附近。平均而言，这类客户大多是普通投资者，是其他 4 种投资者类型的一种相对均衡的组合，这说明他们是能够承受中等风险的群体。

10.1.2　认识投资决策中的行为偏差

索罗斯曾说过："金融世界是动荡的、混乱的，无序可循，只有辩明事理，才能无往不利。如果把金融市场的一举一动当作是某个数学公式中的一部分来把握，是不会奏效的。数学不能控制金融市场，而心理因素才是控制市场的关键。"

当面对市场风险或各种不确定性时，投资者往往会做出情绪化的短期决策。这类典型的投资错误可能会对实现长期财务目标产生不利影响。我们将这些影响合理判断的心理倾向或偏好，或对某一特定观点的偏见，称为行为偏差。目前，学术界已经识别并研究了超过 50 种影响个人投资结果的行为偏差。通过识别某种或某类行为偏差，并在投资过程中调整这些偏差行为，可以整体上改进金融决策。我们需要深入了解投资者常见的行为偏差，从而学习如何避免进入投资误区。

基于行为偏差产生的原因和对投资者决策的影响方式，偏差可以分为认知型偏差和情感型偏差。认知型偏差指的是由基础统计、信息处理或记忆错误所导致的偏离理性决策的行为；情感型偏差则指的是受态度和情绪影响，而自发产生的偏离传统金融学理性决策的行为。认知型偏差比情感型偏差更容易被修正，是因为前者主要涉及思维过程和信息处理，这些方面更容易通过学习和训练来改善。而情感型偏差涉及更深层次的心理和生理反应，需要更长时间和更系统的方法来克服。

其中，认知型偏差又可以分为观念执着型偏差和信息处理型偏差。观念执着型偏差主要包括保守性偏差、确认偏误、代表性偏差、控制错觉偏差以及后视偏差等。信息处理型偏差主要包括锚定偏差、心理账户偏差、框架效应和可得性偏差等（见表 10 - 3）。

表 10-3　主要的认知型偏差

偏差类型		主要表现
观念执着型偏差	保守性偏差	人们在面对新信息时，倾向于过度依赖先前的判断，对新信息的反应不足
	确认偏误	人们倾向于寻找、解释、偏爱和回忆那些符合自身已有信念或假设的信息，忽略不符合自身信念的信息
	代表性偏差	人们根据事物的表面特征或刻板印象来判断其属于某一类别的概率
	控制错觉偏差	高估自己对事件结果的影响力，认为可以控制或影响实际上不受自己控制的结果
	后视偏差	一旦事情发生后，人们会认为自己能够预测到已经发生的事件，俗称"事后诸葛亮"
信息处理型偏差	锚定偏差	人们进行决策时，会过度依赖先前获得的信息（即锚点），即使此信息与此项决策无关
	心理账户偏差	将资金在心理上分成不同的账户，并对每个账户采取不同的态度和行为
	框架效应	根据信息呈现的方式不同而做出不同的决策
	可得性偏差	根据容易获取或想起的信息来判断事件的概率或重要性

　　情感型偏差主要包括损失厌恶偏差、过度自信偏差、自我控制偏差、现状偏差、禀赋效应以及后悔厌恶偏差等（见表 10-4）。

表 10-4 主要的情感型偏差

偏差类型		主 要 表 现
情感型偏差	损失厌恶偏差	人们面对损失所感受到的痛苦要比获得等量收益所感受到的快乐更为强烈
	过度自信偏差	人们倾向于高估自身的知识和能力，对判断或决策结果过于自信
	自我控制偏差	人们在面对即时满足和长期目标之间的冲突时，往往难以抵制诱惑，倾向于选择短期利益而牺牲长期利益
	现状偏差	人们倾向于维持现状，不愿意做出改变，即使改变可能带来更好的结果
	禀赋效应	人们对自身拥有的物品赋予更高的价值，对于非自身拥有的物品则低估其价值
	后悔厌恶偏差	为了避免将来可能产生的后悔情绪，人们倾向于避免做出决策或持保守意见，即使这可能导致错失好的投资机会

在公募基金投资中，个人投资者了解并识别这些行为偏差，有助于投资者采取更加理性和客观的投资策略，提高投资决策的质量。下面我们将着重阐述个人投资者几种常见的行为偏差。

1）损失厌恶偏差

损失厌恶指个人倾向于更加重视避免损失而不是实现同等价值的收益。该概念由丹尼尔·卡尼曼（Daniel Kahneman）和阿莫斯·特沃斯基（Amos Tversky）于 1979 年提出，是早期前景理论的一部分。这种心理倾向将影响投资者一系列的投

资决策，包括投资者在持有的资产价格下跌时一直不愿意卖出，
"拒绝认输"，本能地继续持有，期待市场反弹使自己"回本"；
相反，面对持有处于盈利状态的资产，投资者则有强烈的"落
袋为安"的冲动，这就会导致投资者过早卖出盈利的股票，限
制投资组合的上升潜力，并可能因过度交易而降低投资回报率。

案例

　　小王买入了一只股票型基金，买入时基金净值为 1.5
元。当基金净值下跌到 1.3 元时，尽管市场环境恶化且基
金经理更换，小王仍不愿止损，坚持"等回本再卖"。他
因此错过了投资其他优质基金的机会，并眼看着持有的基
金净值进一步跌至 1.1 元。最终，小王在净值略微反弹到
1.2 元时才不情愿地卖出，但已经遭受了较大损失。这个
典型案例展示了损失厌恶如何影响投资者做出非理性决
策，并因固守亏损持仓错失了更好的投资机会。

　　为了克服损失厌恶偏差，投资者需要遵循基于基本面分析
的有纪律的投资方法，设立明确的投资目标和止损策略，当投
资达到止损点时，严格执行，不能因为害怕亏损而犹豫不决。
此外，投资者还要定期审视和评估自己的投资组合，确保其与
自己的投资目标和风险承受能力一致。如果发现某项投资与预
期不符，应理性分析是否需要调整，而不是因为亏损而一味持

有。一般来说，几乎所有投资者都会在某种程度上受到损失厌恶偏差的影响，因此投资者也要做好情绪管理，将注意力集中在长期的投资目标，而非短期的市场波动。

2）过度自信偏差

过度自信往往指指人们倾向于高估自己在某些领域的能力、知识水平或者控制结果的能力。此类偏差会让投资者乐观地相信他们可以"打败市场"，进而频繁交易或承担过高的风险。但统计数据表明，绝大多数投资者都难以持续获得超越市场的收益。此外，过度自信还会使得投资者集中持有某一类资产，导致其投资组合不够分散。因此，过度自信的投资者所获得的回报往往低于那些更加谨慎、依据数据和分析进行决策的投资者。

案例

　　小李是一名 IT 工程师，自认为分析能力出众。涉足公募基金投资后，他采取了极其活跃的交易策略，平均每月对基金组合进行 5～6 次调整。他相信自己能准确预测市场走势，捕捉热点轮动。然而一年过后，小李计算收益时惊讶地发现，实际收益不仅跑输了大盘，甚至是负值。经过研究，他发现每月频繁交易产生的高额手续费严重侵蚀了收益，而他自认为的"精准"操作实际上让他错失了多个涨幅较大的阶段。

个人投资者面对过度自信偏差时，可以通过数据和客观分析、纪律化的投资策略、听取他人建议等措施克服这一心理障碍。首先，在进行投资决策分析时，投资者应该在深入分析所搜集的公司业绩、行业趋势和宏观经济指标数据等信息后做出决策，而不是单纯依赖直觉或个人偏好。其次，投资者无论是实施定投计划，进行资产的多元化配置，还是采取止损止盈的策略，都要严格遵守既定的规则，这有助于抵御情绪波动对投资选择的不利影响。最后，投资者要秉持开放的心态，了解自己的行为倾向和潜在偏见，通过自我反思和情绪管理来提高自我控制能力，多与经验丰富的投资者和投资顾问交流，多元化的观点有助于减少投资者单一视角的潜在盲点。

3）锚定效应

锚定效应主要指人们在做决策时过分依赖初始信息——这个信息点被称为"锚"，并以此为参照对后续决策进行评估和调整。从投资角度看，这个"锚"常常是买入价格、历史高点或某个特定的数值。面对市场变化或新的估值标准的出现，投资者如果仍然坚持原有的判断，可能会导致在错误的时机加仓或减仓。

案例

2021 年 1 月，小孙在市场高点买入了一只明星基金经理管理的大盘蓝筹股票基金，买入时基金净值为 2.5 元。

此后市场开始调整，但小孙始终以 2.5 元为锚，认为这个价格代表了基金的"真实价值"。当基金净值跌到 2 元时，他认为"便宜"了 20%，他选择加仓，而在基金跌到 1.8 元时又再一次加仓，他认为这只基金"迟早会回到 2.5 元"。然而，他忽视了市场环境已经发生变化，该基金重仓的行业估值处于历史高位。最终，当基金净值在 1.5 元时仍未止跌，小孙不仅没有及时止损，反而在下跌过程中多次加仓，最终遭受了较大损失。如果他能够摆脱对 2.5 元这个"锚"的执着，客观分析市场状况和基金持仓，可能会做出更明智的投资决策。

克服锚定效应对于提高投资决策的质量至关重要。作为个人投资者，要通过持续学习培养动态思维，结合不同的估值方法和市场指标多角度评估交易决策，关注投资标的的基本面和未来前景，而不仅仅依赖历史价格。同时，根据设定好的止损和止盈点严格执行交易，避免被某个固定价格所束缚。

4）后悔厌恶偏差

后悔厌恶指的是人们为了避免将来可能产生的后悔情绪，而倾向于做出非理性的决策。此类偏差可能导致投资者在决策时过于谨慎，例如投资者会因为害怕做出错误的投资选择而犹豫不决，或者持有亏损的投资不愿意卖出，担心"账面损失"变为实际损失后自己会后悔。此外，后悔厌恶会增加投资者陷入羊群效应的可能性，因为他们往往会忽略自身的独立判断或市场分析，通过模仿他人的决策降低自身独立决策可能带来的后悔感，即盲目跟随市场上的大众行为，例如购买某只热门基金，认为"如果大多数人都这样做，那应该不会错"，跟随市场的热点而不考虑长期的投资价值。对于投资者而言，这不仅增加了投资风险，还可能在市场泡沫或崩溃时加剧损失。

案例

2020 年 7 月，小张听闻朋友投资的科技主题基金实现了 50% 的涨幅，他担心基金涨幅已经过高，因此并未跟进购买。但随着该基金全年持续上涨，小张对错失这一良机感到后悔不已。到了 2021 年 10 月，市场开始调整，科技基金也开始下跌，小张担心再次错过买入时机，在未进行深入研究的情况下便急忙投入了自己 30% 的积蓄。此时他未能察觉科技股的估值已达到高点，基金正面临回调的风险。随后，科技股继续下跌，基金净值也大幅下滑。面对不断增加的亏损，小张却因担心卖出后基金反弹而犹豫不决，不愿出售。

面对市场波动，个人投资者一定要在理性分析的基础上冷静决策，增强决策自信，不盲目跟随他人的投资决策。为了减少事后的后悔，大家可以预先全面地考虑各种可能的结果，透过情景分析，客观评估投资选择，进而做出决策。投资者还应学会接受错误决策的可能性，并将其视为投资过程的一部分，而不是一味追求避免错误。

5）代表性偏差

代表性偏差往往指投资者倾向于根据少量事件或信息，或表面特征就对整体做出判断，忽视更全面的统计概率或长期表现。这就导致在投资过程中，人们会错误地认为小样本可以代表大趋势，短期业绩可以代表长期表现，或根据一些表面特征判断基金的未来表现，而不是基于全面的分析，以及将某只基金的优秀业绩推广到整个基金公司。

很多公募基金公司也利用了投资者这一心理偏差，在广告上花费大量的资金，因为投资者往往选择那些吸引他们注意力的基金。代表性偏差容易让投资者忽视市场的风险因素和周期性，因此个人投资者一定要学习基本的统计知识，理解均值回归的原理，对高收益基金的持续性进行分析，减少对单一信息或样本的依赖，定期审视自己的投资决策，并建立系统的投资方法。面对纷繁的市场信息，不要轻易被营销宣传或表面现象误导。

6）投资者行为偏差的改善建议

传统金融学认为人们应该是理性的，但是在实际投资活动中，人们都只能是有限理性的，那么如何跳脱这些投资道路上的误区或者如何改善自己的投资行为范式，这是投资者需要深入考虑的。通过精选投资类别、均衡配置、长期投资以及设定合理的收益预期，可以有效减少投资过程中对人性弱点的考验（见图10-4）。

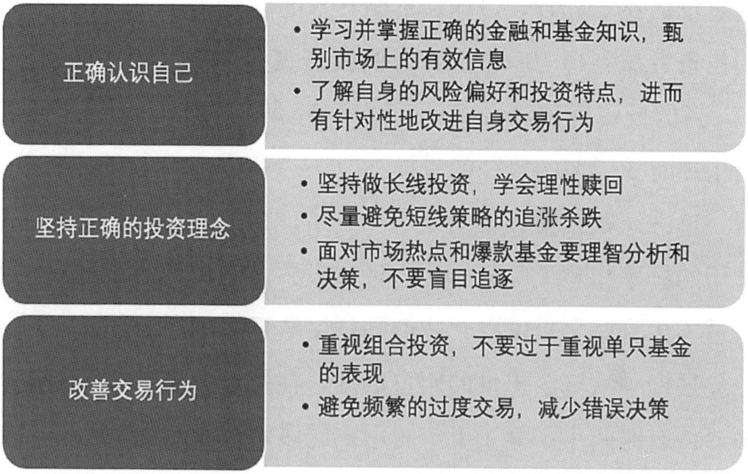

正确认识自己	• 学习并掌握正确的金融和基金知识，甄别市场上的有效信息 • 了解自身的风险偏好和投资特点，进而有针对性地改进自身交易行为
坚持正确的投资理念	• 坚持做长线投资，学会理性赎回 • 尽量避免短线策略的追涨杀跌 • 面对市场热点和爆款基金要理智分析和决策，不要盲目追逐
改善交易行为	• 重视组合投资，不要过于重视单只基金的表现 • 避免频繁的过度交易，减少错误决策

图 10-4 如何改善自己的投资行为范式

10.2 公募基金投资启示

在《旧唐书·魏徵传》中，唐太宗李世民曾说过，以铜为镜，可以正衣冠；以古为镜，可以知兴替；以人为镜，可以明得失。在投资公募基金的过程中，我们认为以收益为镜，可以纠策略。常常总结亏损的教训能让我们在未来降低投资犯错的概率。

10.2.1 启示1：基金投资是一项长期性工程

在我国股市存在着这样一群散户投资者，数量不在少数，他们喜欢看趋势追涨杀跌、快进快出。那么这种策略的价值如何呢？根据东方财富网发布的数据，2019年在股市盈利的投

资者仅占比 52.5％，亏损和不赚不亏的为 47.5％。其中，9.6％
的投资者盈利超 50％，15.7％的投资者盈利介于 20％～50％，
27.2％的投资者盈利在 20％以内，47.5％的投资者没有赚钱，
其中更有 30.5％的股民的亏损在 20％及以上。从收益的概率来
看，追涨杀跌其实算不上是一种策略，它的收益概率和抛一枚
硬币的概率相差无几。那么这种在股票市场短期持有的玩法到
底适不适合基金投资呢？我们同样用数据来说话。

根据中欧基金提供的用户数据，在持有公募基金的时长方
面，持有时间小于等于 1 年的用户居多，占比约为 74％，其中
00 后更是偏好"七日养基"，而能够持有超过 1 年的投资者数
量占比还不到 30％（见图 10 - 5）。

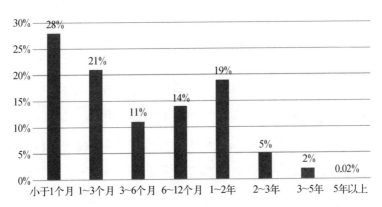

图 10 - 5　中欧权益基金客户持有时间分布

资料来源：中欧基金。

从这一群人的收益情况来看，盈利低于 5％及亏损的投资
者占比约为 69％，盈利高于 5％的则只有 31％（见图 10 - 6）。

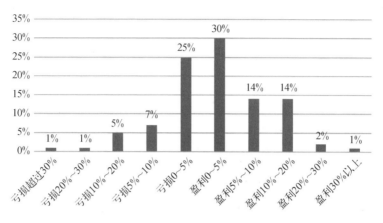

图 10 - 6　中欧基金投资者收益情况占比

资料来源：中欧基金。

也就是说，以上这 74％的持有期低于 1 年的客户群体实际投资当中产生亏损或低收益的概率是比较大的（见表 10 - 5）。

表 10 - 5　基金持有期限与平均投资收益的关系

指 数 类 型	持有 1 年平均投资收益/％	持有 2 年平均投资收益/％	持有 3 年平均投资收益/％	持有 4 年平均投资收益/％
股票型基金指数	8.04	15.30	24.37	36.09
偏股型基金指数	15.96	30.58	42.76	56.30
偏债型基金指数	7.16	15.01	24.07	34.91
短债纯债型基金指数	3.94	8.14	12.46	16.64

注：数据统计区间为 2011 年 1 月 1 日至 2020 年 12 月 31 日，测算历史任意时间买入各基金指数 1 年、2 年、3 年、4 年的增长率情况，具体测算公式为：在指定日期区间内，将"任意时点开始的、满足相应投资时长的每笔投资"的收益率，求平均值。
资料来源：万得资讯、中欧基金。

根据万得数据测算持有期与基金收益之间的关系，基金的持有期限和投资收益的关系总体上是成正比的，持有时间越长，盈利的概率相对也就越高。因此，对照来看，即便是短期追涨杀跌可以在股市玩得转，但是从现实的数据来看，这种做法用在基金投资方面无异于使钱"打水漂"。

10.2.2 启示 2：警惕羊群效应，切勿盲目跟风

羊群集体跳崖的事件在全球时有发生，关于这种奇怪的现象，一些动物科学家给出的解释是领头羊只要做了什么，后面的羊群不管三七二十一也一定会跟着做。金融市场的羊群效应是指在一定时期，当采取相同买卖策略的交易主体达到或超过一定数量时，其他计划交易的个体也会依照相同的策略进行交易的一种现象。经常关注股市的投资者或许对 2015 年的"过山车"行情有着深刻的印象，短短半年时间沪指从年初第一个交易日开盘的 3258.63 点到 6 月初 5178 点千股涨停，再到 8 月的 2900 点千股跌停，整个由低到高再到低的过程也是各类投资者心理从开心到激动再到崩溃的过程。在 3000 点左右入市的人或许赚得盆满钵满，但是选择在 5178 点入市的投资者就没那么幸运了。如果你仔细回想 2015 年那波"超级牛"，会发现各大基金证券公司都在积极推出新投资产品并加大宣传短期大涨，除此之外，各类媒体和"股票导师"都在推荐抓紧入市，不少不明就里的投资者看见大家都赚了钱，自己也一股脑儿入市了。等"洪水"散去后，大家收益又如何呢？

当筛选了 2015—2019 年普通偏股型基金和混合偏股型基

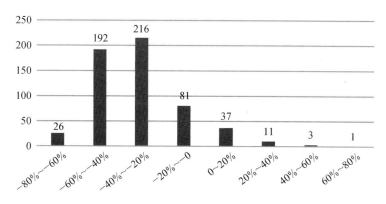

图 10 - 7　2015—2019 权益型公募基金收益情况

资料来源：万得资讯、中欧基金。

金的数据（见图 10 - 7），我们发现有 82% 的权益型基金从未回到 2015 年的净值高点，仅有 18% 回到过 2015 年的高点。在收益率方面，2015 年牛市期间新发的权益型基金约有 91% 的收益为负。这也应了基金界的"魔咒"——好发不好做和好做不好发。毕竟资产的价格越高，基金的实际管理人在发行基金时未来面临的不确定性风险也就越大；同理，资产的价格越低，基金经理发行基金时好做是好做，但是投资者不愿意入场。

10.2.3　启示 3：短期基金的排名不重要

喜欢买基金的朋友可以做个小试验，如果你去询问你的朋友或者同事买什么基金比较好的时候，可能 10 个里面会有 8 个向你推荐上一年基金排行榜的冠、亚、季军。这样的推荐似乎没有错，但是如果你真的听从了这样的建议，待持有一年后，你会发现当初的选择似乎不对劲，而且冠军基金的光环好像也一年不如一年。根据万得数据，我们整理出了近年万得分类下偏股混合型基金的排名表现（见表10-6）。

表10-6 2013—2018年万得资讯偏股混合型基金排名表现

2013年前五名基金	2014年排名百分比/%	2014年前五名基金	2015年排名百分比/%	2015年前五名基金	2016年排名百分比/%	2016年前五名基金	2017年排名百分比/%	2017年前五名基金	2018年排名百分比/%
中邮战略新产业	4	工银瑞信金融地产	87	富国低碳环保	92	华宝资源优选	25	景顺长城新兴成长	12
银河主题策略	45	海富通国策导向	100	华宝服务优选	93	易方达资源行业	35	景顺长城鼎益	15
景顺长城内需增长	88	华泰柏瑞量化增强	84	大成中小盘	82	富国低碳经济	28	嘉实优化红利	32
景顺长城内需增长二号	88	华泰柏瑞积极成长	88	汇添富民营活力	59	博时卓越品牌	97	华安策略优选	24
华商主题精选	9	工银瑞信信息产业	27	中邮战略新兴产业	88	长信量化先锋	96	银华富裕主题	41

资料来源：万得资讯、中欧基金。

从表 10 - 6 中我们可以看到，总体上每年基金排名都呈现出一种"风水轮流转"的情况，而且几乎没有一只基金可以连续几年做到均排名前五，这不仅涉及基金经理的策略，而且也与资产配置方法及投资风格有关。如果真的要看排名，投资者应当关注各大机构发布的 3 年、5 年或 10 年期基金排名，并选择排名前 25% 的基金，因为时间越久，投资者从基金的运营管理能力、收益、抗风险性和增长可持续性中可以获得更精准的信息。

10.2.4　启示 4：降低你的投资期望

2020 年 9 月，银保监会相关负责人在答记者问中强调：引导消费者树立理性投资、价值投资观念，在实践中，承诺保证本金的金融产品收益率超过 6% 就要打问号，超过 8% 就很危险，10% 以上就要准备损失全部本金。或许是受我国近 20 年来金融市场动辄出现"超级牛市"和收益率异常高的 P2P 产品的影响，参与股市或基金投资的人或多或少都带有一点一夜暴富的幻想。有幻想是人大脑的正常思维，但是如果幻想影响到操作层面，这就有些不合时宜了。投资不是投机，股市尽管在某一个时点收益会比较高，但年化收益其实并不会太高，更不会普遍性高到让人一夜暴富。结合欧美发达国家的股市收益，在去除通货膨胀的因素后，美国近百年时间里（1900—2000年）股市的平均收益率其实只有 6.7%，当然在某些年份收益要更高，同理某些年份收益也更低。因此，参照西方成熟资本市场的发展经历来看，尽管中国未来的资本市场有较大的上升空间，但过滤掉通货膨胀因素后，长期收益率应该与欧美资本市场的收益率相差不大。

10.2.5 启示 5：培养投资兴趣，专注提升自己

大家都熟知巴菲特"股神"的头衔，但大家不知道的是，巴菲特一生中 99％的财富却是 50 岁之后赚到的（见图 10 - 8）。

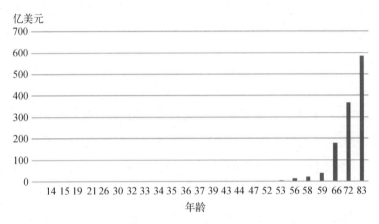

图 10 - 8 巴菲特的财富

资料来源：第一财经。

在巴菲特 14 岁时，他赚到的财富只有约 5 000 美元，30 岁时才赚到人生的第一个 100 万美元。从图 10 - 8 来看，巴菲特赚取财富的速度在 50 岁以后才开始变快。那么除了外界因素外，巴菲特自己做对了什么呢？首先是热爱与执着。巴菲特在很小的时候就对股票投资表现出了浓厚的兴趣，甚至把家里所有金融相关的书都读了一遍。大学毕业后，源于对投资的热爱，巴菲特就算不要薪水，也心甘情愿为他的导师格雷厄姆工

作。其次是专注。从巴菲特的履历可以看到，他一生都专注于自己感兴趣的金融投资事业，久而久之，相比旁人就形成了巨大的优势。因此，如果你也想超越大多数投资者，在关注市场信息的同时，不妨沉下心来多去钻研金融知识，提升自己的金融投资水平。当然，如果你的精力和水平都很有限，不如来听听铁血宰相俾斯麦的忠告：每个新手都会从自己的教训中吸取经验，聪明人则从专业团队的帮助中获益！

 投资 Tips:

1. 频繁交易、追涨杀跌等投资行为本质上都是因为人是非理性的。当面对市场风险或者各种不确定时，投资者会做出各种情绪化的短期决策。
2. 投资者要学会识别某一种或某一类行为偏差，并在自身投资过程中调整或纠正这类偏差，从而从整体上改善金融决策。
3. 基金投资是一项长期性工程。
4. 投资过程中要警惕羊群效应，切勿盲目跟风。
5. 投资者要培养对投资的热爱，专注自身能力的提升，同时降低投资期望，避免投机行为。

第 11 章

个人养老金

```
┌─────────┐      ┌─────────┐      ┌─────────┐
│11.2 深度 │ ◀━━━ │  个人   │ ━━━▶ │11.1 发展 │
│  解读   │      │ 养老金  │      │  现状   │
└─────────┘      └─────────┘      └─────────┘
```

关于养老，在前文的基金定投和另类基金章节中我们都有简单提及，但并不深入，因为它是人们通过多元化资产配置所要实践的重要目的之一。当下，养老已经演变成一个全球性难题，不可逆的老龄化和少子化现象将严重拖累社会创新的活力，社会发展也将面临失速的风险，此确定性趋势也使得越来越多的年轻人陷入"养老焦虑"中。

摩西·A.米列夫斯基（Moshe A. Milevsky）和亚历山德拉·C. 麦奎因（Alexandra C. Macqueen）在《老有所养：资产年金化实现终生可持续收入》一书中指出，人们应当在年富力强、经济收入最好的时候为年老时期的花销积累资金，收入的可持续性是个人养老规划的根本。未来，养老金水平降低将成为现实，并且还会加速降低，因此人们有必要从现在就开始规划退休后的收入，在接下来的章节中我们会讨论个人养老金的方方面面。

11.1 我国个人养老金制度的发展现状

2023 年 1 月，国家统计局发布的最新数据显示，截至 2022 年末，全国人口为 14.11 亿人，比 2021 年末减少了 85 万人，其中 2022 年全年出生人口为 956 万人，死亡人口 1 041 万人，人口自然增长率为 -0.60‰，我国人口自 1962 年以来首次出现了负增长，低生育率和年轻人口的减少使得国内亟须应对"未富先老"的局面。

此外，2019 年社科院发布的《中国养老金精算报告 2019—2050》引起了各方关注，城镇企业职工基本养老保险支付压力不断加大，从中长期看，基本养老保险制度恐面临财务不可持续的风险。此报告一出，引发了人们对未来养老生活的担忧，尤其在人口老龄化的大背景下，随着长寿时代的到来，人们关注的重心逐渐从传统理财转向如何构建攻防兼备的养老金投资组合上，以满足退休时的基本养老需求和更高质量、个性化的生活方式。

11.1.1　我国多层次、多支柱养老保险体系已初步构建

世界银行在其权威报告《避免老龄危机》（Averting the old age crisis）中，建议采用多支柱体系来为退休人群提供收入保障，包括：① 第一支柱：强制参与、公共管理、税收出资的公共养老金；② 第二支柱：强制参与、个人管理、完全积累制；③ 第三支柱：自愿参与、个人管理、完全积累制个人储蓄。

世界银行还指出，在实现养老金制度的核心目标方面，多支柱设计比单一支柱提供了更大的灵活性，如保护老年人免受贫穷风险，并使工作到退休的消费平稳过渡。

当前，我国已初步构建起与国际接轨的三支柱养老金制度，以第一支柱基本养老保险为基础、第二支柱企业（职业）年金为补充以及第三支柱个人储蓄性养老保险和商业养老保险相衔接的养老保险体系，如表 11 - 1 所示。

其中，基本养老保险制度包括城镇职工基本养老保险和城乡居民基本养老保险，立足于保基本，采取社会统筹与个人账

户相结合的模式，制度体系已相对完备。人力资源和社会保障部的数据显示，截至 2021 年底，全国基本养老保险参保人数已达 10.3 亿人，其中企业职工基本养老保险参保人数为 4.2 亿人[①]；企业年金和职业年金制度主要发挥补充作用，由用人单位和个人共同负担，实行完全积累，市场化运营。截至 2021 年底，参加企业（职业）年金的职工有 7 200 多万人，积累基金近 4.5 万亿元[②]；个人储蓄性养老保险和商业养老保险目前属于多层次养老体系中的短板，近期出台的个人养老金制度就是国家对第三支柱的制度性安排。

表 11-1　不同养老保险的相关法律、试点
进程、运作模式和规模

养老保障种类	相关法规和范围	模　式
基本养老保险	2014 年《国务院关于建立统一的城乡居民基本养老保险制度的意见》，包括城镇职工基本养老保险和城乡居民基本养老保险	现收现付，基本养老金＝统筹养老金＋个人账户养老金，根据个人累计缴费年限、缴费工资、当地职工平均工资、个人账户金额、城镇人口平均预期寿命等因素确定

① 中共人力资源和社会保障部党组. 进一步织密社会保障安全网［EB/OL］. (2022 - 04 - 16)［2024 - 06 - 20］. http：//www. qstheory. cn/dukan/qs/2022-04/16/c_1128558641. htm.

② 中共人力资源和社会保障部党组. 进一步织密社会保障安全网［EB/OL］. (2022 - 04 - 16)［2024 - 06 - 20］. http：//www. qstheory. cn/dukan/qs/2022-04/16/c_1128558641. htm.

养老保障种类	相关法规和范围	模　　式
企业年金	2017 年《企业年金办法》	由用人单位和职工建立，是企业/机关单位的福利制度
职业年金	2015 年《机关事业单位职业年金办法》	
个人养老金	2022 年 11 月人社部、财政部、国家税务总局、银保监会、证监会联合发布《个人养老金实施办法》，银保监会《商业银行和理财公司个人养老金业务管理暂行办法》；银保监会《商业银行和理财公司个人养老金业务管理暂行办法》	个人账户，（在一定范围内）投资产品自选，盈亏自担
个人递延型商业养老保险；专属商业养老保险	2018 年 5 月在上海、福建、苏州工业园区试点个人税收递延型商业养老保险。（财政部等五部门《关于开展个人税收递延型商业养老保险试点的通知》）；2021 年 6 月在浙江、重庆试点专属商业养老保险；2022 年 3 月试点扩大至全国	个人通过个人商业养老资金账户购买符合规定的商业养老保险产品

资料来源：政府网、财政部官网、银保监会、华西证券研究所。

11.1.2　三支柱所处发展阶段不同，个人养老金仍处于萌芽发展阶段

长期以来，我国养老金制度体系过度依赖第一支柱，导致第二、第三支柱发展不充分。从现状来看，我国第二支柱市场

仍需政策撬动。近年来，我国企业（职业）年金制度发展迅速。数据显示，2007—2019 年，企业年金基金平均年化收益率达到 7.07％，但对大量的灵活就业人员而言，企业（职业）年金制度无法将其纳入。由于起步较晚，尽管第三支柱市场仍处于萌芽发展阶段，但随着个人养老金制度的落地，居民养老规划意识的增强、金融机构的积极入局都在助力第三支柱加速发展与完善，这会有效缓解第一支柱的支付压力。

我国个人养老金制度的基本思路主要是以账户制为基础，个人自愿参加，资金市场化投资运营，国家从税收政策上予以支持。由于实行个人账户制，个人可以自主选择购买符合规定的银行理财、公募基金、储蓄存款、商业养老保险等金融产品，实行完全积累，并按照规定享受国家的税收优惠政策。

2022 年被视为中国个人养老金的元年，相关政策配套和市场化举措稳步推进。美世联合特许金融分析师（chartered financial analyst，CFA）协会对全球 44 个国家和地区的养老金体系进行了综合研究，覆盖全球 65％的人口，其发布的《全球养老金指数报告》以全球各地的养老金制度为基准，从可持续性、充足性和完整性 3 个分类指数衡量各养老金体系。如图 11-1 所示的指数权重构成中可以看出，充足性被赋予了 40％的权重，主要体现为成员提供的福利和重要的体系设计特点；可持续性占比为 35％，主要关注未来的可持续性；完整性占比为 25％，主要体现影响体系整体治理、运营的法规和公民信心水平。

数据显示，全球来看，养老金体系排在前三位的依次是冰

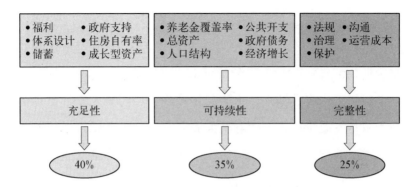

图 11-1　美世 CFA 协会全球养老金指数计算

资料来源：美世 CFA 协会。

岛（84.7 分）、荷兰（84.6 分）和丹麦（82 分）。从亚洲来看，新加坡（74.1 分）的养老金体系继续排在首位，其在全球 44 个国家和地区中排名第九，亚洲地区排名第二和第三的分别是中国香港（64.7 分）和马来西亚（63.1 分），中国内地养老金体系综合得分为 54.5 分，全球排在第 36 位，评级维持在 C 级。未来，我们可以在最贫困高龄人群的补助水平、养老金体系的员工覆盖率、逐步提高养老金领取年龄、提供更多投资选项等方面做一些针对性的提升。

11.1.3　养老金体系所面临的现实问题

大家平日讲的"老有所养，老有所依"，其关键还在于人们退休后的钱袋子——养老金是否充足，这也是大家辛苦缴纳几十年养老保险的核心所在。数据显示，自 2005 年以来，我国每年都会根据社会平均工资和物价增长对养老金进行调整，而且每年调整的幅度都不同。截至 2022 年，我国退休人员养老金已经实现了"18 连涨"。据不完全统计，从 2012 年到 2021 年，企业退休人员月人均养老金从 1 686 元增长到 2 987 元，城乡居民月人均养老金从 82 元增长到 179 元[①]。随着人口拐点的到来，未来养老金的增速将放缓，并需要应对持续上升的老年人口抚养比和较低的养老金替代率问题。

　　首先是老年人口抚养比，即 65 岁及以上老年人口与劳动年龄人口的比例，代表着每 100 名劳动年龄人口需要供养多少老年人。该比例越高，说明社会中需要照顾的人越多，劳动年龄人口的负担就越重。国家卫健委的最新数据显示，截至 2021 年末，全国 60 周岁及以上老年人口有 2.67 亿人，占总人口的 18.9%；全国 65 周岁及以上老年人口有 2 亿人，占总人口的 14.2%。全国 65 周岁及以上老年人口抚养比为 20.8%，代表着养一位退休老人需要由近 5 名年轻人所交的养老金，而 2012 年的抚养比为 12.7%，即由 8 名年轻人供养 1 位退休老人。当前，中国人口将正式进入负增长时期，劳动适龄人口的下降和年轻人生育意愿的降低，未来都会对抚养比产生持续深远的影响。数据显示，按照中国逐年下降的生育率（以 1.2 的综合生育率）推算，2050 年的抚养比预计超过 50%，也就是平均 2 个年轻人养 1 位老人[②]。

---

　　① 15 年、20 年、30 年……社保缴纳年限不同对到手退休金影响有多大？［EB/OL］.（2023 - 02 - 16）［2023 - 12 - 20］https://www.21jingji.com/article/20230216/herald/5f51cf7c1df447f2a5cd0611d118c2b2.html.

　　② DT 财经.80、90 后想体面养老，要存多少钱？［EB/OL］.（2023 - 02 - 10）［2023 - 05 - 11］. https://mp.weixin.qq.com/s/CVywR23PYam0lqdWWdonAw.

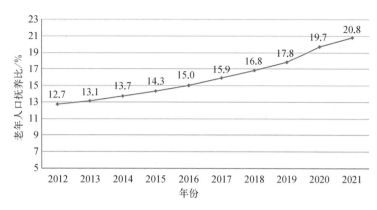

图 11 - 2 2012—2021 年全国 65 周岁及以上老年人口抚养比

资料来源：国家卫健委网站。

其次是养老金替代率，即人们退休后领取的养老金与退休前工资收入的比率，是衡量养老金水平最直观的指标。举个例子来说，Michael 今年退休，退休前的工资是每月 10 000 元，如果他退休后可以领取每月 5 000 元的养老金，那养老金替代率就是 5 000/10 000＝50％。根据国际劳工组织《社会保障最低标准公约》的建议，养老金替代率的警戒线为 55％。经合组织表示，养老金目标综合替代率一般设定为退休前一年工资的 70％，其中包括私营部门人员的强制养老金计划（由公共和个人共同缴费），以及覆盖至少 30％工作人口的自愿性职业养老金计划。如果人们希望退休后的生活尽量与退休前保持一致，那么养老金替代率最好能保持在 70％以上。

尽管我国养老金已经实现了"18 连涨"，但数据显示，2021年我国社保养老金的平均替代率为 43.6％，已低于国际劳工组

织 55％的警戒线，而 2000 年的替代率则为 70％，也就是说在 20
年时间里养老金替代率下降了近 30％，这意味着一部分退休人员
到手的养老金不及退休前工资的一半，在满足基本的生活保障需
求以外，很难再有余钱追求更高质量的养老生活。长远来看，我
国养老金体系中覆盖面最广的第一支柱已经面临较大的收支压
力，第二支柱的提升空间也有限，因此要推动个人养老金制度
加速落地，大力发展第三支柱，从个人养老金和商业养老金融
层面扩展人们退休收入的来源，提升城乡居民的养老金水平。

　　步入长寿时代，要想拥有体面的养老生活，很多年轻人已
经意识到自己应该做些什么，但大部分还都停留在意识层面，
并没有付诸实际行动。根据上投摩根基金和蚂蚁理财智库发布
的《2022 当代青年养老规划调查图鉴》，虽然 90.30％的受访
青年认同养老要越早准备越好，但仅有 16.60％的人配置了相
关资产，有 43.7％觉得人无远虑必有近忧，慢慢开始了解养老
产品，同时，仍有 39.7％的受访青年表示没有进行过任何行
动①。这也可以看出当代青年在养老规划方面并不能做到"知
行合一"，仍存在较大的提升空间。

11.2　个人养老金的深度解读

　　贝恩公司最新发布的《中国养老金市场白皮书》显示，中

---

① 养老要趁早？一则报告解密当代青年养老规划现状［EB/OL］.（2022-10-07）
［2023-12-28］.证券时报，https://www.chinanews.com.cn/cj/2022/10-07/9867723.shtml.

国居民开始将养老（包含养老金及养老服务）作为整体财富管理的必要考量，随着收入及财富增长，人们对养老服务质量和多样性的需求逐渐上升。从图 11 - 3 中可以看出，大众人群的养老资金主要依赖基本养老金、商业养老保险及年金产品，以满足基础性的养老及健康服务；富裕人群的养老资金则来源于多元化的资产配置，以满足综合性的养老增值服务；而高净值人群的养老资金则期望通过全方位的财务规划获得。

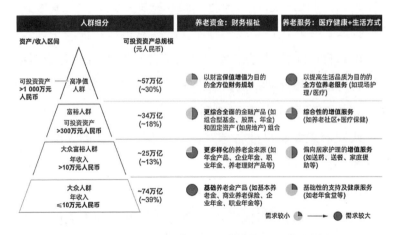

图 11 - 3　民众开始将养老（包含养老金及养老服务）作为整体财富管理的必要考量

资料来源：贝恩公司.中国养老金市场白皮书［R］.2023：6.

2022 年 4 月，国务院办公厅印发《关于推动个人养老金发展的意见》（以下简称《意见》），规定个人养老金实行个人账户制度，缴费由参加的个人承担，实行完全积累，每年个人养老金缴费上限为 12 000 元，参加人可以通过本人唯一的个人养老金资金账户，购买符合规定的银行理财、储蓄存款、商业养老保险、公募基金等金融产品。个人养老金制度的运作模式为"两层账户＋多种金融产品＋封闭运营"，参加基本养老保险的劳动者可自愿参加。《意见》的出台，标志着我国正式出台了以"账户制"为核心的个人养老金制度。2022 年 11 月 25 日，人社部宣布个人养老金制度启动实施，首批个人养老金账户覆盖了北京、上海、广州、西安、成都等 36 个先行城市或地区，共有 23 家国有和商业银行可正式为参加者开通个人养老金账户，线上线下渠道均可。

11.2.1　如何开立个人养老金账户

如果决定开立个人养老金账户，个人应首先确认参加了城镇职工基本养老保险或城乡居民基本养老保险。待符合条件后，个人需要开立两个账户：一是个人养老金账户，另一个是个人养老金资金账户（参照Ⅱ类账户进行管理）。两个账户都是唯一的，且互相对应，其开立渠道和账户功能如表 11 - 2 所示。

表 11 - 2　个人养老金两个账户的开立渠道和功能

个人养老金账户	开 立 渠 道	功 　 能
个人养老金账户	通过国家社会保险公共服务平台、全国人力资源和社会保障政务服务平台、电子社保卡、掌上 12333App 等全国统一线上服务入口或者商业银行等渠道	用于登记和管理个人身份信息，并与基本养老保险关系关联，记录个人养老金缴费、投资、领取、抵扣和缴纳个人所得税等信息，是参加人参加个人养老金、享受税收优惠政策的基础

续　表

个人养老金账户	开 立 渠 道	功　　能
个人养老金资金账户	通过商业银行开立或者指定本人唯一的个人养老金资金账户，也可以通过其他符合规定的个人养老金产品销售机构指定。参加人可以在不同商业银行之间变更其个人养老金资金账户	作为特殊专用资金账户，与个人养老金账户绑定，为参加人提供资金缴存、缴费额度登记、个人养老金产品投资、个人养老金支付、个人所得税税款支付、资金与相关权益信息查询等服务

资料来源：人力资源和社会保障部，财政部，国家税务总局，银保监会，证监会. 关于印发《个人养老金实施办法》的通知［EB/OL］.（2022－10－26）［2023－05－11］. https://www.gov.cn/zhengce/zhengceku/2022－11/05/content_5724783.htm.

Michael 从银行渠道得知可以开立个人养老金账户的消息后第一时间进行了操作，他选择了在某银行开立个人养老金账户。在他看来，整个账户开立过程非常便捷，各银行都把个人养老金功能放在线上线下渠道非常醒目的位置，以手机银行 App 为例，进入首页的"个人养老金"专区，根据提示经过短信验证、人脸识别、密码验证等步骤后，一次性可开立 2 个账户，用时不超过 10 分钟。

账户开立后，Michael 就绑定了银行卡并向个人养老金资金账户一次性缴存了 12 000 元，即个人每自然年度缴纳的上限，资金缴存可以按月、分次或者按年，次年重新计算，享受税前扣除优惠。

缴存完成后，Michael 就开始浏览个人养老金专区可投资的金融产品，目前专区上线了养老基金、养老存款和养老保险等产品，其中养老基金分列为目标风险型和目标日期型，并清晰的标注出风险类别和适配人群。

Michael 可以选择购买以上一种或者多种养老产品，从收益和风险梯度来看，养老基金侧重投资属性，养老存款侧重长期保值，养老保险则侧重保障功能。考虑到个人养老金是封闭运行的长期资金，Michael 最终选择了匹配自身预期退休年龄的目标日期型养老基金。购买完成后，Michael 随时都可以在手机 App 上查看账户收益情况。随着个人养老金制度的完善，会有更多的金融机构参与市场布局，图 11－4 是对现有个人养老金体系的汇总。

从个人养老金融产品的特点来看，首先其命名有自己的专属方式（见表 11－3）。证监会在 2018 年发布的《养老目标证券投资基金指引》中首先对原有的"养老"公募基金进行变更改造，规定目标基金应在基金名称中包含"养老目标"字样，而其他公募基金则不得使用"养老"字样。此后，银保监会又对带有"养老"字样、名不副实的理财和保险产品进行清理，从而将养老金融产品与其他理财和公募基金产品区别开来。

其次是养老金融产品的普惠属性，不仅起投门槛低，例如养老理财产品和养老目标基金的投资门槛均为 1 元，而且在费率结构方面也远低于同类型产品，从已发行的养老理财产品看，管理费率在 0%～0.1% 区间，托管费率也较低，在 0.01%～0.02% 区间，不收取业绩报酬，在满足收益分配条件下，产品管理人可以定期分红。个人养老目标基金方面，在为养老投资

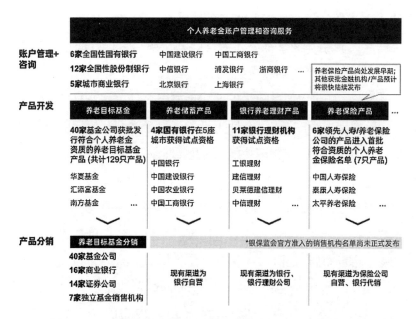

图 11－4　以银行个人养老金账户为基础，银行及理财公司、
保险公司、基金公司、证券公司等多方参与的
个人养老金体系（截至 2022 年 12 月）

资料来源：贝恩公司.2023 中国养老金市场白皮书［R］.2023：9.

者专设的 Y 份额上普遍实施原 A 类份额管理费和托管费基础
上的 5 折费率优惠。

　　最后，所有的养老金融产品均强调长期投资属性，养老目
标基金通过采取定开封闭运作期或最短持有期的方式引导长期
投资，定开封闭运作期或最短持有期限不短于 1 年、3 年或 5
年；养老保险产品要求交费期限为保险合同生效后至参保人达
到国家规定退休年龄前。养老理财产品期限相对较长，封闭期
或者最低持有期最少为 5 年。养老储蓄的产品期限最短为 5 年。

11.2.2 个人养老金账户的税收优惠和适配人群

结合其他国家多层次养老保险制度的运行，我们可以发现大部分国家针对第三支柱都出台了一定的税收优惠政策，鼓励个人积极参与个人养老金投资，比如美国第三支柱的主要部分——个人退休账户 IRA 就享有税收优惠。针对个人养老金，我国也出台了相应的税收优惠政策，如表 11–4 所示。

从表 11–5 我们可以得知，在缴费和投资环节暂不对个人养老金征收个人所得税，而是在领取环节按照 3% 的所得税率征收。从我国个人所得税税率来看，领取个人养老金阶段 3% 的税率直接对标个人所得税的最低档 3%，即全年应纳税所得额不超过 36 000元（月收入在 5 000 元至 8 000 元）的人群。因此，个人养老金的税延优惠对于全年累计应纳税所得额超过 36 000 元（月收入超过 8 000 元）的人群更有吸引力。每个人都需要为养老做准备，结合递延纳税优惠政策，个人养老金制度匹配的目标人群有哪些？

首先是中高收入人群。收入越高的群体，缴税越多，税收递延优惠的效果就越显著。这里我们还是从 3 位收入不同的投资人角度加以阐述，他们分别是 Michael、Amy 和 Tony。其中，Michael 月收入为 8 000 元，Amy 月收入为 15 000 元，Tony月收入为 30 000 元，他们 3 位都决定参加个人养老金项目，假定他们每年都顶格缴存个人养老金 12 000 元，投资周期为 20年，这里我们使用中证 FOF 基金指数（931153.CSI）近 3 年的年化收益率 5.02% 作为投资回报率，对比一下个人养老金税收递延在退休收益方面有哪些优势。

表11-3　个人养老金融产品特点比较

	养老目标基金	个人税收递延型商业养老保险	专属商业养老保险	养老理财	养老储蓄
产品名称	有规范统一的命名规则，管理人＋养老字样＋产品类型＋运作方式	有规范统一的命名规则，管理人＋个人税收递延型商业养老保险＋产品类型（A、B1、B2、C）	有规范统一的命名规则，保险公司名称＋说明性文字＋专属商业养老保险	产品命名规则各异，延续各行理财内部命名体系。例如，光大养老理财产品"颐享阳光养老理财产品橙2026第1期"，既没有标明光大养老也没有说明产品类型运作期限	
起购金额	起购点为1元	按照当月工资薪金、连续性劳务报酬收入的6%和1 000元执低		起购点为1元	
产品类型	FOF基金，80%以上基金资产投资于公募基金，包括目标风险和目标日期基金	包括积累期和领取期2个阶段。根据积累期收益类型不同，税延养老保险产品积累期养老资金的收益类型，分为收益确定型、收益保底型、收益浮动型	积累期采取"保证＋浮动"的收益模式，保险公司应为消费者提供风险偏好不同的一个以上的投资组合。每家公司至少提供一款稳健型产品和一款进取型产品	普通公募，除光大理财权益上限设为40%，贝莱德建信王理财收益权益比例0~80%，属于混合型产品外，另外3家公司产品权益投资比例不超过20%，均为固定收益类公募产品	整存整取、零存整取和整存零取3种类型

续表

	养老目标基金	个人税收递延型商业养老保险	专属商业养老保险	养老理财	养老储蓄
运作模式	定开封闭运作期或最短持有期，期限不短于1年、3年或5年的，分别对应的权益类资产投资比例上限为30%、60%、80%。持有期或封闭期到期后产品继续配比满足投资者需求	保险期限：终身或长期，包括积累期和领取期2个阶段。长期领取期限不少于15年	保险期间为终身或长期。长期领取期限不少于10年	封闭期或投资者最低持有期最少为5年。其中贝莱德建信理财发行一只封闭期为10年的产品	产品期限：5年、10年、15年和20年4档
提前赎回机制或特殊退保	没有特殊赎回机制，严格按照产品持有期或封闭期约定执行	重大疾病	重大疾病、意外伤害	重大疾病、购房可提前赎回，满足一定年龄条件可以免除赎回费。对于符合条件的提前赎回是否收取赎回费管理人的约定不同，从0～2%不等	

续表

	养老目标基金	个人税收递延型商业养老保险	专属商业养老保险	养老理财	养老储蓄
分红设置	现金分红或红利再投。目前成立运作的养老目标基金上做出迎合养老需求的特殊安排。169只已成立的养老目标基金中，仅有3只在基金合同中明确约定每年收益分配的次数至少为1次；1只基金成立以后每季分红			均为现金分配，信披材料约定产品成立一段时间（0.5年到2年）后按照既定频率进行分红的条款。除工银理财明确在合同中约定了在满足分红条件下每年的分红日外，其他养老理财产品均保留了既定频率下抉定分红与否的权力	

资料来源：李文、李宏纲.个人养老金产品发展报告［M］//汪泓.上海社会保障改革与发展报告.北京：社会科学文献出版社.2023：114－115.

表 11 - 4　个人养老金的税收优惠

阶　段	个人养老金的税收优惠
缴费环节	个人向个人养老金资金账户的缴费，按照 12 000 元/年的限额标准，在综合所得或经营所得中据实扣除
投资环节	计入个人养老金资金账户的投资收益暂不征收个人所得税
领取环节	个人领取的个人养老金，不并入综合所得，单独按照 3%的税率计算缴纳个人所得税，其缴纳的税款计入"工资、薪金所得"项目

资料来源：罗惠洲，魏涛.个人养老金全景十八问［R/OL］.（2022 - 12 - 31）［2023 - 05 - 11］. https://pdf.dfcfw.com/pdf/H3 ＿ AP202301011581613519 ＿ 1.pdf.

表 11 - 5　个人所得税税率表（综合所得适用）

级数	全年应纳税所得额	税率/%	速算扣除数/元
1	不超过 36 000 元的	3	0
2	超过 36 000 元至 144 000 元的	10	2 520
3	超过 144 000 元至 300 000 元的	20	16 920
4	超过 300 000 元至 420 000 元的	25	31 920
5	超过 420 000 元至 660 000 元的	30	52 920
6	超过 660 000 元至 960 000 元的	35	85 920
7	超过 960 000 元的	45	181 920

资料来源：国家税务总局。

　　从表 11‒6 中我们可以看出，根据现有的税延优惠政策，Michael 在退休时可以领取的退休金与不享受税延情况下相同，这等同于不抵税。而 Amy 退休时则可以多领取 27 834 元，Tony 可以多领取 67 597 元，这也印证了税延优惠政策对中高收入群体更有吸引力。

　　其次是庞大的年轻人群体。很多年轻人刚刚开始个人财富的积累，可投资的资产非常有限，但由于个人养老金的长期属性在复利的作用下赋予了本金更多的增长空间，最终到期收入享受的税延优惠金额也非常可观。此外，由于个人养老金实行封闭运行模式，领取方面有相应的条件限制，这样就避免了年轻人频繁交易等行为偏差。

表 11‒6　个人养老金税延优惠政策对不同收入群体的效果

对比项目	Michael		Amy		Tony	
每月收入/元	8 000		15 000		30 000	
个人所得税税率	3%		10%		20%	
是否选择个人养老金账户做投资	不选择（不享受税延优惠）	选择（享受税收递延优惠）	不选择（不享受税延优惠）	选择（享受税收递延优惠）	不选择（不享受税延优惠）	选择（享受税收递延优惠）
每期缴存本金/元	12 000	12 000	12 000	12 000	12 000	12 000

续　表

对比项目	Michael		Amy		Tony	
每期税后缴存本金/元	11 640	12 000	10 800	12 000	9 600	12 000
到期收入/元	385 702	397 631	357 868	397 631	318 105	397 631
到期税后收入/元	385 702	385 702	357 868	385 702	318 105	385 702
递延收益/非递延收益	1.00		1.08		1.21	
额外领取金额/元	0		27 834		67 597	

注：中证 FOF 基金指数（931153.CSI）年化收益率计算区间从 2018 年 2 月 22 日成立至 2023 年 2 月 22 日，到期收益计算通过 Excel 计算 FV 终值公式。

　　最后是适合缺乏投资经验的群体。长期来看，个人养老金制度的覆盖面非常庞大，但很多人对投资和风险偏好缺乏认知，导致在自主产品选择方面不能很好地匹配自身状况。因此，对于在投资能力和经验方面欠缺的投资者可以积极参与个人养老金计划。

　　由于个人养老金资金账户实行封闭运行，因此针对领取场景，需要参加人满足一定的条件，就可以通过商业银行渠道按月、分次或者一次性领取个人养老金。图 11-5 是对个人养老金投资流程的汇总。

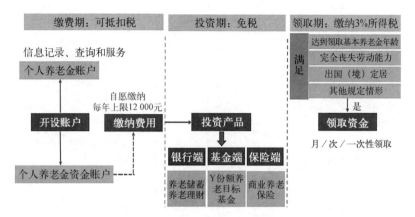

图 11－5　个人养老金投资流程示意图

资料来源：人社部、财政部、国家税务总局、银保监会、证监会、信达证券研发中心。

11.2.3　如何构建个人养老金投资组合

众所周知，投资活动往往伴随着风险，如果发生亏损人们也常常安慰自己说"就当交了学费"，这也可以看作是投资的试错成本。对于日常投资，人们会允许一定的容错率，如传统资产配置模型，60/40 投资组合，占比高的权益资产在提高组合收益率的同时也会提高组合的波动率，但这些模型并不适用个人和家庭的养老金投资组合，这是因为人们退休后收入来源有限。

迈克尔·茨威彻在《养老金投资组合》一书中表示，虽然传统的理财规划与养老金投资组合看上去相似，但两者其实有较大的区别，尤其是在资金累计和花费的过程中，养老金投资组合的消费计划更加平滑并且可持续。不论风险厌恶程度如何，在花费相同的情况下，风险厌恶程度高的客户更偏好稳定、安全的消费方式，图 11－6 是按照年龄配置的资本市场线，左侧轴线上是养老金全部投资保底资产（长寿保险和现金）的组合，对于小于 30 岁的年轻人来说，没有足够的生活阅历来确定退休后保底投资组合的金额。然而，当一个人到了中年以后，生活需求基本固定，这时就可以建立保底投资组合了。随着人们年龄的增加，倾向于减少风险资产的配置，增加保底资产的比重。

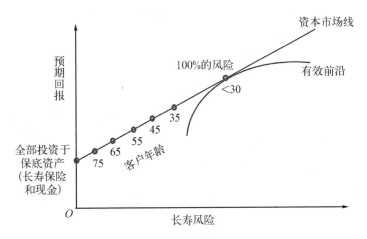

图 11－6　按年龄配置的资本市场线

资料来源：迈克尔·茨威彻.养老金投资组合［M］.兴全基金管理有限公司，译.北京：中信出版社，2019.

本质上来看，个人养老金组合的构建关键看 2 个参数：一个是距离退休的年份，另一个是预期退休后的生活需求。其他有影响的参数是预期通货膨胀率、长寿的可能性和是否愿意将资金的一部分作为预防性资金。如果考虑把以下4类资产纳入个人养老金投资组合，在不同生活需求、年龄和预期通货膨胀率条件下的资产配置比例如表11-7所示。

在生命周期的不同阶段，个人养老金资产账户的资产配置也可以适当参照表11-7的比例。以现在年龄40岁、预期寿命90岁为例，在通货膨胀2%的假设条件下，保底投资组合、长寿保险、现金、风险资产可参考的配置比例分别为35%、2%、10%、53%；在通货膨胀3%的假设条件下，保底投资组合、长寿保险、现金、风险资产可参考的配置比例分别为50%、3%、10%、37%。在不同通货膨胀比例的假设下，保底投资组合和风险资产的配置相差较大，这是由于在高通货膨胀环境下，投资者的保值需求更加迫切，对风险和波动的容忍度降低，保底组合因相对稳定且与通胀关联度较小而更受青睐。同样在通胀3%的假设下，投资者70岁保底投资组合、长寿保险、现金、风险资产可参考的配置比例分别为84%、5%、10%、1%；投资者75岁时上述配置的比例分别为88%、6%、10%、−4%。模型中风险资产的比例为负值表示在这个年龄段，投资组合不应该包含任何风险资产，应该从风险资产中撤出资金，转移到更保守的投资类别中，如保底投资或持有现金。因为75岁以上的老年人可能需要更多的稳定收入和更大的流动性，而不是承担投资风险。

表 11 - 7　不同生活需求、年龄和预期通货膨胀率的资产配置

到 85 岁的保底资产配置名义值，2%的预期通货膨胀率

年龄	保底投资组合/%	长寿保险/%	现金/%	风险资产/%
30	28	3	10	59
35	32	4	10	54
40	37	4	10	49
45	43	5	10	42
50	50	6	10	34
55	58	7	10	25
60	67	8	10	15
65	77	9	10	4
70	**82**	**11**	**10**	**-3**
75	**88**	**12**	**10**	**-10**

到 90 岁的保底资产配置名义值，2%的预期通货膨胀率

年龄	保底投资组合/%	长寿保险/%	现金/%	风险资产/%
30	26	1	10	63
35	30	2	10	58
40	35	2	10	53
45	40	2	10	48
50	47	2	10	41
55	54	3	10	33
60	62	3	10	25
65	72	4	5	19
70	77	4	5	14
75	**82**	**5**	**10**	**3**

续　表

年龄	到85岁的保底资产配置名义值，3%的预期通货膨胀率				年龄	到90岁的保底资产配置名义值，3%的预期通货膨胀率			
	保底投资组合/%	长寿保险/%	现金/%	风险资产/%		保底投资组合/%	长寿保险/%	现金/%	风险资产/%
30	43	6	10	41	30	41	3	10	46
35	47	7	10	36	35	45	3	10	42
40	52	7	10	31	40	50	3	10	37
45	57	8	10	25	45	55	3	10	32
50	63	9	10	18	50	60	4	10	26
55	69	10	10	11	55	66	4	10	20
60	76	11	10	3	60	73	4	10	13
65	84	12	10	-6	65	80	5	10	5
70	88	13	10	-11	70	84	5	10	1
75	92	14	10	-16	75	88	6	10	-4

注：这里把风险资产（可自主支配的权益资产）配比是否超过10%作为测量财富是否充足的办法。如果整体投资组合只有不超过10%的财富可以承担风险，那么非承租相的风险过高，否则我们不能期望太高的收益。字体是斜体加粗的部分代表如果不完全全货币化死亡风险，个人将没有足够的资金维持养老生活。

资料来源：迈克尔·茨威伯. 养老基金投资组合 [M]. 兴全基金管理公司，译. 北京：中信出版社，2019.

2022 年 11 月 25 日，我国的个人养老金制度先行于 36 个城市（地区）启动实施。根据人社部的数据，截至 2023 年 6 月底，开立个人养老金账户人数为 4 030 万人，开户缴费比例依然较低。此外，证券日报网相关数据也显示，截至 2023 年 5 月底，个人养老金实际缴费人数却仅有 900 多万人，客户开户后的缴费比例不高。这其中除了宏观和外部经济环境因素以外，人们对养老金制度以及其运作方式缺乏了解也影响着个人缴费的意愿和动力。

表 11-8 个人养老开户和缴费数据

时 间	开户参与人数/万人	缴费人数/万人	缴费人数占比/%	缴费总金额/亿元	户均缴存额/元
2022 年末	1 954	613	31	142	2 316.48
2023 年 3 月	3 038	900+	>30	182	2 022.22
2023 年 5 月	3 743.51	900+	>24	超 180	2 000.00
2023 年 6 月	4 030	—	—	—	—

资料来源：邓虎，张滔.倾听投资者的声音，思考个人养老金业务的下一步方向[R].2023.

中国保险资产管理业协会发布的《中国养老财富储备调查报告（2023）》也表明，在参与个人养老金的态度方面，有 24% 的受访者存在一定的从众心理，有近 1/3 的受访者不愿意参加个人养老金是因为没有余钱进行额外存储，有近 1/

3 的受访者是因为个人养老金账户领取条件严格、锁定时间长。但具有普惠属性的第三支柱——个人养老金制度的最大优势是将个人的短期资金转化为中长期的资产配置，为个人养老规划提供资金保障。诚然，当前的个人养老金制度和产品方面存在较大的改进空间，尤其在流动性、收益率和风险匹配、用户体验、投资者教育等方面，但对个人投资者来说，个人养老金不仅能够补充政府或雇主提供的基本养老金，增加退休金的多样性和稳定性，还能提升个人退休后的生活质量。

从全球来看，延迟退休已经成为全球应对老龄化和少子化的主流方案，很多国家都期望通过延迟退休释放人口的第二波红利（见表 11-9）。

表 11-9 主要发达国家延迟退休政策

国家	延迟退休时间/年龄	主 要 内 容
德国	2001 年/65 岁；2029 年/67 岁	1992 年，《养老金改革法》规定，2000 年开始将退休年龄延迟到 65 岁。2007 年提出，从 2012 年开始到 2029 年，逐步将领取养老金的最低年龄由 65 岁提高到 67 岁
法国	2010 年/62 岁；2030 年/64 岁	从 2023 年 9 月开始，法定退休年龄将每年延迟 3 个月。最终目标是到 2030 年，法定退休年龄从目前的 62 岁延迟至 64 岁

续　表

国家	延迟退休时间/年龄	主 要 内 容
美国	2009 年/66 岁；2027 年/67 岁	1983 年，决定将法定正常退休年龄由 65 岁提高到 67 岁，从 2003 年开始正式执行，每几年提高 1 岁，直到 2027 年完成。美国实行弹性退休制度，并设定了 3 个法定退休年龄：正常退休年龄，最早可提前退休年龄（62 岁），最大可奖励延迟退休年龄（70 岁）
日本	1998 年/60 岁；2013 年/65 岁	1994 年，明确规定了企业有雇佣员工到 60 岁退休的义务，并从 1998 年开始正式实施 2004 年，提出自 2006 年开始，阶段性地推迟退休年龄，直至 2013 年延长至 65 岁 2020 年，提出了"企业有义务达成雇佣劳动者工作到 70 岁"
韩国	2016 年/60 岁；2033 年/65 岁	2013 年，规定法定退休年龄不得低于 60 岁，并于 2016 年起开始实施。2019 年，据新加坡《联合早报》报道，韩国政府拟到 2033 年，将退休年龄从 60 岁分阶段推迟至 65 岁，目前尚未颁布新规

资料来源：高瑞东，刘星辰.延迟退休，能否释放二次人口红利[R].2023.

　　日本是较早执行延迟退休方案的国家。2013 年，日本将延迟至 65 岁退休规定为企业义务。此后老年群体就业意愿明显增加，劳动参与率触底回升。老年人口再就业，家庭收入得以增加，消费倾向保持稳定，总体储蓄明显增多。但是，青壮年群体由于养老负担、税负加重，消费倾向普遍性回落，储蓄也小幅增加。因此，日本延迟退休后，居民储蓄率回升，促进投资率上行，但居民整体消费仍较为疲弱，劳动生产率未得到提振。从日本的经验来看，延迟退休方案释放二次人口红利的效果有限。

　　面对人口老龄化的困境，我国政府也一直在考虑和讨论延迟退休年龄的方案，并于 2024 年 9 月公布了渐进式延迟法定退休年龄的方案，计划在 15 年内将男性退休年龄从 60 岁延迟至 63 岁，女性从 50 岁或 55 岁延迟至 55 岁或 58 岁。该方案自 2025 年 1 月 1 日起实施，遵循小步调整、弹性实施、分类推进、统筹兼顾的原则，同时提高领取基本养老金的最低缴费年限至 20 年，并鼓励弹性退休和养老保险激励机制。政府还将促进就业、保障劳动者权益，并发展养老服务体系，以应对人口老龄化的挑战。延迟退休对我国绝大部分年轻人的养老规划产生深远影响，而个人养老金制度将成为每个人的必选项。

 投资 Tips:

1. 由于人口老龄化和潜在的养老金缺口，个人应尽早开始规划退休金，利用时间的力量和复利效应来增加储蓄。

2. 构建一个多元化的养老金投资组合，包括股票、债券、基金等，以分散风险并提高长期收益潜力。

3. 密切关注国家关于养老金政策的更新，包括个人养老金账户的税收优惠政策，合理利用这些政策来优化自己的养老金规划。

4. 随着年龄、经济状况和市场环境的变化，定期审视和调整养老金投资策略，确保投资组合与退休目标保持一致。

5. 提高个人对养老金规划和投资的认知，通过阅读、参加研讨会或咨询财务顾问来增强自己的财务规划能力。

6. 鉴于个人养老金制度的潜在优势，积极参与并充分利用个人养老金账户，以补充其他养老金来源。

第 12 章

对公募基金投资的未来展望

12.2 发展
ESG基金是
长期必然
趋势

公募基金
发展的未
来展望

12.1 公募
基金市场最
新趋势洞察

　　受益于金融市场改革、净值化转型及投资者需求提升等多方因素，公募基金资产净值在 2023 年 6 月末首次超越银行理财产品成为第一大资管品，数据显示，银行理财市场存续规模为 25.34 万亿元，而同时点公募基金资产净值合计 27.69 万亿元。尽管自 2022 年以来，国内权益市场受地缘政治、宏观经济不确定性的影响，波动较大，主动权益基金的发行也一度遇冷，但凭借自身的产品创新和竞争优势，公募基金在 25 年的发展历程中逐渐成为居民财富新的资产配置出口，在规模稳定增长的同时，也牢牢把握了财富市场未来的发展趋势。

表 12 - 1　公募基金市场最新数据

类　别	基金数量（只）（2023/11/30）	份额（亿份）（2023/11/30）	净值（亿元）（2023/11/30）
封闭式基金	1 344	35 488.28	37 500.79
开放式基金	10 047	226 468.55	237 029.58
其中：股票基金	2 230	25 603.58	27 766.49
其中：混合基金	4 901	36 312.83	40 211.39
其中：债券基金	2 265	44 265.13	49 570.26
其中：货币基金	371	115 340.49	115 464.96
其中：QDII 基金	280	4 946.51	4 016.49
合计	11 391	261 956.83	274 530.38

资料来源：中国基金业协会.公募基金市场数据（2023 年 11 月）［EB/OL］.（2023 - 12 - 26）［2024 - 02 - 22］. https://www.amac.org.cn/sjtj/tjbg/gmjj/202312/P020231226608616055468.pdf.

当下，国内公募基金的发展已经跳脱了高速成长阶段，进入高质量发展时期，从个人投资者公募基金持仓比例的上升，被动型基金规模的快速增长，再到费率改革——"降费"、ESG投资实践的深化，都显示出公募基金市场成熟度的进一步提升。

12.1 公募基金市场最新趋势洞察

12.1.1 个人投资者公募基金持仓比例的上升

最新数据显示，个人投资者在公募基金中的持仓占比略有上升，如图 12-1 所示，截至 2023 年末，投资者结构中个人投资者持有的公募基金规模同比增加 8% 至 14.7 万亿元，持仓

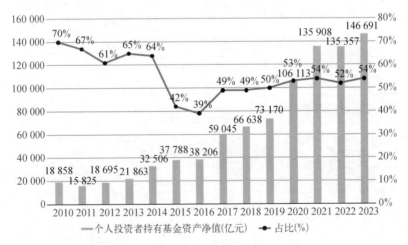

图 12-1 个人投资者持有公募基金比重

资料来源：姚泽宇、刘均伟等.公募基金发行整体趋缓，基民货/债基配置需求提升-图说资管 1Q24［EB/OL］.（2024-05-25）［2024-08-10］. https://mp.weixin.qq.com/s/M2vhFDKTOGBwt8JL5pp_sA.

占比同比上升 1.1％至 54％,略高于机构投资者的持仓比例,后者为 46％。究其原因,除了受到部分机构资金(理财子公司、券商资管)自身赎回压力的影响,也显示出公募基金已成为个人投资者新的资产配置出口。近年来,在中国家庭资产占比近 70％的房产,其价格受到了地产行业下行的冲击,而同期配置的金融资产,如股票、基金、理财等产品也因亏损而缩水严重,叠加利率持续下行的预期,个人投资者逐渐在资产配置版图中增配了货币基金、债券基金以及黄金作为避险资产。

　　大家都知道,股票市场存在周期性,在牛熊交替的行情中展现从高峰到低谷,再从低谷回到高峰的起伏,尤其 A 股市场牛短熊长的特性更增加了投资的难度,叠加经济基本面预期、市场情绪以及投资者风险偏好的影响,主动权益基金的发行在近 2 年遇到了一定的阻力;与此相对,货币市场基金和债券基金等稳健型基金则呈现出增配趋势。如表 12 - 2 所示,截至 2023 年底,个人投资者持有风险较低的货币基金和债券基金的份额分别为 7.98 万亿份和 1.04 万亿份,同比 2022 年底分别增长了 8.59％和 2.27％,而股票基金个人持有份额则为 1.63 万亿份,同比 2022 年底下降了 4.67％。

表 12 - 2　2023 年年报各类型基金投资者比例

类　　型	份额合计/亿份	机构持有份额/亿份	比例/％	个人持有份额/亿份	比例/％	个人占比同比变化/％
货币基金	109 860.04	30 029.17	27.33	79 830.87	72.67	8.59

续　表

类　型	份额合计 /亿份	机构持 有份额 /亿份	比例 /%	个人持 有份额 /亿份	比例 /%	个人占 比同比 变化/%
债券基金	78 783.48	68 391.89	86.81	10 391.59	13.19	2.27
混合基金	35 485.90	5 605.34	15.80	29 880.56	84.20	0.41
股票基金	25 022.76	8 693.75	34.74	16 329.01	65.26	−4.67
海外投资基金	5 002.81	1 703.88	34.06	3 298.93	65.94	−1.84
基金中基金 （FOF）	1 574.58	145.05	9.21	1 429.53	90.79	−1.61
其他基金	214.81	179.96	83.78	34.85	16.22	−6.90
商品基金	191.61	48.36	25.24	143.26	74.76	1.59
全部	256 135.99	114 797.38	44.82	141 338.61	55.18	2.3

资料来源：张燕北.最新！机构和个人投资动向来了［EB/OL］.（2024 - 03 - 31）
［2024 - 04 - 13］. https://mp.weixin.qq.com/s/eedRkfLo8ese4MfwFhktvg.

12.1.2　被动投资产品如 ETF 的规模持续增长

不管是成熟资本市场还是新兴投资市场，随着市场效率和信息透明度的提高，依赖于特定信息优势的 Alpha 策略会逐渐失效，还有那些建立在特定风险溢价基础上的主动策略，当风险溢价逐渐被市场认知并收缩时，Alpha 也可能收窄。除此之外，竞争加剧和策略过度复制也都会侵蚀主动策略的超额收益。长期来看，Alpha 的超额收益可能将趋于市场基准的 Beta 收益。因此，公募基金产品的被动化趋势也是市场进一步走向成熟的必然趋势。

　　我国公募市场的被动化趋势在 2018 年后加速发展，指数基金和 ETF 规模快速扩张，并且 ETF 基金已成为近年来被动投资产品中最具生命力的代表。如表 12 - 3 所示，截至 2023 年底，A 股市场共有 897 只 ETF，规模合计超过 20 000 亿元。其中，股票、跨境、货币、债券、商品 ETF 的数量分别为 727 只、107 只、27 只、19 只、17 只；规模分别为 14 553 亿元、2 794 亿元、2 070 亿元、802 亿元、306 亿元；相较 2022 年末的规模增长率分别为 36%、46%、—25%、51%、39%。值得关注的是，跨境、债券、商品 ETF 的规模增速均超过了股票 ETF[1]，这体现出在股市持续震荡及下行行情下，ETF 产品在分散化资产配置中的价值，进一步降低了风险资产的集中度。

表 12 - 3　ETF 市场规模与数量统计（截至
2023 年 12 月 31 日）

ETF 类型	数量/只	规模/亿元	2023 年规模增长率/%
股票型	727	14 553	36
跨　境	107	2 794	46
货币型	27	2 070	—25
债券型	19	802	51
商品型	17	306	39

资料来源：郑兆磊，张博. 阡陌暖春马蹄疾：ETF 与 FOF 年度复盘和展望[R]. 2024.

----

　　[1]　郑兆磊，张博. 阡陌暖春马蹄疾：ETF 与 FOF 年度复盘和展望 [R]. 2024.

与美国成熟市场相比，我国 ETF 的产品结构存在显著差异，具体表现在：美国 ETF 产品主要以宽基类为主，本土宽基股票 ETF 规模占比在 2013 年之后稳定在 50%左右，其次全球投资股票 ETF、债券 ETF 规模占比较高，都在 20%左右；行业类 ETF 占比较小，占比不到 10%。我国的宽基股票 ETF 占比同为 50%左右；其次是行业主题类股票 ETF，约占 40%；债券 ETF 的占比也较低，约为 5%。在政策支持和经济结构调整的影响下，我国的行业主题 ETF 规模大幅攀升，特别是在结构化行情的催化下，可以帮助投资者在资产组合中实现更为精准的行业配置。

近年来，受地缘政治和经济弱复苏的影响，黄金 ETF 和跨境 ETF 的配置属性大大增强，尤其是黄金广泛被视为避险资产，帮助投资者更灵活地应对市场波动和购买力下降的风险。跨境 ETF 则更有效地实现了投资风险的地理分散。从比重来看，我国跨境 ETF 占比约为 13%，还有较大的发展空间。

随着 ETF 产品矩阵的壮大，机构和个人投资者的参与度也将进一步提升。对于个人投资者来说，ETF 除了获得更便宜便捷的 Beta，还纳入了更丰富的交易策略。未来，随着我国社保、个人养老金、汇金及保险等长期资金的逐步入市，作为工具型产品的 ETF 的规模效应和配置优势将更加明显。

12.1.3 公募基金费率改革将成为趋势

美国共同基金从 20 世纪 80 年代就开启了降费步伐。这一方面有成熟市场参与者众多、竞争加剧的影响，另一方面也有指数基金快速发展的推动。从 1996 年至 2022 年，美国各类公募基金的平均费率都经历了近乎砍半甚至更高的降幅，如图 12 - 3 所示，1996—2002 年，股票型基金平均费率从 1.04％下降至 0.44％，其中主动型股票基金平均费率从 1.08％下降至 0.66％，指数型股票基金平均费率从 0.27％下降至 0.05％，债券型基金的平均费率从 0.84％下降至 0.37％[①]。

相比发达国家市场，我国公募基金的费率相对较高，除了受市场竞争不足、渠道运营成本较高的影响之外，很多基金由于管理规模不大，未形成规模效应，因而在管理费用上难以实现成本优势。2023 年 7 月 8 日，证监会公布了公募基金费率改革方案，要求新注册产品的管理费率、托管费率分别不超过 1.2％、0.2％，存量产品的管理费率、托管费率争取于 2023 年底前分别降至 1.2％、0.2％以下。公募市场开启了费率改革进程，从第一阶段降低公募基金的管理费率和托管费率，再到第二阶段合理调降公募基金的证券交易佣金费率，强化公募基金证券交易佣金分配行为监管，进一步优化公募基金行业费率披露机制[②]。图 12 - 2 是不同类型公募基金的平均费率，股票及偏股混合类基金费率最高，约为 1.4％，被动指数型基金费率为 0.6％，债券基金费率最低。与美国共同基金费率相比，我

①　姚紫薇，孙诗雨. 鉴往知来：中美公募基金市场发展对比 ［R］. 2023.

②　新华社. 第二阶段公募基金费率改革开启　进一步推动行业长期健康发展 ［EB/OL］. （2013 - 12 - 12）［2024 - 03 - 01］. http://www.news.cn/fortune/2023 - 12/ 12/c _ 1130022278.htm，2023/12/12.

国基金的费率还有进一步调降的空间，低费率将有助于吸引更多的投资者以及长期资金进入市场。这同时也符合公募以持有者利益为核心的本源和可持续发展的行业动能。

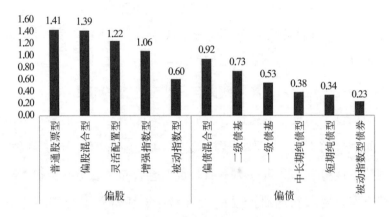

图 12-2   我国不同类型公募基金平均费率（％）

注：计算管理费率＋托管费率截至 2023 年 11 月 06 日。
资料来源：姚紫薇，孙诗雨. 鉴往知来：中美公募基金市场发展对比
［R］. 2023.

12.2   发展 ESG 基金是长期必然趋势

如果梳理 ESG（环境、社会和公司治理）投资的发展脉络，其起源可以追溯到社会责任投资（socially responsible investing，SRI），这是一种在投资过程中考虑社会和环境因素的方法，强调投资者对企业的社会责任和可持续经营的关注。ESG 投资最早在这个框架下发展起来，并逐渐成为社会责任

投资中的一个重要分支。

1971 年，帕克斯全球资产管理公司在美国创立了全球首个以社会责任为投资准则的共同基金——帕克斯世界基金（Pax World Funds）。这只基金明确主投那些符合道德和伦理标准的公司，被看作是早期 ESG 投资的一个里程碑。在此之后，关注环保主题的生态基金也开始成立。

20 世纪 90 年代，社会责任投资开始转向投资策略层面。20 世纪 90 年代，可持续发展指数开始发布，为投资者选择重视环境保护、践行社会责任、提升治理能力的投资对象提供了投资参考。1990 年，摩根士丹利发布了首个 ESG 指数，即多米尼 400 社会指数（Domini 400 Social Index）。该指数旨在反映那些在社会责任方面表现较好的公司，进一步帮助投资者基于社会责任因素做出投资决策。1997 年，全球报告倡议组织（The Global Reporting Initiative，GRI）成立，成为世界首家制定可持续发展报告准则的独立组织，其发布的准则是迄今企业在编制和披露可持续发展报告时最广泛采用的标准体系之一，代表企业针对其活动的经济、环境和社会影响进行系统和结构性报告的全球最佳实践。①

2004 年，联合国全球契约组织发起 ESG 倡议，并发布了报告《谁在乎输赢》（Who cares wins），探讨如何在投融资活动中融入 ESG 因素。2006 年，由联合国环境规划署（UNEP）

---

① 董世忠.ESG 理念与公司报告重构 [J].财会月刊，2021（17）：3 - 10.

和金融倡议（financial initiative）合作发起的联合国负责任投资原则（principles for responsible investment，简称 UNPRI）成立，旨在促使全球金融机构在投资过程中更全面地考虑环境、社会和治理因素。UNPRI 通过提出六项原则，强调在投资决策中纳入 ESG（环境、社会和公司治理）因素，推动金融机构在投资中更积极地践行社会责任，至此 ESG 概念正式提出。UNPRI 的成员单位主要为世界各地的养老金、保险、主权/发展基金、投资管理机构和服务商。目前，已有超过 5 370 家机构签署 PRI（principles for responsible investment，负责任投资原则），管理资产总规模超过 121 万亿美元①。

　　ESG 投资的发展从早期的道德伦理考量逐渐演变为更为全面和系统的投资方法，在全球经济活动中已经形成了双向价值链。如图 12 - 3 所示，金融机构在 ESG 价值链中不仅承担了 ESG 披露的信息中介：将投资资产的 ESG 信息进行统一化 ESG 信息披露，能够向资产所有者、监管机构及利益相关方披露一致、可比的可持续发展信息。不仅如此，金融机构还承担了 ESG 理念的资金引导者：通过资源配置手段、积极的股东所有权等途径，督促提升企业的 ESG 水平②。

---

　　① 万得资讯.超过 5370 家加入，UN PRI 到底有什么神秘力量？［EB/OL］.（2023 - 07 - 06）［2023 - 12 - 16］.https://mp.weixin.qq.com/s/PzFkNlF2Im31LOo-LV4l9A.

　　② 胡骥聪，金成等.中金 ESG 基金研究（6）：基金的 ESG 评价方法与全球实践［EB/OL］.（2023 - 10 - 10）［2023 - 12 - 18］.https://mp.weixin.qq.com/s/I5gdq6QThZlCNDEhEpu3Yg.

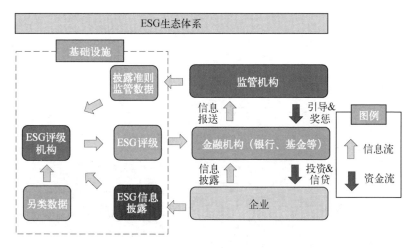

图 12 - 3 ESG 价值链体系

资料来源：彭文生.以包容性视角理解 ESG"价值链"［R].中金公司研究部，2022.

　　尽管 ESG 发展在我国起步较晚，但在前期社会责任投资和可持续发展理念的引领下，ESG 理念获得了大量金融资管机构的支持，并发挥引导、评估、推动和管理的多重角色。自 2017 年以来，国内签署 PRI 的机构迅速增加，如图 12 - 4 所示，截至 2023 年 12 月 31 日，加入 UNPRI 的中国大陆机构已达 136 家。如图 12 - 5 所示，全市场 ESG 公募基金已达 514 只，资金管理总规模达到 5 391.93 亿元人民币（不包含未成立和已到期），其中环境保护主题基金规模最大，总规模为 2 344.04 亿元，占比约为 43.5%；纯 ESG 基金产品 84 只，资产规模为 389.81 亿元；ESG 策略基金产品 119 只，资产规模为 1 179.94 亿元。从发行数量来看，2020 年和 2021 年新发 ESG 基金的高峰期，这与我国在 2020 年提出的"碳中和、碳

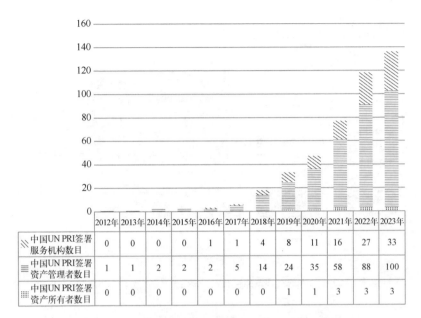

	2012年	2013年	2014年	2015年	2016年	2017年	2018年	2019年	2020年	2021年	2022年	2023年
中国UN PRI签署服务机构数目	0	0	0	0	1	1	4	8	11	16	27	33
中国UN PRI签署资产管理者数目	1	1	2	2	2	5	14	24	35	58	88	100
中国UN PRI签署资产所有者数目	0	0	0	0	0	0	0	1	1	3	3	3

图 12－4　中国内地机构签署 UN PRI 的累计数量
（数据截至 2023 年 12 月 31 日）

资料来源：万得资讯。

达峰"目标相一致。自 2022 年以来，ESG 基金的发行和规模逐渐趋于稳定。

　　万得资讯 ESG 投资基金统计主要基于全部公募基金投资目标、投资范围、投资策略、投资重点、投资标准、投资理念、决策依据、组合限制、业绩基准以及风险揭示等全量底层数据。如图 12－6 所示，按照考虑的主题数量，分为 ESG 主题基金与泛 ESG 主题基金。按照对 ESG 策略的纳入程度，ESG 主题基金分为纯 ESG 基金与 ESG 策略基金。其中，明确将 ESG 投资策略作为主要策略的基金为纯 ESG 基金，而作为

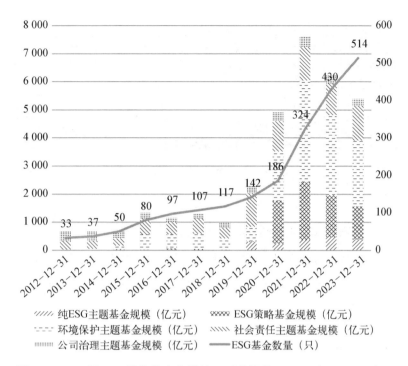

图 12 - 5　万得 ESG 投资基金存续情况（数据截至 2023 年 12 月 31 日）

资料来源：万得资讯。

辅助策略的基金作为 ESG 策略基金。按照细分主题的差异，泛 ESG 基金之下又分为环境、社会和治理 3 个主题。需要注意的是，由于当前基金的 ESG 信息披露仍较为有限，同时各方对 ESG 的理解存在差异，现有的 ESG 基金分类存在一定的局限性[①]。

---

① 朱垠光，郭婉祺，等.中金 ESG 基金研究（3）：中国 ESG 基金产品的演进、实践与展望 [EB/OL].（2023 - 10 - 09）[2023 - 12 - 10].https://mp.weixin.qq.com/s/z14ZwhGjryIfVLTbAKwv5g.

ESG主题基金		泛ESG主题基金		
纯ESG主题基金	ESG策略基金	环境保护主题基金	社会责任主题基金	公司治理主题基金
在投资目标、投资范围、投资策略、投资重点、投资标准、投资理念、决策依据、组合限制、业绩基准、风险揭示中，明确将ESG投资策略作为主要策略的基金为纯ESG主题基金，作为辅助策略的基金为ESG策略基金		在投资目标、投资范围、投资策略、投资重点、投资标准、投资理念、决策依据、组合限制、业绩基准、风险揭示中，主要考虑环境保护、社会责任、公司治理主题之一的基金		

图 12－6　万得资讯 ESG 投资基金分类

资料来源：万得资讯。

12.2.1　国内 ESG 基金产品的类型分布

从产品结构来看，我国 ESG 基金主动型股票产品居多。

如图 12－7 所示，截至 2023 年 6 月 30 日，偏股混合型基金占

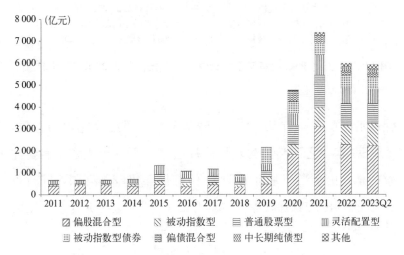

图 12－7　截至 2023 年 6 月 30 日，国内 ESG 基金
类型分布及变化趋势

资料来源：万得资讯、中金公司研究部。

比最高，为 37.50％；如果按照主动权益基金的统计口径，偏
股混合、普通股票和灵活配置型基金合计占到 ESG 基金的
64％；被动指数型 ESG 基金的规模排在第二位，同期规模已
达 1 005.54 亿元。被动型产品占权益类 ESG 基金总规模的比
重自 2020 年以来连续上升，从 12％上升至 2023 年的 20.90％。

12.2.2　国内 ESG 基金产品的持仓特征

从 ESG 基金产品的持仓来看，截至 2023 年 6 月，持仓最多
的 3 个行业为电力设备及新能源、基础化工和汽车。行业集中
度在 2022 年中到达高位，在此后行业抱团现象出现了一定下行。

如果从收益方面看，ESG 基金长期回报优秀，但短期收益
就表现平平。如表 12-4 所示，近 5 年来，ESG 基金收益率为
76.57％，同期沪深 300 指数仅取得 12.55％的收益率；年化波动
率为 18.02％，略低于沪深 300 指数。从近 3 年来看，ESG 基金
下跌 7.5％，同期沪深 300 指数下跌 25.73％；年化波动率为
18％，高于沪深 300 指数。近 1 年来，ESG 基金下跌 16.25％，
没有跑赢沪深 300 指数；年化波动率为 14.04％，高于沪深 300
指数，收益和风险情况均相对较差。

如果从整体上看 ESG 理念在我国的实践，可以发现金融
机构已然成为推动 ESG 实践的中坚力量，聚焦特定主题的产
品有助于推动经济结构的调整和可持续发展战略规划的落地。
政府通过政策引导、体系建设、企业倡导等多方面的努力，持
续推动了 ESG 投资在国内的发展。这不仅有助于提高企业社
会责任意识，还为投资者提供了更多实践负责任投资的机会，

比如关心气候变化、社会平等或其他特定社会问题的投资者，他们可能更倾向于选择与这些价值观相符的 PRI 和 ESG 基金。

表 12 - 4   ESG 基金与沪深 300 指数的表现对比
（截至 2023 年 11 月 11 日）

基　金	近 5 年收益率/%	近 5 年年化波动率/%	近 3 年收益率/%	近 3 年年化波动率/%	近 1 年收益率/%	近 1 年年化波动率/%
ESG 基金	76.57	18.02	−7.50	18.00	−16.25	14.04
沪深 300	12.55	18.41	−25.73	16.76	−4.92	13.95

资料来源：匡继雄. ESG 基金大起底：五大特征凸显　三大隐忧待解 [EB/OL]. (2023 - 11 - 17) [2024 - 04 - 13]. https://mp.weixin.qq.com/s/jdBPiIjyhFw-4bshdktdLw.

长远来看，ESG 投资文化将成为整体社会的普遍共识，而且其理念与价值投资并非完全对立。事实上，两者可以在一定程度上相互融合。价值投资的核心是寻找被低估的股票或资产，以实现长期投资收益，而 ESG 投资也强调长期业绩的稳定，一家公司如果在 ESG 方面表现良好，那么它更有可能实现可持续增长，这与价值投资者寻找长期投资机会的目标存在一定的交集。如果从风险管理的角度看，企业引入 ESG 的考量可以被视作管理风险的途径，有效降低环境、社会和治理问题对未来业绩、价值的负面影响，同样价值投资者也非常注重投资组合的风险管理。

过去几年，股市的上行曾给投资者带来了财富效应，也让公募基金迅速出圈，"明星基金经理"效应显著。过度的渠道营销使得初入市场的投资者更关注某位基金经理的个体能力，甚少关注基金的整体风险管理和团队协作能力，以致在市场风格切换和周期轮动时遭受了资产缩水，继而引发了基金的赎回潮。从本质上来说，这一轮基金"造富"的影响将是深远的。对于机构来说，未来将会把更多的资源专注于夯实团队的投研能力、推进被动型产品的开发、费率上"以量补价"；而对于投资者来说，未来的投资策略将可能"去基金经理化"，增配更多的宽基指数基金和一定份额的避险资产，更专注家庭资产的多元合理配置，最终看到公募基金的发展与个人投资者的核心需求实现长期可持续的共振。

 投资 Tips:

1. 公募基金在 25 年的发展历程中逐渐成为居民财富新的资产配置出口，个人投资者公募基金持仓比例上升，被动型基金规模快速增长，费率改革都显示公募基金市场成熟度的提升。
2. ESG 投资的发展从早期的道德伦理考量逐渐演变为更为全面和系统的投资方法，在全球经济活动中已经形成了双向价值链。
3. 从长远看，ESG 投资文化将成为整体社会的普遍共识，其理念与价值投资可以在一定程度上相互融合。

后　记

　　本书的初稿完成于 2021 年初，彼时全球资本市场正经历深刻的变化，公募基金行业也面临诸多新的发展和挑战。尽管本书内容力求提供普遍适用的理论与实践，但读者在阅读时，请结合当前市场环境进行思考与应用。感谢大家对本书的支持，也希望本书能为您的投资决策提供有益的参考。

　　2023 年以来，国内经济弱复苏、房地产市场全面遇冷叠加权益市场的震荡下行，使得广大投资者的预期和信心遭受了严峻的考验，尤其是 2024 开年 A 股市场的短期剧烈调整，超出了很多投资者的风险承受范围，在负财富效应面前，价值投资的光环似乎也黯淡了许多。虽然政府发布了一系列资本市场的利好政策，但股票市场作为一个复杂、开放、非线性的系统，受到海内外多重因素的共同作用，曾被投资者寄予厚望的长期投资策略在震荡市场中也稍显乏力，获取收益的难度大大增加。

　　著名物理学家尼尔斯·波尔（Niels Bohr）曾说过，"预测是非常困难的，尤其对未来的预测"。因此，面对不确定性和市场分化的加剧，个人投资者除了保持冷静和理性，还应该在重新审视风险和收益的平衡后做好长期的资产配置规划，并试图淡化短期市场波动对其产生的影响。作为新兴市场国家之一的韩国和成熟市场的美国在应对危机和熊市阶段可以带给我们一些启示。

韩国的启示

同处亚洲并在几十年内成功实现从农业经济到高度工业化转变的韩国可以给我们一些启示。20 世纪 90 年代，韩国经济由高度增长切换至稳定发展阶段，直接融资渠道受到重视，政府通过金融自由化推动资本市场的开放，并采取了一系列的措施，包括放开利率管制，逐步开放资本账户以及市场化汇率。持续流入的外资成为驱动韩国股票市场发展的关键因素，1998 年韩国股市被全面纳入 MSCI 新兴市场指数[①]。

金融自由化就像一把双刃剑，一方面提高了企业融资效率，拓宽了融资渠道；另一方面国际资本流动也增加了金融市场的不稳定。1997 年亚洲金融危机爆发，外资撤离、货币贬值让韩国经济遭受了重创，也迫使政府对金融、企业、公共部门及劳动力市场进行了一番彻底的改革，例如金融方面修订《韩国银行法》以提高央行的独立性，成立金融监督管理委员会加强对金融机构的审慎监管；企业方面发布《企业重组五项原则》，来重组无偿债能力的破产企业并强化市场纪律[②]，此

---

① MSCI 新兴市场指数，即摩根士丹利资本国际新兴市场指数（Morgan Stanley Capital International Emerging Markets Index，简称 MSCI Emerging Markets Index）。

② 邱劲.亚洲四小龙的崛起对中国未来的启示［EB/OL］.（2023－09－27）［2024－02－18］. https://mp.weixin.qq.com/s/cDI0Qz5277PqXSZMuR0ysA.

轮改革明显提升了韩国金融机构和企业的健康度，产业结构优化升级。数据显示，在危机前后的 10 年间，虽然韩国 GDP 的平均增速差异不大（1990—1999 年间为 7.3％，2000—2009 年间为 6.6％），但是韩国股市的平均回报由 4.6％上升到了 9.9％。

从投资者结构看，1998 年前的韩国股市参与者主要是个人投资者，机构投资者在市场中的份额较小；但进入 21 世纪，随着金融市场的进一步开放，机构投资者在韩国主板市场中逐渐占据主导，并与外资一起推动了证券市场的价值重估，盈利能力好、市值规模大的核心资产受到养老金、外资等长线资金的青睐走出长牛。此时的外资投机属性大大降低，与秉持长期投资理念的养老金共同成为稳健的长期投资者。

值得注意的是，重视长期收益与多样化投资的韩国养老金在 2008 年金融危机时通过保持股票投资比例并逆市买入股票，在股市动荡时发挥了稳定器的作用。最新数据显示，2022 年韩国国民年金基金（National Pension Service，NPS）管理委员会在预测 GDP 增长和消费者物价指数（CPI）的基础上，通过权衡不同资产类别之间的相关性和波动情况，将至 2027 年的 5 年期目标回报率定为 5.4％，并制订了最优的资产配置规划，组合目标配置比例为股权占比 ±55％，固定收益占比为 ±30％，另类投资占比为 ±15％。基于中期资产配置规划制订的 2023 年目标组合配置中，如图 1 所示，国内股权投资占比为 15.9％，全球股权投资占比为 30.3％，国内固定收益占比为 32.0％，全球固定收益占比为 8.0％，另类投资占比为 13.8％。

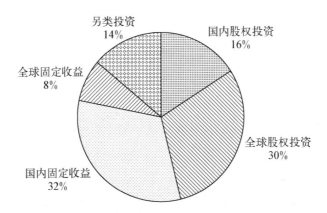

图 1 韩国国民年金基金 2023 年目标投资组合配置

资料来源：韩国国民年金基金官网。

韩国养老基金自 2001 年开始进行海外投资，首先是投资以外币为主的韩国固定收益产品，随后按资产类别进行多样化投资，包括全球股权、固定收益、私募股权、对冲基金及房地产等。此举是在考虑流动性和公共利益的前提下，提升投资组合的长期稳定回报，降低国内市场对组合收益的影响。此外，考虑到庞大的资产管理规模，养老基金既有内部资产管理，也有外部资产管理。外部主要利用资产管理公司的专业优势实现风险控制和收益的多元化。

从 1990 年至 2022 年，韩国股票市场经历了 4 次危机，其中都有政府"平准基金"的身影（如表 1 所示）。当股市低迷、交易量暴跌、金融脆弱性攀升时，平准基金入市可以有效地提振市场信心。

表 1　韩国平准基金救市的具体措施

时　间	救市手段	背　景	投资资金前半年市场最大跌幅	资金来源	资金规模
1990 年5 月	股市稳定基金	1989—1990年韩国股市泡沫破裂	－22.80％	证券公司、银行及保险公司	4 万亿韩元
2003 年3 月	投资基金	信用卡危机	－25.80％	证券交易所及管理部门	4 000 亿韩元
2008 年10 月	平准基金	金融危机	－50.30％	证券交易所及管理部门	5 000 亿韩元
2022 年9 月	股市稳定基金	疫情 & 美联储加息	－16.20％	证券公司、银行及保险公司	－

资料来源：韩国财政部、东吴证券研究所。

就平准基金的效果而言，救市资金入市多次抑制了股市的剧烈下跌。如图 2 所示，2003 年和 2008 年的平准基金入市后，韩国 KOSPI 指数迅速触底反弹，并成功进入牛市阶段；但1990 年 5 月设立的股市稳定基金干预效果较弱，因为彼时韩国经济正处于下降周期，基金入市未能有效改善市场震荡局面；2022 年 9 月，受新冠疫情和美联储加息的影响，韩国股市持续下跌，政府重启股市稳定基金，金融部门也于 2022 年 10月出台了一揽子救市对策，包括购买公司债券和商业票据，股市于当月企稳①。总体来看，平准基金生效相对较快，叠加政府配套实施的一系列其他政策，包括扩大财政支出刺激经济、临时限制股票做空、向市场注入流动性等，有效地稳定了市场。伴随股市趋稳，平准基金会在不损害市场稳定性的前提下平缓退出，通过在上涨行情中多次出售基金，平稳基金获得了超额回报，平均退出时间达 5 年②。

图 2　韩国平准基金四次出手救市

资料来源：Bloomberg、东吴证券研究所。

世界经济的联动传导以及金融自由化加速了韩国资本市场的发展和变革，开放的金融市场在提升市场流动性和透明度的同时，也带来了风险和危机。从韩国的经验来看，政府有效救市可以帮助市场重拾信心，临时限制做空政策也是一种保护散户的有效手段。2023 年 11 月，出于对外国投资者和机构投资

①　陶川，邵翔.平准基金的来龙去脉［R］.东吴证券，2023：1.

②　缪斯斯.境外救市基金的经验与启示［R］.上海证券交易所，2015：7.

者卖空行为的担忧，韩国金融委员会和金融监督院决定从当月6日至2024年6月底全面禁止股票卖空。

数据显示，韩国股民中散户投资者约占80%，尤其在创业板KOSDAQ市场中占据主导，近2年个人投资者成交占比高达87%。此政策的颁布，除了可以有效减少市场的极端波动之外，还可以减少市场中投机行为的发生，为散户投资者提供一个相对公平的交易环境。

近期，国内A股市场的非理性下跌让更多的投资者关注了恶意做空行为对市场的不良导向。尽管国内没有做空机制，但融券机制可以实现与之类似的效果，很多投资者借融券之名绕道减持、违规套现，证监会全面暂停限售股出借，加强对限售股融券监管以及降低融券效率，都是为了营造一个对所有投资者来说更加公平合理的市场秩序。

美国的启示

作为成熟市场的美国，自1929年以来大致经历了16次熊市，判断进入熊市阶段的主要条件有2个：指数层面最大回撤幅度至少在20%以上，以及下跌过程持续时间超过2个月。根据中金对美国标普500指数的统计显示（见表2），以中位数计，16次熊市阶段的平均时常为17.4个月，最大回撤为−28.8%，平均间隔50个月。

表 2 美股历次熊市阶段、背景和表现梳理

熊市背景	触发因素	市 场 表 现				估 值 水 平		
		开始时间	结束时间	持续时间（月）	最大回撤	熊市前静态估值	熊市结束静态估值	估值回调幅度
			中位数	17.4	−28.8%			
① 1929—1932年，过度投机，大萧条	高估值；基本面恶化	Sep‑29	Jun‑32	33.0	−86.2%	32.56	5.57	−82.9%
② 1937—1942年，大萧条后再度衰退	基本面恶化	Mar‑37	Apr‑42	62.5	−60.0%	22.04	8.54	−61.2%
③ 1946—1949年，二战后衰退	基本面恶化	May‑46	Jun‑49	37.0	−29.6%	16.01	9.07	−43.4%
④ 1956—1957年，美联储过快紧缩	美联储紧缩	Aug‑56	Oct‑57	14.9	−21.6%	13.83	12.21	−11.7%
⑤ 1961年，闪崩 Flash Crash	高估值	Dec‑61	Jun‑62	6.5	−28.0%	22.40	15.39	−31.3%
⑥ 1966年，美联储紧缩，Credit Crunch	美联储紧缩	Feb‑66	Oct‑66	8.0	−22.2%	17.98	12.87	−28.4%

续表

熊市背景	触发因素	市场表现				估值水平		
		开始时间	结束时间	持续时间（月）	最大回撤	熊市前静态估值	熊市结束静态估值	估值回调幅度
⑦ 1968—1970年，越战，布雷顿森林体系瓦解显现，通胀抬升	美联储紧缩	Nov－68	May－70	18.1	−36.1%	17.97	13.20	−26.5%
⑧ 1973—1974年，石油危机，通胀抬升	美联储紧缩；外部冲击	Jan－73	Oct－74	21.0	−48.2%	19.46	7.54	−61.3%
⑨ 1976—1978年，美联储再度紧缩	美联储紧缩	Sep－76	Mar－78	17.7	−19.4%	12.81	8.33	−35.0%
⑩ 1980—1982年，沃尔克强力抗通胀	美联储紧缩；外部冲击	Nov－80	Aug－82	20.7	−27.1%	9.12	7.07	−22.5%
⑪ 1987年，股灾"黑色星期一"	高估值	Aug－87	Dec－87	3.4	−33.5%	22.48	14.73	−34.5%
⑫ 1990年，海湾战争	外部冲击；基本面恶化	Jul－90	Oct－90	2.9	−19.9%	15.96	13.47	−15.6%

续 表

熊市背景	市 场 表 现					估 值 水 平		
	触发因素	开始时间	结束时间	持续时间（月）	最大回撤	熊市前静态估值	熊市结束静态估值	估值回调幅度
⑬ 2000—2002 年，互联网泡沫破裂	高估值	Mar - 00	Oct - 02	31.0	-49.1%	30.56	17.26	-43.5%
⑭ 2007—2009 年，次贷危机	基本面恶化	Oct - 07	Mar - 09	17.1	-56.4%	17.52	11.19	-36.1%
⑮ 2011 年，欧债危机	外部冲击	Apr - 11	Oct - 11	5.2	-19.4%	15.85	12.21	-23.0%
⑯ 2018 年四季度美股大跌	美联储紧缩	Sep - 18	Dec - 18	3.1	-19.7%	20.33	15.41	-24.2%

资料来源：刘刚，董灵燕.美股历次熊市的触发因素 [EB/OL]. (2022 - 05 - 22) [2024 - 02 - 18]. https://mp.weixin.qq.com/s/yvABrie XrvL4632JkhW0tw.

如果对熊市的触发因素进行归因分析，主要是美联储紧缩、基本面恶化、高估值、外部冲击这 4 项因素，而熊市往往是多重因素交织所致，并受到经济供需错配、通胀高企、个别行业的"非理性繁荣"等因素的助推。经济运行存在周期，投资也是，熊牛行情交替。对于投资者来说，最难熬的就是熊市的底部区域，市场低迷会深刻影响人们的投资策略和心理。因此，我们常会见到投资者恐慌性卖出和情绪化决策。

然而，在多次熊市结束后美股都迎来了更长时间的牛市，截至 2020 年 3 月，美股创下了历史上历时 11 年的牛市，标普 500 指数从 2009 年 3 月 6 日的 666.79 点涨至 2020 年 2 月 19 日最高的 3393.52 点，为投资者带来近 400% 的回报。受新冠疫情影响，标普 500 指数曾在 2020 年 3 月跌至 2191.86 的低点，但 2024 年 3 月该指数已突破历史新高，涨至 5100 点以上，其上涨的关键动因主要是盈利驱动下美股的长期配置价值。

在震荡市场中，投资者应该如何应对？

● 以变应变，做好大类资产配置

一般来说，普通投资者很难对经济周期和市场拐点做出准确预测。投资大师威廉·伯恩斯坦说过，"市场择时和选股固然重要，但从长期来看，无人能准确择时，选股正确者更是凤毛麟角。资产配置是实现成功投资的唯一有效手段"。

资产配置作为一种投资策略，它的目标并不是追求绝对收益，而是为个人或家庭寻找风险与回报的最佳平衡点，在资产组合中纳入不同资产类别，可以在市场波动较大时有效降低投资组合的敏感性，帮助投资者更专注于长期投资，增强投资的稳定性。

但对很多投资者来说，他们的资产配置结构或者过于激进，如大比例投资股票资产，或者过于保守；如大比例投资于固定收益和房地产，家庭资产类别单一，当市场大幅调整时，极易陷入被动困顿的局面。这时，投资者需要在家庭资产中纳入一些风险—收益特征介于股票和固定收益产品之间的类别，如大宗商品、保险等，各类资产之间的相关性、受影响的因素、风险—收益属性都不尽相同，这给我们的资产配置带来较大的空间，以不断调整变化的投资组合应对市场的万变才是投资者穿越牛熊的最佳选择。

● 在自身能力圈内进行投资

在下跌和震荡行情中，很多投资者因为承受不住超出预期的亏损选择清仓离场，除了市场环境的原因外，更深层次的原因是很多人选择了超出自身能力圈以外的投资。对于如何界定自身能力圈的范围，巴菲特指出了方向，"围绕你能够真正了解的那些企业的名字周围，画一个圈，然后再衡量这些企业的价值高低、管理优劣、出现经营困难的风险大小，排除掉那些不合格的企业"。

当股市处于上涨行情时，很多人即使不熟悉某个行业或主题，也容易在身边朋友和媒体信息的影响下贸然投资，当风格切换或周期轮动时就遭受了损失，这种方法是投资者应该极力避免的。

股市是一个多变的市场，即使是在自身熟悉的领域也并不意味着没有风险，投资者还是应该针对投资目标的现金流、投资时限、风险控制等做一份详细的规划，充分利用个人的专业知识和技能，深入研究相关信息和动态，保持对整体市场趋势的敏感性，并及时调整投资策略。对于超出自身能力圈以外的投资领域，则一定要寻求专业建议。

● 坚持长期价值投资

"现代证券分析之父"本杰明·格雷厄姆说过，"市场从短期看是投票机，从长期看是称重机"。在短期内，投资者情绪、热点新闻、短期事件等因素可能会加剧市场的瞬时波动，但这种波动更多的是反映市场参与者的情绪和投机动机，而非基本面的真实价值，因此市场更像是一个投票机；反之，长期来看，市场更趋向于反映公司的基本面和内在价值，长期业绩表现、财务状况、发展潜力等因素都是对公司价值合理的权衡和评估，因此市场在长期内更像是一个称重机。

价值投资的核心是寻找被低估的股票或资产，以实现长期的投资收益。从韩国市场的经验来看，机构投资者的增量资金推动了韩国股市的价值回归。定价体系从 PE（price to earning ratio，PE，市盈率）向 EPS（earning per share，EPS，每股收益）切换，进入盈利主导时代，EPS 回升带动韩国股市十年长牛。

　　未来随着 A 股市场机构化趋势的加强，也将必然带动定价体系的切换，投资者将更关心企业每股盈利的质量、增长和稳定性，而不仅仅是市盈率的绝对水平，这也是价值投资的核心考量之一。应对短期波动但长期趋于有效的市场，长期持有是最简单有效的策略。

　　● 长期乐观的心态和信心

　　在投资过程中，我们常常会关注经济周期、市场周期、企业生命周期，但心理周期往往是我们忽视的，其涵盖了投资者经历的情绪和行为的不同阶段，从乐观到悲观再到恐慌，形成了一个循环。

　　投资者的情绪和心理状态在很大程度上会影响其投资决策和行为，进而对股票市场产生扰动。例如，当对市场乐观时，投资者可能更容易在高点买入股票；在悲观时则更容易卖出，造成损失。此外，投资者的极端情绪也会在市场中传播，使市场偏离基本面。

　　在这个充满挑战的时刻，投资者更应该在行为和心理上保持冷静，审慎评估自己的投资组合，避免追涨杀跌，努力在不同市场情况下保持冷静和理性。长期价值投资、多元化投资组合和明确的风险管理计划都是帮助投资者应对心理周期的有效手段。

　　对于个人投资者来说，想要战胜市场的难度是巨大的，只能着眼于自身能够做对和做好的事情，如果从实操层面看，即资产配置和定投策略。作为滚雪球智慧的一种演绎，长期定投策略一般从定额的小资金开始投资，既可以有效避免主观择时，又能够达到分散风险和平摊成本的目的。统计显示，在定投"微笑曲线"中，市场"先下跌后回升"的场景最适合基金定投。

我国 A 股市场整体波动较大，熊长牛短的特性使得大部分的投资收益是在相对少的年份中累积实现。不论市场上涨还是下跌，面对短期的波动，定投要求投资者依然坚持买入行为，其最大的优势就是帮助投资者分批建仓，平滑成本，降低决策失误所带来的风险。市场不会永远低迷，对于投资者来说，下跌行情也可能蕴含着购入被低估资产和长期投资机会。

过去几年，股市的上行曾给投资者带来了财富效应，也让公募基金迅速出圈，"明星基金经理"效应显著，过度的渠道营销使得初入市场的投资者更关注某位基金经理的个体能力，甚少关注基金的整体风险管理和团队协作能力，以致在市场风格切换和周期轮动时遭受了资产缩水，继而引发了基金的赎回潮。

从本质上来说，这一轮基金"造富"的影响将是深远的。对于机构来说，未来将会把更多的资源聚焦于高质量服务的提供和投资者获得感的提升方面，把功能性放在首位；而对于投资者来说，未来的投资策略将可能"去基金经理化"，增配更多的宽基指数基金和一定份额的避险资产，更加专注家庭资产的多元合理配置。

2024 年，新上任的证监会主席吴清表示"投资者是市场之本，上市公司是市场之基，投资者和上市公司都是资本市场发展的源头活水"，资本市场持久的生命力既需要高质量发展，也需要公正公平，因此国内作为一个中小投资者占绝大多数的市场，证监会把保护投资者，特别是中小投资者的合法权益作为其最重要的中心任务。近半年来，政府发布的一系列提振股市的政策，如下调股票交易印花税、汇金扩大 ETF 增持范围、全面暂停限售股出借、暂停新增转融券规模、引导中长期资金更大力度入市等，都旨在完善资本市场的基础功能、增强资本市场稳定性，以及持续优化投资生态，最终实现国内权益市场发展与个人投资者的核心财富需求可以长期可持续地共振。

　　本书以助力个人投资者实现资产配置的多元化为宗旨，通过公募基金这一强有力的工具，帮助投资者在风险与收益之间找到最佳平衡，实现财富的长久增值。在下一本书中，我们将深入探讨如何选择优秀的基金以及卓越的基金经理。基金经理的智慧与洞见在很大程度上决定了基金的表现，选择优秀的基金经理是成功投资的关键环节。期待未来继续与大家共同探寻公募基金投资的至高之道。